Rudolf Blomeyer

# DIE SPIELE DER ANALYTIKER



VV

Beiträge zur Jungschen Psychologie

RUDOLF BLOMEYER

# Die Spiele der Analytiker

## Freud, Jung und die Analyse

Walter-Verlag Olten und Freiburg im Breisgau

Satz: Zobrist & Hof AG, CH-Pratteln
Druck und Einband: Grafische Betriebe des Walter-Verlags
Printed in Switzerland

ISBN 3-530-08230-9

# Inhalt

# Vorwort

Mein Buch schließt mit einem Kapitel über die Schule der Individuation. Beginnen lassen möchte ich es mit einer Bemerkung über eine «Schule der Denksportaufgaben», die mich als Kind deutlich beeinflußt hat. Mein Vater liebte sogenannte Denksportaufgaben. Er machte ein Familienspiel daraus, einen Wettbewerb, ein konstruktives Spiel; Spiel in dem Sinne, wie ihn Berne (1967, 1975) und später Schlegel (1979) definiert haben. Das Spiel machte Spaß, übte, stiftete Beziehung, füllte die Zeit, und jede Lösung brachte Gewinn: Bestätigung. Daß das Spiel auch verdeckten Gewinn brachte, daß heimlich Aggression und Überlegenheit mit ausgespielt wurden, habe ich erst später bemerkt. Gästen wurde das Spiel zur Suppe serviert, und sie werden es nicht immer genossen haben. Wir Kinder, die die Lösungen kannten, saßen dabei und fühlten uns großartig. Wie auch immer: Ich kann seither Rätsel schlecht ungelöst stehenlassen. – Daß Spiele dieser Art auch gefährlich sein können, wissen wir unter anderem aus Märchen und Mythen. Die Geschichte von Ödipus und der Sphinx ist ein Beispiel dafür.

In der analytischen Ausbildung stieß ich auf ein von Freud aufgegebenes Rätsel: seine Signorelli-Arbeit, auf die ich besonders eingehen werde. Ich lernte, daß zur Freude am Ent-decken eine Gegentendenz gehört: Ver-decken, kunstvoll verstecken, aber auch: aus Vorsicht verborgen halten. – In der Analyse spielen wir es meist so, daß wir möglichst bei den anderen entdecken und bei uns verdecken. Wenn die anderen uns entdecken, mögen wir das nicht. Ich mag es auch nicht. Ich meine trotzdem, daß wir, wenn wir uns verstehen und ernstnehmen wollen, die Analyse da, wo Probleme sind, auch auf uns selbst, auf Eigenheiten unserer Schulen, auf die Beziehungen der Analytiker untereinander und auch auf Freud und Jung anwenden müssen und dürfen. Wenn ich es tue, weiß ich: Das geht nicht ohne Schwierigkeiten, nicht ohne Irrtümer, sicher auch nicht

ohne Parteilichkeit: Da, wo ich über Gruppendifferenzen zwischen Freudianern und Jungianern spreche, läßt sich nicht übersehen, daß ich Jungianer bin; und ich entdecke auch sehr viel mehr Freud als Jung. Es muß ja trotzdem nicht falsch sein.
Die Untersuchung der Signorelli-Arbeit war mit Fragen nach Einzelheiten aus Freuds Leben und einer Nachinterpretation seiner Arbeit verbunden. Wenn wir beim anderen nicht mehr rückfragen können, sind die Fehlermöglichkeiten ungleich größer als in der täglichen analytischen Arbeit (vgl. Cremerius 1971). Ich hoffe, das genügend berücksichtigt zu haben.
Der Titel «Spiele der Analytiker» bot sich von Berne her («Spiele der Erwachsenen») an. Dies ist aber kein Buch über Spieltheorien (auf die ich im Text auch nicht eingehe), sondern ein Buch über Analytiker und die Analyse. Mit hereingenommen habe ich ein Kapitel über ein modernes Spiel im Kollektiv und der sogenannten Psycho-Szene (Die Wiederentdeckung des Leibes), zwei Kapitel über unsere analytischen Theorien, unser Spielmaterial, das, worüber wir reden oder streiten (Träume deuten, Aktualkonflikt) und zwei Kapitel, die vor allem für den nicht analytisch ausgebildeten Leser etwas von der Wirklichkeit und Wirksamkeit unbewußter Motivationen und Prozesse zeigen sollen (Übertragung und Gegenübertragung, Kinderzeichnungen), besonders darüber, daß das Unbewußte auch im Analytiker wirksam bleibt. Bliebe es das nicht, wären unsere Spiele gar nicht möglich. Wir können sie zwar bewußt wahrnehmen, haben auch bewußte Begründungen für sie, aber ein wesentlicher Anteil bleibt unbewußt. Die Unbewußtheit läßt sich im Prinzip nicht aufheben. Sisyphos hat – im übertragenen Sinn – wohl so etwas versucht. Er wollte «den Tod», der auch für «das Unbewußte» stehen kann, überlisten. Er rollt noch heute den Stein.
Für dieses Buch habe ich eine Reihe von zunächst einzeln entstandenen Arbeiten zusammengestellt. Ich habe dabei hier und da etwas geglättet, nachgebessert, aufeinander abgestimmt, das meiste aber belassen, wie es war. Ich danke dem Verlag, danke meinen Lehrern, Freunden und Kollegen, danke meiner Frau und meinen Kindern sowie allen andern, die zum Entstehen dieses Buches beigetragen haben.

Berlin, im April 1982 Rudolf Blomeyer

# EINFÜHRUNG

# Freud und Jung: Prophetenstreit

*«Die Beobachtung zeigt, daß es den wenigsten Menschen möglich ist, im wissenschaftlichen Streit manierlich, geschweige denn sachlich zu bleiben, und der Eindruck eines wissenschaftlichen Gezänkes war mir von jeher eine Abschreckung.»* *Freud (1914d, p. 79f)*

*«Die Analyse ist etwas Wunderbares, ausgenommen für den Analytiker.»* *Jung (nach Bennet, p. 52)*

Im Mai 1968 standen bei einer Arbeitstagung der Deutschen Gesellschaft für Psychotherapie und Tiefenpsychologie vergleichende Referate und Diskussionen über Psychoanalyse und Analytische Psychologie auf dem Programm. Einleitend bemerkte der Vorsitzende, im Gespräch zwischen Freudianern und Jungianern werde sich vermutlich Gelegenheit ergeben, «alte Vorurteile aufzuwärmen». Glover hätte hier wahrscheinlich von einer Gelegenheit «for shaking the old bones of the Freud-Jung-controversy» gesprochen. Die Gelegenheit ergab sich und wurde genutzt. Aber die aufgewärmten Vorurteile schmeckten nicht recht.

Bei dem «shaking the old bones» handelt es sich offenbar um eines jener hintergründigen, stereotyp wiederholten «Spiele der Erwachsenen», wie Berne (1967) sie beschrieben hat. Das wurde auch auf der Tagung bemerkt, aber dann nicht beachtet. Daß das «Shaken» und Aufwärmen von Vorurteilen die Diskussion stört, mit Affekten überlagert und damit einen negativen, destruktiven Spielcharakter hat, ist eindeutig. Wir wissen ja auch: Man sollte die «alten Knochen» nicht schütteln, sondern sortieren und begraben. Die Vorurteile sollte man nicht aufwärmen, sondern analysieren. Ich will es versuchen.

Das negative, destruktive Spiel, das ich *hier* meine, steht als verdeckt motivierte, auf heimlichen Gewinn ausgerichtete Interaktion dem Wesen der Analyse genau entgegen. Wahrscheinlich haben dem entsprechende «Spiele der Analytiker» in besonderem Maß den Reiz des Verbotenen, dabei etwas sehr Doppelbödiges, schwer Angehbares, Verdecktes, das manchmal als besonders Naives erscheint. Die Spieler glauben wirklich, sie seien nicht Spieler, sondern Analytiker, es gehe nicht um das Eigene, sondern, wie schon Freud sagte, um die «Sache» (1914d, p. 92). Es ist sicher richtig: es geht *auch* um die Sache. Aber solange wir um sie streiten, uns dabei mehr oder minder subtil formulierte Unfreundlichkeiten sagen und im Grunde davon überzeugt sind, daß wir damit recht haben, und daß der andere nicht so ganz ernstzunehmen ist, steht die Sache im Hintergrund und das eigene Engagement im Vordergrund.

Am gefährlichsten werden die destruktiven Spiele da, wo die Analyse, unser Werkzeug, als gegen den anderen gerichtete Waffe benutzt wird. Die Verlockung dazu ist groß, die Analyse wird zur Pseudoanalyse: Die Gegenübertragung wird ausgeklammert. Man bezieht sich allein auf den anderen und hilft ihm nicht, sondern man hält ihm – gesagt oder ungesagt – ein möglichst unwiderlegbares Argument entgegen, z. B. daß sein Unbewußtes voller Narzißmus und Aggression sei. Das kann niemand so recht bestreiten. Und schon hat er den Schwarzen Peter.

Er hatte ihn aber schon vorher, denn er war von Anfang an mit einem unserer Vorurteile identifiziert. Sie äußern sich allenthalben, im positivsten Fall noch darin, daß jemand sich nicht genug darüber verwundern kann, daß ein anderer sich «eigentlich ganz vernünftig» geäußert hat, «obwohl er doch ein ... ianer ist».

Die Vorurteile sind dabei recht stereotyp. Die Jungianer, so weiß man, leben in esoterischen Zirkeln. Sie entschweben mit ihren Patienten in numinös-ominöse Sphären, hüllen sich in mystisches Dunkel und verlieren den Blick für die Realität. Sie bieten ein verworrenes Gemisch aus Philosophie, Religion und allgemeiner Menschheitsbeglückung. Sie können nicht klar denken. Die Freudianer dagegen können zwar klar, aber nur hoffnungslos einseitig denken. Sie sind orthodoxe Dogmatiker, die starr an den Buchstaben ihrer Gesetze kleben. Sie wollen den Geist in Triebmechanismen zwängen und sehen in allen Menschen nur das Negative.

Es kommt aber gar nicht so sehr auf den Inhalt der Vorurteile an. Das Wesentliche ist eine gemeinsame Schlußfolgerung: Der andere kann nicht richtig denken. Er taugt nicht zum Analytiker. Diese Schlußfolgerung ist die Voraussetzung für unser Spiel. Sowie wir sie aufgeben und damit zugeben, daß der andere auch «richtig» denken kann, müssen wir seine Aussage ernstnehmen und damit die eigene in Frage stellen lassen. Das ist aber etwas, was unbedingt vermieden werden muß. Wir und damit unser «grandioses Selbst» (Kohut) dürfen nicht in Frage gestellt werden. Das geschieht aber, wenn unsere Aussage über «das Werk ..., gegen dessen Größe wir alle mitsammen klein sind» (Freud an Jones, 30.12.1925, BS, J III 144) angezweifelt wird. Wir sind mit der Aussage und dem Werk identifiziert, und zumeist beziehen wir unsere Gruppe und unseren Meister – sei es nun Freud oder Jung – in die Identifikation mit ein. Es besteht eine «Inflation», eine «Identifikation mit der Kollektivpsyche», wie sie Jung (JS 75, p. 185 ff) beschrieben hat.
Sowie wir Vorurteil und Identifikation aufgeben, wird das Spiel uninteressant. Es dient, kann man schließen, dem Schutze der Identifikation, dem Schutze des «grandiosen Selbst». Es hat zugleich eine Entlastungsfunktion: Wir können alle eigenen, auf uns, das Werk, den Meister und die Gruppe bezogenen Zweifel (und Aggressionen) von dem anderen ausdrücken lassen (er tut uns den Gefallen bestimmt) und dann in der Projektion bekämpfen. Das Spiel, das wir «Diskussion» nennen, dient der Verhinderung der wirklichen Diskussion.
«Spiele», sagt Berne, «werden von Generation zu Generation weitergegeben. Das Lieblingsspiel jedes einzelnen Individuums läßt sich bis auf seine Eltern und Großeltern zurückverfolgen» (1967, p. 237). Das ist auch hier möglich. Wir können bei unseren «Eltern» oder «Großeltern» zwei ineinander übergehende Aspekte, zwei verschiedene Ebenen des Spiels unterscheiden. Einmal geht es um eine Auseinandersetzung zwischen Freud und Jung, zum anderen um Differenzen zwischen Freud, dem «Vater», einerseits und drei untereinander wieder rivalisierenden Gruppen von Schülern, den «Söhnen», «feindlichen Brüdern», andrerseits, den (älteren) «Wienern», den (jüngeren) «Zürchern» und schließlich einer dritten Gruppe von Analytikern, die später zusammen mit Freud das sogenannte «Komitee» bildete,

das nach dem Zurücktreten der Wiener und dem Ausscheiden der Zürcher die Leitung der Psychoanalyse übernahm.
Freud hatte 1902, rund zehn Jahre nach dem Erscheinen seiner ersten analytischen Arbeit, mit Stekel, Adler, Kahane und Reitler die Keimzelle aller psychoanalytischen Vereinigungen gegründet, die «Psychologische Mittwoch-Gesellschaft» in Wien (vgl. Nunberg und Federn, 1976; J II 20 f), die dann am Ort langsam wuchs.
In Zürich bildete sich an der Bleulerschen Klinik ein psychoanalytischer Arbeitskreis unter Bleuler und Jung, zu dem dann unter anderen Riklin und Maeder, von 1904 bis 1907 auch Abraham, gehörten. Jung hatte Freud erstmals 1902 in seiner Dissertation und einer Arbeit über einen «Fall von hysterischem Stupor» (JS 1 und 2) erwähnt und sich ab 1903 (ETG 151) intensiver mit Freud beschäftigt. «Die Züricher», schreibt Freud 1914, «wurden so die Kerntruppe der kleinen, für die Würdigung der Analyse kämpfenden Schar» (1914d, p. 66). Außer Abraham sind auch Jones und Eitingon über Kontakte mit Zürich zur Psychoanalyse gekommen (vgl. l.c.).
Freud und Jung korrespondierten seit 1906 und lernten sich 1907 in Wien kennen. Sie waren offenbar stark voneinander beeindruckt. Nach zwei Jahren, 1909, nannte Freud den um 19 Jahre jüngeren Jung seinen «Josua», seinen «Nachfolger» und «Kronprinzen» (ETG 153 f, 370; J II 47 ff).
Die Wiener, die all die Jahre treu zu Freud gehalten hatten, fühlten sich durch die Bevorzugung Jungs (und der Zürcher) übergangen. Sie waren laut Jones beleidigt und eifersüchtig. Sie sagten schon 1908 «voraus, daß Jung nicht lange im psychoanalytischen Lager bleiben werde». Dieselbe ungünstige Prognose wurde gleichzeitig von Abraham gestellt, der inzwischen in Berlin war. Sie bezog sich einerseits auf die «Tendenz zum Okkultismus, zur Astrologie und zum Mystizismus der Zürcher», andererseits auf den Verdacht, sie seien antisemitisch eingestellt (J II 62, 91, 170). Fast alle Wiener und außer Jones alle Mitglieder des späteren Komitees waren nämlich Juden, und Freud legte (mit einiger Ambivalenz, s. u.) gerade darauf besonderen Wert, daß Jung und die Schweizer Nichtjuden waren. Er schrieb 1908 einmal: «Ich hätte beinahe gesagt, daß erst (Jungs) Auftreten die Psychoanalyse der Gefahr entzogen hat, eine jüdisch nationale

Angelegenheit zu werden» (BA 3.5.1908; J II 67). Jones nahm in bezug auf die Juden eine Sonderstellung ein. Er war Waliser und fühlte sich gleich den Juden als «Abkömmling einer unterdrückten Rasse». Er war Freud auch von Anfang an als Waliser vorgestellt worden (J II 61, 198).

Es gab offenbar recht heftige Antipathien zwischen den einzelnen Gruppen. Auch Jung hielt sich nicht zurück. Jones gegenüber beschrieb er die Wiener als «ein Gemisch von mittelmäßigen Begabungen, Künstlern und Degenerierten, und (er) bedauerte Freud, daß er solche Leute um sich habe» (J II 51). Freud selbst war mit «seinen Wienern» nicht immer ganz glücklich. «Meine Wiener erfreuen mich nicht sehr», schrieb er, und: «Die persönlichen Verhältnisse sind bei den Zürichern überhaupt viel respektabler als in Wien, wo man sich oft fragt, wo der veredelnde Einfluß der Ps.A. auf ihre Bekenner eigentlich geblieben ist» (J II 92 f).

Bei allem ging es nicht um die Analyse, sondern um persönliche Querelen. Die Freudianer und die Jungianer, könnte man sagen, die waren schon zerstritten, als es noch gar keine Freudianer und Jungianer gab, sondern nur Wiener und Zürcher und (spätere) Komiteemitglieder, Einheimische und Hinzugekommene, Juden und Christen. (Zu den folgenden Absätzen vgl. J II 115–130, 169–189; BA; BFJ.)

1910 war Jung gegen den Widerstand der Wiener zum Präsidenten der damals gegründeten Internationalen Psychoanalytischen Vereinigung gewählt worden. Im Juni 1911 trat Adler, im Oktober 1912 Stekel aus der Wiener Psychoanalytischen Vereinigung aus. Ende 1910 war Freud noch «überzeugt, daß (Jung) der Mann der Zukunft» sei. Ende 1912 war er es nicht mehr.

Jung hatte sich mit seinen Theorien allmählich immer weiter von Freud entfernt. Aber daran allein lag es nicht. Jones meint: «Weit wichtiger waren ... verschiedene persönliche Faktoren.» Freud hatte noch im Juni 1912 gesagt, die theoretischen Differenzen sollten die persönlichen Beziehungen nicht stören, hatte aber zugleich Jung brieflich letztmals mit «Lieber Freund» angeredet. Danach ging er zum offizielleren «Lieber Herr Doktor» über.

Wenn man die bei Jones angegebenen «persönlichen Faktoren» ansieht, findet man eigentlich keine Gründe für einen wirklichen Bruch, sondern eher Symptome, die auf eine langsame Entfremdung hindeuten. Jung vertiefte sich zu sehr in seine eigenen Untersuchungen und widmete sich zu wenig seinem Amt als Präsident, das ihm, wie er selbst sagte, «nichts bedeutete als eine Ablenkung von (seinen) wirklichen Zielen» (ETG 162). Schon, aber warum konnte dann nicht ein anderer Präsident werden? Jung hatte auch seltener an Freud geschrieben. Das beunruhigte Freud. Im Frühjahr 1912 war Freud darüber verärgert, daß Jung im Herbst Vorlesungen in Amerika halten wollte, anstatt dem geplanten Kongreß zu präsidieren. Zu Pfingsten gab es eine Verstimmung, weil ein Treffen in der Schweiz nicht zustandegekommen war. Beide meinten, der andere sei schuld.

Im Sommer 1912 war Jones in Wien. Als er von Freud hörte, daß die Beziehungen zu Jung schlechter würden, begann er mit der Gründung des Komitees, dem außer Freud und ihm dann Ferenczi, Abraham, Sachs und Rank – ab 1919 Eitingon – angehörten. Freud stimmte am 1.8.1912 der Gründung dieses, wie er sagte, «geheimen Konzils» zu seiner Unterstützung und «zum Schutz (seiner) Schöpfung» zu. «Vor allem aber ist dies zu beachten: Das Komitee müßte in seiner Existenz und in seinem Wirken streng geheim bleiben» (an Jones, 1.8.12, J II 188).

Jung hatte inzwischen den zweiten Teil seiner Arbeit über «Wandlungen und Symbole der Libido» (JS 46) geschrieben. Er wußte, wie er sagt, im «voraus, daß (die Arbeit ihn) die Freundschaft mit Freud kosten würde», weil Freud die darin vertretenen Auffassungen «niemals würde akzeptieren können». Die Arbeit habe ihn auch tatsächlich «Freuds Freundschaft gekostet» (ETG 171). Das ist nur mittelbar richtig. Als Freud die Arbeit im September 1912 las und ihr, wie Jones berichtet, denn auch entnahm, daß Jung «das weitere Interesse an der Sache verloren habe», war ohnehin nichts mehr zu retten. Nach Freuds Zustimmung zur Gründung des «geheimen Konzils», das ohne Wissen Jungs und gegen Jung arbeitete, obwohl er immer noch Präsident der Internationalen Psychoanalytischen Vereinigung war, konnte es für eine echte Zusammenarbeit oder gar eine Freundschaft keinen Raum mehr geben.

Die Endauseinandersetzung hat sich dann noch quälend lange hingezogen. Im November 1912 kam es nach dem Austritt Stekels bei einem Treffen in München noch einmal zu einer scheinbaren Annäherung, danach zu einem unerfreulichen Briefwechsel, der dazu führte, daß Freud in den ersten Januartagen des Jahres 1913 vorschlug, die persönliche Korrespondenz abzubrechen und sich auf das Geschäftliche zu beschränken. Im September 1913 wurde Jung trotz allem noch einmal zum Präsidenten der IPV gewählt und ließ sich auch wählen. Aber: «Man schied voneinander ohne das Bedürfnis, sich wiederzusehen», schreibt Freud (1914d, p. 88). Im Oktober 1913 schrieb Jung seinen letzten Brief an Freud. Im April 1914 trat er als Präsident zurück. Im Juni erschien dann Freuds Arbeit «Zur Geschichte der psychoanalytischen Bewegung» (1914d), in der Jung oder seine Arbeiten mit Attributen wie «rücksichtslos» (p. 85), «unliebenswürdig und inkorrekt» (p. 88), «unklar, undurchsichtig und verworren» (p. 105) belegt wurden. Die Lehre stelle sich nach Jungs «Erleuchtung» (p. 111) «als neue Heilsbotschaft» vor. «Unter dem Eindruck der Unstimmigkeiten zwischen den einzelnen privaten und öffentlichen Äußerungen ... (werde) man sich fragen müssen, wie groß daran der Anteil der eigenen Unklarheit und der der Unaufrichtigkeit sei» (p.105). Als Jung und seine engsten Mitarbeiter danach aus der Internationalen Psychoanalytischen Vereinigung austraten, schrieb Freud erleichtert: «So sind wir sie denn endlich los, den brutalen heiligen Jung und seine Nachbeter!» (BA 26.7.14).

Die Ereignisse zeigen, wie heftig die Affekte waren und wie gering die Möglichkeiten, eine einfache, klare Lösung durch eine offene Aussprache zu finden. Wie konnte es dazu kommen? Je mehr ich darüber nachdenke, desto mehr scheint mir, daß es im Grunde genommen eine Beziehung war, in der beide vielleicht meinten, sie «brauchten» einander, in der aber alles Persönliche ein großes Mißverständnis war. Es wäre wahrscheinlich besser gewesen, sie wären nie auf die, wie es rückblickend scheint, unsinnige Idee gekommen, überhaupt Persönliches voneinander zu erwarten. Sie waren beide Männer, die sich von ihrer Aufgabe durchdrungen und durch ihre Aufgabe und das damit verbundene «Wissen» isoliert fühlten. Sie waren beide «Geheime», die zwar von einem anderen begeistert, dann aber wieder voll Mißtrauen und Distanz sein konnten. Man kann für jeden von beiden «beweisen», daß von ihm her die Beziehung scheitern mußte. Aber die «Beweise» taugen nichts, weil sie sich gegenseitig aufheben. Es war am Ende ein Schicksal oder, psychologischer

ausgedrückt, eine strukturabhängige Entwicklung, die für kurze Zeit eine relative Zusammenarbeit ermöglichte und dann zur Trennung führte.
Freud war das älteste von 8 Kindern. Seine 7 Geschwister sind innerhalb seiner ersten zehn Lebensjahre geboren worden. Alle eineinhalb Jahre ein neuer Störenfried. Der erste Bruder, Julius, erschien, als Freud elf Monate alt war, starb nach weiteren acht Monaten. Dann folgten fünf Schwestern, schließlich noch ein Bruder, der auf Vorschlag des inzwischen zehnjährigen Freud (J I 38) Alexander (ein alle anderen überstrahlender Held) genannt wurde.
Freud meint später, daß er Julius «mit bösen Wünschen und echter Kindereifersucht begrüßt (habe) und daß von seinem Tode der Keim zu Vorwürfen in (ihm) geblieben» sein müsse. Durch ihn und einen um ein Jahr älteren «Neffen», John, sei «das Neurotische, aber auch das Intensive an allen (seinen) Freundschaften» bestimmt (BF 3.10.97), d.h. es muß sich eine stark ambivalente Übertragungsbeziehung zu Freunden gebildet haben. Auf den «Neffen» bezogen heißt es in der «Traumdeutung»: «Ein intimer Freund und ein gehaßter Feind waren mir immer notwendige Erfordernisse meines Gefühlslebens; ich wußte beide mir immer von neuem zu verschaffen, und nicht selten stellte sich das Kindheitsideal so weit her, daß Freund und Feind (nacheinander) in dieselbe Person zusammenfielen» (T 487 f). Im hohen Alter spricht er in einer verdeckt autobiographischen Notiz in den «Neuen Vorlesungen» davon, welche heftigen und nachhaltigen Auswirkungen es hat, wenn «bei einer Altersdifferenz von nur elf Monaten» das nächste Geschwisterkind erscheint und wie «die ganze Erschütterung sich bei jedem neuen Geschwisterchen wiederholt» (1933a, p. 131 f).
Am ausführlichsten erscheint das Thema in der wohl zwischen Freud und Bullitt abgesprochenen (Freud, 1966b), aber im wesentlichen von Bullitt formulierten (Cremerius, p. 21 f) Wilson-Studie (Freud und Bullitt, 1967). Wilson ist, wie Freud, 1856 geboren. Seit Freud das wußte, hat er sich besonders für ihn interessiert (Bullitt, Vorwort p. VI). Er hat ihn offenbar als eine Art negativen Zwilling gesehen. Das Buch berichtet über die neurotischen Züge in Wilsons intensiven Freundschaften. Das Neurotische wird einerseits auf den Vater, andrerseits auf einen

um zehn Jahre jüngeren Bruder bezogen (vgl. Alexander, –10), der geliebt wird, wie man selbst geliebt werden möchte, und der doch immer wieder enttäuscht. Wilson «war gezwungen, Männer, die er (mit sich selbst) identifizierte, leidenschaftlich zu lieben und ebenso leidenschaftlich zu hassen, wenn sie aufhörten, ihm ergeben zu sein» (p. 124). Es entsteht ein paranoides Gefühl, «verraten» worden zu sein, und der ursprünglich «vielgeliebte Verräter» ist der kleine Bruder (p. 67 ff). Freund um Freund wird zum Feind. «He who disappoints a hope betrays a hope« (p. 215). Wer eine Hoffnung enttäuscht, verrät eine Hoffnung. Das Thema zieht sich durch das ganze Buch.

Das Thema zieht sich auch durch Freuds ganzes Leben. Unmittelbar nach der endgültigen Trennung von Jung schreibt er: «Mein ganzes Leben über bin ich auf der Suche nach Freunden, die mich nicht ausbeuten und dann verraten» (BA 26.7.14). Jung ist nur einer von diesen enttäuschenden «Verrätern». Breuer, den er laut Jones später haßte (J I 360), Fließ, Stekel, Adler, später Rank und zuletzt irgendwie wohl auch Ferenczi (vgl. J III und Fromm 1965) sind andere Beispiele dafür.

Man könnte sagen: Jung konnte nichts dafür, daß er in Freuds Freund-Feind-Schema geriet. Aber umgekehrt könnte man ebenso sagen, daß Freud nichts dafür konnte, daß er in eine Beziehung geriet, die Jung tatsächlich als «heilig», «brutal» und «rücksichtslos» – so wie Freud ihn erlebte – erscheinen läßt. Jung selbst sagt in seinen Erinnerungen: «Vielleicht könnte ich sagen: ich brauche Menschen in höherem Maße als andere und zugleich viel weniger. ... Das Wissen um die Vorgänge des Hintergrundes hat meine Beziehung zur Welt schon früh vorgebildet. ... Als Kind fühlte ich mich einsam, und ich bin es noch heute, weil ich Dinge weiß und andeuten muß, von denen die anderen anscheinend nichts wissen und meistens auch gar nichts wissen wollen. ... Ich hatte alle Mühe, mich neben meinen Gedanken zu behaupten. Es war ein Dämon in mir, und der war in letzter Linie ausschlaggebend. Er überflügelte mich, und wenn ich rücksichtslos war, so darum, weil ich vom Dämon gedrängt wurde. ... Ich habe viele Leute vor den Kopf gestoßen; denn sobald ich merkte, daß sie mich nicht verstanden, war der Fall für mich erledigt. ... Viele erweckten bei mir das Gefühl lebendiger Menschlichkeit, aber nur wenn sie im Zauberkreis der Psychologie sichtbar wurden; im nächsten Augenblick ... war nichts mehr vorhanden. Für manche Menschen konnte ich mich intensiv interessieren, aber sobald ich sie durchschaut hatte, war der Zauber verschwunden. So habe ich mir viele Feinde gemacht. Aber als schöpferischer Mensch ist man ausgeliefert, nicht frei, sondern gefesselt und getrieben vom Dämon. ... Die Unfreiheit erweckte in mir eine große Trauer. ... Ich bin ja selber das Opfer, ich kann nicht bleiben. ... Der Dämon und das Schöpferische haben sich bei mir unbedingt und rücksichtslos durchgesetzt» (ETG 357 ff).

So wie Freud 1912 der Komiteebildung zustimmte und wissen mußte, daß er Jung damit verlor, so hatte Jung die «Wandlungen und Symbole der Libido» geschrieben und gewußt, daß er Freud damit verlor. Aber der Bruch liegt im Grunde schon früher. Wenn die Wiener und Abraham 1908 voraussagten, daß Jung nicht lange im psychoanalytischen Lager bleiben werde, hatten sie nicht so unrecht. Für Jung lag das Ende der Beziehungen zu Freud schon 1909 in einem bestimmten Ereignis «beschlossen» (vgl. ETG 162 ff):

Beide reisten zusammen nach Amerika, um dort Vorlesungen zu halten. Sie analysierten auf der Reise gegenseitig ihre Träume. Freud wollte zu einem Traum keine weiteren Details mitteilen und sagte dazu: «Ich kann doch meine Autorität nicht riskieren.» Dieser Satz, sagt Jung, habe sich ihm «ins Gedächtnis gegraben. In ihm (habe) das Ende (der) Beziehung bereits beschlossen» gelegen, denn: «Freud stellte persönliche Autorität über Wahrheit.»

Ich denke, da ist Jung eine Rationalisierung unterlaufen. Er berichtet nämlich gleich anschließend (aber so, als gehöre es nicht mehr dazu), daß er selbst Freud «hinters Licht führte, ... ihm eine Lüge» erzählte. Freud hatte umgekehrt einen Traum von Jung deuten sollen, einen Traum von einem Haus, in dessen Keller zwei Schädel lagen. Jung sah in dem Haus «eine Art Bild der Psyche». Er meinte aber, daß Freud diese Deutung nicht verstehen und akzeptieren würde. Freud interessierte sich vor allem für die beiden Schädel und vermutete dahinter Todeswünsche. Das leuchtete Jung zwar nicht ein. Aber er dachte sich dann dazu jemanden aus, nannte ihn Freud, und Freud war «wie befreit». Jung sagt, er wollte Freuds Freundschaft nicht verlieren. Darum die Scheinantwort. – Der eine stellte also die Autorität, der andere die Freundschaft über die Wahrheit. Damit ist aber die Situation noch nicht erklärt. Jung betont sein Motiv zwar gleich zweimal (pp. 162, 164), aber er sagt viermal (2 × 162, 2 × 164), daß Freud mit seinen Träumen «nichts anfangen konnte», sie «nur unvollständig oder gar nicht deuten» konnte, «Unverständnis und heftigen Widerstand» gezeigt hätte, «solchen Träumen hilflos gegenüberstand». Wenn er nun betont, «daraus machte ich ihm keinen Vorwurf ... im Gegenteil ... unsere Beziehung war mir überaus wertvoll ... ich fürchtete auch, seine Freundschaft zu verlieren, wenn ich auf meinem Standpunkt beharrt hätte», darf man vermuten, daß das zwar bewußt richtig war, daß aber unbewußt Jungs «Dämon» bereits entschieden hatte: «... sobald ich merkte, daß sie mich nicht verstanden, war der Fall für mich erledigt» (s.o.). Da lagen die beiden Schädel schon im Keller.

Also lag die Differenz bei Jung? Wiederum: nein. Es war ein Ereignis vorangegangen, das sich 1912 bei dem Treffen in München noch einmal wiederholte: Freud wurde in Jungs Gegenwart ohnmächtig. Es ging beidemale darum, daß Freud vermutete, Jung habe ihm gegenüber Todeswünsche. Man kann nicht ausschließen, daß er sie hatte. Aber die Symptomatik lag bei Freud. Also muß man von ihm her deuten und sagen: Er selbst hatte Todeswünsche gegen Jung und erlebte sie in der Projektion. Das Freund-Feind-Schema wirkte hier. Freud selbst meinte zu den Ohnmachten, es stecke «ein Stück unbeherrschten homosexuellen Gefühls dahinter» (J I 370), das auf die Beziehung zu Julius zurückgehe (J II 179). Jung spricht von einer «Phantasie vom Vatermord» (ETG 161), Jones (l. c.) deutet auf ein «am Erfolge scheitern» (Freud hatte in beiden Fällen einen kleinen Erfolg gegenüber Jung gehabt), und Bennet sagt: Freud war «plötzlich fest davon überzeugt, daß Jung seinen Tod herbeisehne, damit er sein Nachfolger werden könne» (Bennet, p. 106).

Alles ist richtig. Aber um den Zusammenhang zu verstehen, muß man hier noch etwas weiter ausholen und einen spezifischen Zug ergänzen. Freud und Jung waren beide «Propheten». Freud war, wie unter anderen Jones (J II 50, 429 f, 432, J III 428) und Bakan beschrieben haben, insbesondere mit dem jüdischen Propheten, dem Moses, dem Messias und dem Christus, den Freud als

«Ersatzmann und Nachfolger» des Moses ansah (F 1939a, p. 196), identifiziert. Nach Bakan bezog sich die Messias-Identifizierung speziell auf den kriegerischen Messias ben Joseph, der nach der Überlieferung am Ende wahrscheinlich getötet wird. Er ist der Vorläufer eines mehr geistigen (spiritual) Messias ben David, der nach der Erlösung herrschen wird (Bakan, pp. 171 f, 180).

Freud selbst verweist für sich auf eine Identifizierung mit Josef, dem Traumdeuter (T 487 f). 1914 versteht er sich als einer von denen, «die am Schlaf der Welt gerührt haben». Er erwähnt dabei zugleich einen Zwiespalt, den man mit der Formel «Auserwähltsein bedeutet Verfolgtsein» beschreiben kann. Er sagt: «Ich entschloß mich zu glauben, daß mir das Glück zugefallen war, besonders bedeutungsvolle Zusammenhänge aufzudecken, und fand mich bereit, das Schicksal auf mich zu nehmen, das mitunter an solches Finden geknüpft ist» (1914d, p. 59 f). Der Moses wird nach einer späteren Theorie von Freud und Sellin durch sein eigenes Volk ermordet (1939a, p. 135, 195 f), der Josef wird «in die Grube geworfen» (1. Mose 37; 19, 21), der Messias ben Joseph wahrscheinlich getötet, der Christus ans Kreuz geschlagen. Das ist «das Schicksal, das mitunter an solches Finden geknüpft ist». Man versteht, warum Freud besonders hartnäckig an einem Aberglauben festhielt, der sich mit seinem Tod und seinen Todesdaten beschäftigte (J I 357, 363 f; J II 211, 222, 233ff, 459 f; J III 56, 59, 68, 254, 445, 453 ff). «Glück», sagt er einmal, «ist dann anzunehmen, wenn das Schicksal nicht alle seine Drohungen gleich verwirklicht» (J I 385 Anm.).

Freud hat sich speziell immer als «Vorläufer» gefühlt. Er sagt z.B., daß er «das Gelobte Land ... nur von weitem erblicken dürfe» (J II 50). Oder: man «würde zu (seinen) Lebzeiten keine Notiz von (ihm) nehmen. (Erst) einige Dezennien später würde ein anderer ... (ihn) als notwendigerweise verunglückten Vorläufer zu Ehren bringen» (1914d, p. 60).

Für den Nachfolger ergeben sich aus dieser Haltung mehrere Probleme, die der Beziehung zu Jung einen spezifischen Akzent gegenüber anderen Beziehungen geben, da Jung der einzige ist, den Freud direkt als seinen Nachfolger bezeichnet hat. Der Nachfolger ist der, der eigentlich erntet. Er wird beneidet werden. Er muß dabei ein würdiger Nachfolger sein, im Grunde auch ein Prophet, sonst taugt er nicht für sein Amt. Wenn er aber ein Prophet ist, wird er, sofern nicht völlige Übereinstimmung besteht, ein Konkurrent und eine tödliche Gefahr: Wenn der neue Prophet erschienen ist, ist das Ende des alten gekommen. Dazu paßt: Sowie Freud Jung zum «Kronprinzen» «gesalbt» hatte, fühlte er sich durch Jung «der Vaterwürde entkleidet» (ETG 370). Ein halbes Jahr später, als die beiden neuen Propheten nach Amerika (ins Gelobte Land?) aufbrachen, ist er dann in Jungs Gegenwart und auf Jung bezogen ohnmächtig geworden, das heißt unter anderem «gestorben». – Es gab da noch eine Schwierigkeit, die auf die Konkurrenz verweist: Jung war unabhängig von Freud nach Amerika eingeladen worden (ETG 360). – Der Nachfolger mag geliebt und ersehnt werden. Aber er ist der natürliche Feind des Vorläufers.

Das zeigt sich noch deutlicher am Hintergrund der zweiten Ohnmacht Freuds in München. Das vorangehende Gespräch hatte zwei zusammenhängende Themen: daß die Schweizer Freuds Namen nicht in ihren Publikationen erwähnt hatten, und daß ägyptische Pharaonen die Namen ihrer wirklichen oder göttlichen Vorfahren in Inschriften auslöschten und durch den eigenen ersetzten. Es ging speziell um jenen Amenhotep oder Amenophis IV., auf den Freud in seiner letzten Mosesarbeit den Monotheismus des Moses zurückführt (1939a, pp. 118f.; J II 179f.; ETG 161), also in gewissem Sinne um einen direkten Vorgänger Freuds: Freud führte ja selbst einen neuen «Monotheismus» ein. Er war, wie Bakan erklärt, selbst ein neuer Gesetzgeber, der das alte, mosaische Gesetz aufhob. Er befreite mit der Psychoanalyse «das Volk» von dem zu starren Über-Ich, das durch Moses repräsentiert war, d. h. aber übersetzt: Er «mordete» den Moses. *Das* war seine messianische (ödipale) Tat, mit der er Held und Verbrecher zugleich wurde (Bakan, pp. 127 f, 170). Er ist dann in der Ohnmacht einerseits der, der den Namen getilgt hat, andererseits – Auge um Auge – der, dessen Name vom Nachfolger getilgt wird. Der Nachfolger wird mit der eigenen Rolle identifiziert. Er wird im engeren Sinne des Mordes, im weiteren des Abfalls verdächtigt und dessen, daß er nun selbst *der* Prophet werden will.

Freuds «Geschichte der psychoanalytischen Bewegung» zeigt all diese Zusammenhänge schon deutlich. Freud ist der Prophet, der

am Schlafe der Welt gerührt hat; er ist der Vorläufer, der erst durch den Nachfolger zu Ehren gebracht wird. Aber der Nachfolger ist zugleich der, der mit einer «neuen Heilsbotschaft» eine neue «Abfallsbewegung» (1914d, p. 91) – der die Adlersche parallel geht – einleitet.
Ich muß noch einmal auf Bakan zurückkommen. Er hat erklärt, daß Freud mit dem Abfall von Moses (dem Mord an Moses) einer alten jüdisch-mystischen Tradition, der des Sabbatianismus, folgt. Diese Tradition hat eine bislang noch nicht erwähnte Konsequenz: den Abfall vom Judentum. Sabbatai Zevi und Jakob Frank, auf die die Tradition zurückgeht – sie traten rund zweihundert und hundert Jahre vor Freud auf –, konvertierten. Bakan weist nun darauf hin, daß Freud in der späten Mosesarbeit *zwei* relativ ungesicherte Theorien vertrat: Daß Moses ermordet worden sei, *und* daß er ein Ägypter, also ein Nichtjude, gewesen sei (1939a, pp. 103 ff).Wenn Freud aber den Moses, mit dem er identifiziert war, zum Nichtjuden erklärte, erklärte er über die Identifizierung sich selbst zum Nichtjuden. Bakan sieht darin den Versuch der Realisierung einer unbewußten Phantasie in Erfüllung der sabbatianischen Tradition (Bakan, pp. 95 ff, 105 ff, 137, 148). Es muß eine sehr drängende Phantasie gewesen sein. Freud berichtet: Das Mosesthema «quälte mich wie ein unerlöster Geist» (1939a, p. 210).
Wenn man Bakans Theorie auf die Beziehung von Freud zu Jung anwendet, bekommt die Tatsache, daß Freud mit Jung ausgerechnet einen Nichtjuden zu seinem «Josua» machte, einen neuen Stellenwert. Jung war dann nicht nur allgemein, wie Bakan sagt, «eine Brücke zur nichtjüdischen Welt» (p. 122), die die Psychoanalyse davor bewahren sollte, «eine jüdisch nationale Angelegenheit zu werden» (s.o.), sondern er war spezifisch als Nachfolger jemand, auf den die Konversionsphantasie schon sehr früh, wie später auf Moses, projiziert worden wäre. Das Scheitern der Beziehung wäre von daher fast selbstverständlich. Es handelte sich ja um eine verbotene Phantasie, die zudem mit der Mordphantasie verbunden war. Mit der Möglichkeit einer Realisierung mußte sich, da volles Bewußtwerden kaum möglich war, sofort die Abwehr verstärken und zu einer Trennung führen. Eine in der Projektion bekämpfte Konversionsphantasie würde im übrigen auch verständlich machen, warum Freud ge-

genüber dem schon damals (nicht erst nach 1933) durchaus real vorhandenem Antisemitismus immer besonders empfindlich war und speziell auch die Schweizer selbst in Zeiten der besten Zusammenarbeit eines «verhaltenen Antisemitismus» verdächtigte (J II 69).
Nach dem Münchner Kongreß (1913) konnte er eine Weile nicht den Namen «Jung» aussprechen und mußte ihn durch «Jones» ersetzen (J II 532). Jones als Leiter des Komitees, aber nicht als direkter Nachfolger, erscheint wie ein guter Kompromiß für die Konversionsphantasie: Ein Angehöriger einer unterdrückten Rasse wie ein Jude, aber doch ein Nichtjude. Aber frei von Ambivalenz scheint auch das nicht gewesen zu sein. Etwas später verschrieb sich Freud und setzte für «Jungs Evangelium» «Jones' Evangelium». Er deutete es als «verhüllte Zärtlichkeit» (l.c.). Aber vielleicht hat er auch das nächste neue Evangelium gefürchtet.
Der Nachfolger, hatte ich gesagt, müsse ein Prophet sein, aber er sei damit zugleich ein natürlicher Feind, falls nicht vollkommene Übereinstimmung herrsche. Dazu ist noch eine letzte Begründung nachzutragen. Der Prophet nämlich ist aus Gott, und Gott kann nicht irren und auch keine zwei Meinungen haben. Wenn zwei Meinungen auftauchen, muß eine falsch sein. Der, der sie vertritt, ist ein falscher Prophet. Man muß ihn umbringen. «Man soll ihn zu Tode steinigen», sagt die Bibel, «denn er hat dich wollen abbringen von dem Herrn, deinem Gott» (5 Mos 13; 10). Es sieht wieder so aus, als sei es vor allem Freud gewesen, der sich aus unbewußten Motiven von Jung trennen mußte. Aber man muß auch wieder ergänzen: Jung hatte, wenn auch anders gelagert, ähnliche Motive. Zwei Propheten nebeneinander, das geht für beide nicht.
Hier steht, als müsse «die Schrift erfüllt werden», dem mehr «kriegerischen» Messias ben Joseph ein mehr «geistiger» Messias ben David gegenüber. «Von Anfang an», schreibt Jung, «war das Gefühl einer Schicksalsbestimmtheit sondergleichen in mir, so als sei ich hineingestellt in ein Leben, das zu erfüllen war. ... Das gab mir oft das Gefühl, in allen entscheidenden Dingen nicht mit den Menschen, sondern allein mit Gott zu sein. ... Ich war in den Jahrhunderten, und Der, der dann Antwort gab, war Der, welcher schon immer gewesen war und immer ist» (ETG 53).

Jung empfindet sich als «sozusagen der uralte Sohn der Mutter» (ETG 229). In einer Vision «von letzter Objektivität» *ist* er «die Hochzeit des Lammes» (ETG 298 f). Es ist, als ob ein Traum ihn fragte: «Was tust du in Indien? Suche lieber für deinesgleichen das heilende Gefäß, den salvator mundi, dessen ihr dringend bedürft» (p. 286). Wie er 1944 schwer krank ist, in Todesgefahr schwebt, hat er in einer Vision die Erde schon verlassen. Da wird ihm eine Botschaft nachgebracht: «Es würde dagegen protestiert, daß (er) im Begriff sei wegzugehen. (Er) dürfe die Erde (noch) nicht verlassen und müsse zurückkehren» (p. 295 f), denn – so darf man ergänzen – er kann noch nicht sagen, wie er es später tut, daß seine «Aufgabe erledigt, (sein) Werk getan» (p. 225) und das gesagt sei, was am Ende eines Äons, das mit dem Erscheinen Christi begann (p. 224), «gesagt werden kann und vielleicht gesagt werden muß angesichts des kommenden Äons» (p. 342). Das alles sind Aussagen eines überwiegend introvertierten Intuitiven. «Solch ein Mensch kann unmöglich über seine Erlebnisse reden», hat Jung einmal gesagt, «sonst würde jedermann ihn für vollständig verrückt halten» (s. bei Evans).

Mit Freuds «Sache» konnte er sich ganz sicher nicht identifizieren, so wie Freud sich nicht mit dem identifizieren konnte, was Abraham «die Tendenz zum Okkultismus ... und zum Mystizismus der Zürcher» (J II 170) nannte. Gewiß, Freud war, wie man bei Jones nachlesen kann (J III 437 ff), lebenslang von allem Unheimlichen, Übersinnlichen und Okkulten fasziniert. «Das Okkulte» brachte ihn, wie er einmal schrieb, «immer etwas aus der Fassung» (J III 499), und zum «Übersinnlichen» hat er einmal gesagt: «Ich mag das alles nicht; aber irgendetwas Wahres ist daran» (J III 443). Er fühlte sich angezogen und zugleich abgestoßen. Man mußte es wissenschaftlich erklären können, dann konnte man darüber sprechen. Aber man durfte es nicht, wie Jung, als etwas Reales nehmen.

Wie konnte es dann überhaupt zu einer Zusammenarbeit kommen? Ich glaube, man kann die Frage beantworten und im Zusammenhang damit auch sagen, wieso die Zeit der Zusammenarbeit – von allen bislang angeführten Gründen abgesehen – begrenzt war und auch, warum sie gerade bis 1912 begrenzt war: Jung unterscheidet zwischen dem «äußeren» und dem «inneren» Menschen. Er tut das auch für sich und nennt in seinen «Erinne-

rungen» (ETG) den «äußeren» die Nr. 1, den «inneren» die Nr. 2. Die Nr. 2, sagt er, sei «eine typische Figur; meist (reiche) aber das bewußte Verstehen nicht aus zu sehen, daß man das auch ist» (p. 51). Die meisten Menschen leben von der Nr. 1 her. Jung lebte die Nr. 2. Sie war ihm von Kind an ebenso vertraut wie geheimnisvoll. In der Pubertät und danach kam es der Beschreibung nach zu einem Umschwung. Die Nr. 2 wurde unheimlich und schien auch ganz und gar nicht geeignet, so alltägliche und auch notwendige Dinge zu tun, wie z. B. einen Beruf zu wählen und Geld zu verdienen. Man mußte die Nr. 2, ohne sie zu verleugnen, in den Hintergrund treten lassen. Jung fühlte sich im Laufe der Jahre in zunehmendem Maße identisch mit der Nr. 1 (pp. 79 ff, 93 ff).
1902 (27jährig) schrieb er über das Phänomen der doppelten Persönlichkeit, wie er es in pathologischer Form an einer Cousine (ETG 300) studiert hatte, seine Dissertation «Zur Psychologie und Pathologie sogenannter okkulter Phänomene» (JS 1; ETG 113 f). Er hatte damit das getan, was auch Freud tat: Die Nr. 2 durch eine wissenschaftliche Erklärung bewältigt. Zugleich hatte er sich 1902 verlobt (und die Dissertation der Braut gewidmet). Mit dem Jawort der Braut war, wie er schreibt, « Nr. 1 bestätigt. Es wurde daraus meinerseits ein Ja zur Welt, und Nr. 2 entschwand für elf Jahre meinen Blicken» (ETG 407).
Das heißt, die Nr. 2 wäre 1913 wieder aufgetaucht. Sie hat sich aber auch wohl schon vorher gezeigt und angekündigt. Jung sagt a.a.O.: «1912 fing es an» (p. 196). Das war auch das Jahr, in dem die Arbeit über «Wandlungen und Symbole der Libido» erschien, in dem die Freundschaft mit Freud aufhörte und in dem dann, wie Jung schreibt, sein «selbständiger Weg – nolens volens – seinen Anfang nahm» (p. 210).
Solange die Nr. 2 verschwunden (oder doch zurückgetreten) war, konnte Jung mit Freud und konnte Freud mit Jung arbeiten. Sie hatten eine gemeinsame Bewältigungsform gegenüber der Nr. 2, die ja deutlich auch bei Freud vorhanden, aber dort stärker tabuiert war, gefunden. Es war ein Schutz- und Trutzbündnis, aber Jung war schon 1910 entsetzt, als Freud das Bündnis quasi offiziell machen und Jung dafür gewinnen wollte, mit ihm «ein unerschütterliches Bollwerk ... gegen die schwarze Schlammflut ... des Okkultismus» zu bilden. *Das* hatte Jung nicht ge-

wollt. Freud hat ihm da, soweit ich sehe, ein Stück der eigenen Abwehr gezeigt. «Es war ein Stoß, der ins Lebensmark unserer Freundschaft traf», schreibt Jung (ETG 155).
Die beiden haben sich dann getrennt, und ihre Schulen sind über die Nr. 1 und die Nr. 2 noch immer getrennt. Vielleicht haben sie Angst voreinander, so wie die Geschlechter Angst voreinander haben oder das Bewußte und das Unbewußte. Die Angst ist ja auch gar nicht so unberechtigt. Die Zwei kann die Eins aufschlucken; dann haben wir eine Psychose. Oder die Eins kann die Zwei töten; dann haben wir (z.B.) eine Zwangsneurose. Die Mitte ist so schwer zu halten, zumal wenn wir «Propheten» sind.

SIGMUND FREUD

# Der Gottmensch-Komplex bei Freud und seine Darstellung bei Jones

Ernest Jones veröffentlichte 1913 in deutscher Sprache eine Arbeit mit dem Titel «Der Gottmensch-Komplex» und dem Untertitel «Der Glaube, Gott zu sein, und die daraus folgenden Charaktermerkmale». Die beschriebenen Merkmale würden direkt oder als Reaktionsbildung aus der «durchaus nicht selten» vorkommenden unbewußten Phantasie, Gott oder Gottes Sohn zu sein, also einer Identifizierung mit Gott oder Gottes Sohn, hervorgehen (G 15 f, 34).

1913 meinte Jones zunächst noch, das Syndrom werde bei längerer Erfahrung hinsichtlich einzelner Merkmale erweitert, hinsichtlich anderer eingeschränkt werden müssen. Zehn Jahre später gab er an, die inzwischen gewonnenen Erfahrungen hätten die «skizzierten Umrisse bestätigt, so daß sie gar keine Änderung erfuhren» (G 36). Die Arbeit erschien 1928 in Ernest Jones' Studien «Zur Psychoanalyse der christlichen Religion», die 1970 nachgedruckt wurden. Ein weiterer Vermerk über spätere Erfahrungen findet sich in der neueren Ausgabe nicht. Jones scheint das Syndrom in der ursprünglich beschriebenen Form später bestätigt gesehen oder zumindest keinen Anlaß gefunden zu haben, Modifikationen vorzunehmen.

1953, 1955 und 1957 erschienen die drei Bände der Freud-Biographie von Jones in einem englischen und einem amerikanischen Original (die gelegentlich voneinander abweichen). Eine (wieder mit gelegentlichen Abweichungen) nach dem amerikanischen Original gefertigte deutsche Ausgabe erschien 1960 bis 1962. Ich beziehe mich im folgenden auf die deutsche Ausgabe. Wenn nicht anders angegeben, sind eingefügte englischsprachige Zitate der amerikanischen Ausgabe entnommen.

Jones beschreibt in der Biographie eine Moses-Identifizierung Freuds (s.o. p. 21 f). Insoweit Moses, der Prophet, als ein «Sohn» Gottes eine Art «Gottmensch» wäre (s. a. u.), müßte Jones damit auch für Freud einen Gottmensch-Komplex beschrieben

haben. Aber das hat er nicht, jedenfalls nicht offiziell. Er beschreibt für Freud, wie ich in einer Zusammenstellung in einem Anhang zu diesem Kapitel zeige, tatsächlich detailliert viele Einzelzüge, die er vorher als typisch für den «Gottmenschen» erwähnt hat, aber er verweist nirgendwo auf einen Zusammenhang mit dem Komplex, und er diagnostiziert ihn auch nicht.
Die für den Komplex zusammengestellten Merkmale lassen nicht ohne weiteres einen Bezug auf religiöse Inhalte erkennen. Sie sind zumeist von allgemeineren Zügen, wie Narzißmus, Autoerotik, Exhibitionismus, Schau- und Wissenstrieb abgeleitet (G 18). Jones beschreibt dann in der Biographie zusätzlich mehrere Einzelheiten, die spezifisch auf eine religiöse Problematik und auf Bildung und Weiterbestehen einer unbewußten Identifizierung mit dem Propheten, dem Sohn Gottes, hinweisen. Er kommt aber zu dem Ergebnis, daß diese Einzelheiten entweder nicht wirklich mit Religiösem zu tun oder keinen nennenswerten Einfluß auf Freuds Entwicklung und Erleben gehabt haben (s. u.).
Die Moses-Identifizierung müßte demnach quasi gottlos entstanden sein. Es ist ein atheistischer Moses, ein Moses ohne Gott, den Jones zeigt. Aber das ist dann eigentlich kein Moses mehr. Moses ist der «Mann Gottes», der «Knecht des Herrn» (5 Mos 33,1; 34,5). Wenn man davon abstrahiert, abstrahiert man vom Wesenskern seines Bildes. Das kann man natürlich allgemein tun; aber speziell eine Identifizierung, eine echte Identifizierung im Sinne der Analyse, die sich zudem (s. u.) hier in ihren Grundzügen spätestens im Alter von 6 Jahren (im 7. Lebensjahr) gebildet haben muß, kann dann nicht entstehen. Jones ist aber Analytiker und sagt nirgendwo, daß er «nur so dahergeredet» und eigentlich keine wirkliche Identifizierung gemeint habe.
Das ist widersprüchlich. – Ich nehme an, daß ein Gottmensch-Komplex bei Freud bestand und daß Jones ihn auch zwischen den Zeilen beschrieben hat. Ich will versuchen,

a) den Komplex in seiner Entwicklung und einem Teil seiner Auswirkungen zu beschreiben,
b) die in den Aussagen von Jones auftretenden Widersprüche genauer darzustellen und eine Erklärung für sie zu geben.

Ich beziehe die im Kapitel-Anhang zusammengestellten Merkmale nur partiell in die allgemeine Beschreibung ein, d.h. der Anhang wird hinsichtlich der «Auswirkungen» manches ergänzen. Bei der Fülle des Materials – Jones hat drei Bände für das Freud-Thema gebraucht – kann ich hier ohnehin vieles nur sehr unvollständig wiedergeben.

Ich habe vom «Gottmensch»- resp. Propheten-Thema schon im Zusammenhang mit dem «Prophetenstreit» gesprochen und knüpfe hier daran an:

Ich nehme an, daß die von Jones beschriebene Moses-Identifizierung aus einer früheren Messias- oder Christus-Identifizierung abgeleitet ist, und daß ganz allgemein eine Identifizierung mit dem Propheten im Sinne des Alten Testaments bestand. Alle diese Identifizierungen sind Abkömmlinge desselben archetypischen Bildes, dem des Sohnes Gottes. Es kann bald diese, bald jene Akzentuierung erfahren. Die Identifizierung mit dem Sohn Gottes kann zugleich eine Identifizierung mit Gott beinhalten. Es ist psychologisch kein Widerspruch, wenn im Text bald die eine, bald die andere Benennung erfolgt. Es ist ebenso psychologisch kein Widerspruch, wenn der Prophet zugleich als der falsche Prophet, der Messias als der Teufel, der Christ als der Antichrist erscheint. Bild und Gegenbild sind Bestandteile desselben Komplexes und von daher unlösbar verknüpft.

Das Mythologem beschreibt, Jahwe habe zwei Söhne gehabt, einen älteren, den Satanael, und einen jüngeren, den Christus (JS 210, pp. 51 ff). Wenn wir einfügen, daß der Archetyp Gottes im Unbewußten nicht vom Archetyp des Selbst unterscheidbar ist (JS 213), heißt die mythologische Aussage übersetzt: Der Archetyp des Selbst (Gott) hat zwei Aspekte (Söhne), einen positiven (Christus) und einen negativen (Satanael). Eine erste Ableitung bietet das Bild von Kain und Abel.

In einem Komplex führt jede einseitige Betonung eines Bildes zur Verstärkung des Gegenbildes. Das Christusbild ist in besonderem Maße einseitig. Christus, lehrten die Gnostiker, habe «seinen Schatten von sich abgeschnitten» (JS 210, l. c.). Jung, der diese Problematik im «Aion» und im «Hiob» sehr eingehend behandelt hat, kommt zu dem Schluß: «... die dogmatische Figur Christi (ist) von solcher Vorzüglichkeit und Makellosigkeit, ... dermaßen einseitig vollkommen, daß sie ein psychisches

Komplement zur Herstellung des Gleichgewichts förmlich herausfordert ... Das (in der Bibel) angekündigte Kommen des Antichristen ist nicht bloß prophetische Voraussage, sondern ein unerbittliches, psychologisches Gesetz» (l.c.). Anders ausgedrückt und übertragen: Die Christus-Identifizierung (die man sich nicht aussucht, sondern von der man befallen wird) stellt an ihren Träger so hohe Anforderungen einseitiger Vollkommenheit, daß sie unmenschlich wird und abgewehrt werden muß. Jede Abwehr, Ablehnung, identifiziert aber mit dem Antichristen. Es gibt hier keine Zwischentöne, kein Grau, sondern nur Schwarz oder Weiß.

Wenn man nicht der Christus sein kann, der Antichrist kann man schon gar nicht sein. Für den Christus steht hinter dem Kreuz die Erlösung, die Erhöhung. Für den Antichristen bleibt nur die Vernichtung. Also muß man doch der Christus sein. – Solange man die Symbolik nicht verstehen kann, ist das wohl beängstigendste Problem für den Träger einer Christus-Identifizierung die Abwehr einer stets drohenden und noch untragbareren Antichrist-Identifizierung. Man befindet sich in einem Teufelskreis. Der Gesamtkomplex ist vom Teufel. Freud beschreibt dieses Erleben für den «Maler Christoph Haitzmann» (und damit – kaum bewußt – wohl indirekt auch für sich) so: Er unterscheidet «nicht scharf zwischen den Einwirkungen des bösen Geistes und jenen der göttlichen Mächte, er hat für beide eine Bezeichnung: Erscheinungen des Teufels» (1923d).

Wenn man die allgemeine Christ-Antichrist-Problematik mit der speziellen Freuds vergleicht, findet man weiter:

Man kann nicht der Antichrist sein, das heißt auch: Man kann nicht Gott als den Allmächtigen annehmen und dann gegen ihn sein. Man wäre schon der Definition nach verloren. Man kann also, wenn man sich als Mensch im Sinne des Antichristen gegen den Komplex wehren muß, nur sagen, es gäbe keinen Gott, und antireligiös sein. Freud sagt nie, er sei ein Feind Gottes. Er bezeichnet sich «nur» als «gottlos», als einen «ganz gottlosen Juden», einen «bösen», «heillosen Ketzer» (BP 9.2.09, 9.10.18, 16.10.27), als «im tiefsten ungläubig» (BS an Ferenczi, 4.2.20), als «einen der schlimmsten Feinde der Religion» (J III 151). Nicht einmal das klingt wirklich feindlich, sondern wie eine Mischung aus Trotz und Sehnsucht.

Gelegentlich kann Freud sogar wie ein kindlich frommer Christ vom «lieben Gott» sprechen (J II 469, 488; J III 447). Einmal beunruhigte er Jones, der ihm vorwarf, er neige aufgrund fadenscheiniger Beweise dazu, an Übersinnliches zu glauben, mit der Erwiderung: «Ich mag das alles nicht, aber irgend etwas Wahres ist daran.» Als Jones dann fragte, wo das hinführen solle, man könne dann schließlich auch an Engel glauben, antwortete er: «Ganz richtig, sogar an den lieben Gott.» Jones: «Dies äußerte er in scherzendem Ton ... und mit einem leicht spöttischen Blick, ... aber in seinem Blick lag auch etwas Suchendes, und ich ging nicht ganz zufrieden fort, vielmehr mit der Befürchtung, dahinter stecke noch etwas Ernsteres» (J III 443 f).

Laforgue berichtet, wie Freud einmal mit Schülern über ein Bild von Schwind sprach. Es zeigte den heiligen Hieronymus, der seine Seele dem Teufel verkauft hat, damit der ihm Material zum Bau einer Kirche liefere. Freud soll gefragt haben, wer von den Anwesenden der Heilige, wer der Teufel sei. Als man geantwortet habe, Freud sei der Heilige, habe Freud energisch widersprochen: «Wissen Sie nicht, daß ich der Teufel bin? Mein ganzes Leben lang habe ich den Teufel spielen müssen, damit andere mit den Materialien, die ich herbeibrachte, die schönsten Dome werden bauen können.»

Hier identifiziert Freud sich, wenn er schon danach fragt, offenbar sowohl mit dem Heiligen als auch mit dem Teufel, genauer aber mit dem Heiligen, der den Teufel *«spielen muß»*. Aber er darf nicht wirklich mit dem Heiligen oder dem Propheten identifiziert werden. Er müßte dann nämlich praktisch unfehlbar sein. Sowie er irrt und seine Vorhersagen nicht zutreffen, er einen Fehlschlag hat – «An ihren Früchten sollt ihr sie erkennen!» (Mat 7,16 und 20) –, wird er zum falschen Propheten und muß sterben (5 Mos 18,20 und 22; Hes 13,8 und 9). Es ist von daher spezifisch schwierig, Fehler wahrzunehmen und zu korrigieren.

Die Problematik ist in den achtziger Jahren in der von Jones so benannten Kokain-Episode besonders deutlich geworden. Freud begann die «Episode» mit einer Messias-Identifizierung und wurde am Ende mit dem «Teufel» identifiziert. Er leitete 1884 seine erste Arbeit «Über Coca», mit der er einen großen Wurf zu tun hoffte, wie folgt ein: «Die Sage erzählte, daß Manco Capac, der göttliche Sohn der Sonne, in der Urzeit von den Felsen des Titicacasees herabgestiegen sei und das Licht seines Vaters den armseligen Einwohnern gebracht habe, daß er sie die Kenntnis der Götter, die Ausübung der nützlichen Künste lehrte und ihnen (Ref.: wie nun Freud) die Coca schenkte, diese göttliche Pflanze, welche den Hungrigen sättigt, den Schwachen stärkt, und sie ihr Mißgeschick vergessen macht» (1884e).

Coca wurde ein grausamer Fehlschlag. Koller erprobte aufgrund eines Hinweises von Freud die anaesthesierenden Eigenschaften des Mittels und wurde berühmt. Sonst erwies sich das Kokain aber als ein gefährliches Suchtmittel, das nach zwei Jahren, 1886, als «dritte Geißel» der Menschheit (nach Alkohol und Morphin) bezeichnet wurde (F 1887d). Wenig später starb einer von Freuds Patienten an einer zu großen Dosis Kokain, die Freud ihm, wie Jones berichtet, «immer noch in der Meinung, es handle sich um ein harmloses Mittel, verschrieben hatte» (J I 120).

Die Ereignisse betrafen Freud besonders, weil er das Kokain zur Bekämpfung von Neuroschmerzen und zur Entziehung von Morphium zuerst bei einem Freund, Fleischl, angewendet hatte. Fleischl kam 1885 in eine schwere Kokain-Sucht mit Delir, lebte dann noch «sechs qualvolle Jahre» (J I 117). Freud verwies aber noch 1887 ohne eine diesbezügliche Korrektur auf seinen ersten Bericht «über den überraschend günstigen Verlauf der ersten (Ref.: von ihm an Fleischl) auf dem Kontinente unter Cocain vorgenommenen Morphinentziehung». Erst zwei Absätze später beschrieb er allgemein die Gefahren der Kokainanwendung, aber so, als habe *er* damit nichts zu tun: «Der Wert des Cocain für die Morphinisten ging aber auf andere Weise verloren. Die Kranken selbst begannen, sich des Mittels zu bemächtigen und es demselben Mißbrauche zu unterwerfen, den sie mit Morphin zu treiben gewohnt waren» (1887d). Auf Fleischl bezogen wehrt er sich in der Traumdeutung: «Ich hatte ihm das Mittel nur zur internen Anwendung während der Morphiumentziehung geraten; er machte sich aber unverzüglich Kokaininjektionen» (T 120). Gerade zu solchen Injektionen hatte Freud aber, zumindest in anderen Fällen (s. J I 118 f und 121 f), selbst geraten. Der Konflikt scheint also auch zu diesem Zeitpunkt (die Traumdeutung ist Ende 1899 erschienen) noch nicht gelöst gewesen zu sein, und man versteht die «Rechtfertigung», bei der das Unbewußte beharrt: «Ich bin doch der Mann, der die wertvolle und erfolgreiche Abhandlung (über das Kokain) geschrieben hat» (T 179). Ein anderes Beisiel: Freud erkannte die sogenannte «Verführungstheorie», in der der Teufel auf den Vater projiziert und die Neurosen als Stigmata Diaboli erschienen (BF 6.12.96, 17.1.97), 1897 als so nicht haltbar (BF 21.9.97). Er schrieb aber noch 1905, daß er «nicht zugestehen» könne, daß er 1896 (vgl. 1896c, pp. 438 ff) «die Häufigkeit oder Bedeutung» von Verführungen «überschätzt habe» (1905d, p. 91). Erst 1906 sagt er: «Ich überschätzte die Häufigkeit dieser (sonst nicht anzuzweifelnden) Vorkommnisse» (1906a).

Das ist ein Stück Schatten. Es enthält neben dem gelegentlichen Nicht-wahrhaben-Wollen eine aus dem «gottlosen» Bewußtsein von der Propheten-Identifizierung abgespaltene, verdrängte Bezogenheit auf Gott, die dann als «Aberglaube» im Bewußtsein wieder auftaucht, sich aufdrängt und Freud zum Teil ziemlich irritiert hat (J I 189, J II 441 f, 454). – Dem Schatten steht mit der Persona ein besonders aufrechter, anständiger, ehrlicher Mensch gegenüber, der sich bedingungslos für eine «Sache» einsetzt und auf sie auch allen Anspruch aus einem Berufensein verschiebt. – Ich will auf Schatten und Persona, die beide Anteile sowohl vom «Christus» als auch vom «Antichrist» enthalten, noch etwas ausführlicher eingehen:

Freud ist vom Bewußten her ein atheistischer «Moses» und, wenn schon, ein hochmoralischer «Teufel». «Warum ich – übrigens meine sechs erwachsenen Kinder ebenso – ein durchaus anständiger Mensch sein muß, ist mir ganz unverständlich», schreibt er 1915 in einem langen Brief (J II 487 ff) an Putnam. In dem unverständlichen Müssen liegt ein Teil Reaktionsbildung gegen den Antichrist, in dem Sein der (geheime) Christus, der am reinsten in der Wahrheitsliebe zum Ausdruck kommt. «Ich bin der Weg und die Wahrheit und das Leben, niemand kommt zum Vater, denn durch mich» (Joh 14,6).

Freuds Aufrichtigkeit und Wahrhaftigkeit, die er sich als seine «unerschrockene Liebe zur Wahrheit» (J I 148), seinen «trotzigen Mut zur Wahrheit» (BS 28.7.29) und seinen «moralischen Mut» (1914d, p. 60; 1923 f) gelegentlich selbst attestiert, sind zum gesichertsten Teil der Freudlegende und damit zu einer Art Markenzeichen geworden. Die positive Auskunft, die man dar-

über in fast jedem Buch über Freud findet, ist sicher für viele Fälle richtig, aber ebenso sicher für einige andere (s. o.) falsch. Freud hatte viel Mut, aber auch viel geheime Angst; und der «unerschrockenen Liebe zur Wahrheit» stand eine enorme Tendenz zur «Geheimhaltung» (secrecy) gegenüber. Jones beschreibt sie zwar (J II 478 f), bringt sie aber nicht in die psychologisch relevante Gegensatz-Beziehung zum Mut zur Wahrheit. Im Extremfall schließen sich beide gegenseitig aus. Freuds «unbedingte Aufrichtigkeit» ist immer nur gegen den Widerstand der «Geheimhaltungstendenz» und der damit verbundenen Angst möglich. Bald hat der eine, bald der andere Zug die Oberhand behalten; und wenn Jones bei der Besprechung der sogenannten Weininger-Affäre über Freud sagt: «Es war vielleicht (perhaps) das einzige Mal in Freuds Leben, daß er für einen Augenblick nicht ganz aufrichtig war (for a moment not completely straightforward)» (J I 368), tut er des Guten zuviel.
Wenn ich von einem «Markenzeichen» gesprochen habe, habe ich das wörtlich gemeint. Freud selbst hat seine Aufrichtigkeit und Ehrlichkeit einmal dazu bestimmt; 1886, 30jährig, hat er an seine Braut geschrieben, alle bekannteren Männer hätten eine bestimmte, charakteristische «Manier» (manner), und er halte es für das beste, sich auch eine anzueignen. Er beschloß, berichtet Jones, seine «natürliche Neigung zur Aufrichtigkeit und Ehrlichkeit auszunützen und aus ihr eine ‹Manier› (mannerism) zu machen» (J I 175). Darin liegt deutlich ein Widerspruch, da die Manier etwas Gemachtes, Entstelltes, die Wahrheit aber etwas Unentstelltes ist. In der Manier liegen sowohl der Schatten als auch seine Abwehr.
A. Guggenbühl-Craig hat über den «beruflichen Schatten» des Analytikers einmal gesagt: «Je mehr sich der Psychotherapeut bewußt wird, desto unbewußter wird er.» Man kann das abwandeln: Je mehr sich der Analytiker der Wahrheit verpflichtet fühlt, desto mehr muß er heimlich lügen. Das ist eine Art Berufskrankheit, im Grunde natürlich eine «Krankheit» aller «Wahrheitsliebenden», die dann im Beruf des Analytikers schärfer akzentuiert wird. Freud hat das Problem (im Sinne seines «Markenzeichens») so formuliert: «Vielleicht ist es übrigens eine Folge meiner Beschäftigung mit der Psychoanalyse, daß ich kaum mehr lügen kann. So oft ich eine Entstellung versuche, unterliege ich

einer Irrung oder anderen Fehlleistung, durch die sich meine Unaufrichtigkeit ... verrät» (1901b, p. 247). – Ich will noch anfügen: Auch die Christ-Antichrist-Problematik gehört m. E. in vielen Fällen zum Beruf bzw. zu seiner geheimen Motivation. Freud ist nur ein besonders hervortretendes Beispiel dafür.
Unbestritten ist für ihn wohl das starke Gefühl des Berufenseins gegenüber dem Werk. Erich Fromm (1961) spricht direkt von «messianischen Impulsen». Fritz Wittels verweist schon früh, wie später Bakan, auf die dunkle Gegenseite: die «Sendung Freuds» erscheine «vielen teuflisch», ihm (Freud) selbst «unterirdisch». Wittels verweist dazu auf das Motto der Traumdeutung: ... Acheronta movebo. Der Lichtbringer ist zugleich der Luzifer.
Freud spürt als jüngerer Mann «etwas Wildes» (J I 134), einen «Riesen» (BS 3.8.84) in sich. Er kann noch in der «Traumdeutung» schreiben: «... und merkwürdig, wieder ein Beweis, daß ich der Übermensch bin» (T 472). Bei Roazen lesen wir unter der Kapitelüberschrift «Zeus»: «Er verglich sich (in einer scheinbar harmloseren Bemerkung unterschwellig) mit einem unsterblichen Gott» (1973). Freud kommt in diesen Zügen einem Bild nahe, das Jung für die «neu-manichäischen Ketzer» aus dem XI. Jahrhundert beschreibt: «Es handelt sich um Menschen, die sich mit Gott identifizieren (oder identifiziert werden), sich als Übermenschen wähnen, dem Evangelium kritisch gegenüberstehen, der Richtschnur des inneren Menschen folgen und das Himmelreich als einen inneren Zustand verstehen. Im gewissen Sinne handelt es sich also um quasi moderne Menschen» (JS 210, p. 93 f).
Zur Frühgeschichte des «ganz gottlosen» Moses und «bösen Ketzers» sind inzwischen viele Einzelheiten relativ allgemein bekannt. Alle Daten, die ich verwende, müssen auch Jones bekannt gewesen sein; die meisten hat er selbst in der Biographie gebracht. Er interpretiert sie nur anders als ich oder gar nicht. Sein Hauptargument: Freud habe schon als Kleinkind und Kind religiöse Inhalte nicht als religiöse, sondern als ethische (oder Ähnliches) aufgenommen (s. u.). Danach müßte Jones meinen, Kleinkinder und Kinder könnten schon so differenzieren, und religiöse Bindungen, insbesondere auch unbewußte, um die es hier ja geht, entstünden durch bewußte Reflexion und eigentlich

erst im Erwachsenenalter. Das widerspricht aller analytischen Erfahrung.
Für Freud liegt eine Art Vor-Identifizierung mit Religiösem schon in seiner Namengebung, die mit einer Beziehung auf den Großvater und sekundär auf den Urgroßvater verknüpft ist. Freuds Urgroßvater wurde Rabbi Ephraim Freud, Freuds Großvater Rabbi Schlomo Freud genannt (Jones, 1953 A, p. 2) oder Schlomo (Salomo) Simcha (Simcha = Freude, bezogen auf den Festtag Simchath Torah = Freude an der Lehre). Der Großvater starb kurz vor Freuds Geburt. Freud erhielt dessen hebräischen Namen: Schlomo Simcha, d. h. übersetzt: der weise Mann, der sich an der Lehre (Ref.: einer jüdisch-religiösen Lehre) freut (J I 18). Nomen est omen.
Jones hat die beiden Rabbi nur im Original (1953 A) erwähnt, für die deutsche Ausgabe sind sie gestrichen. Dafür ist hier der Name Simcha mit seiner Übersetzung und der Beziehung auf Simchath Torah neu eingefügt. Im Original ist zu den Rabbi einschränkend angemerkt: das Wort Rabbi sei oft nur als höfliche Anrede gebraucht worden. Es stehe nicht notwendigerweise für einen religiösen Status.
Jones berichtet und erklärt weiter: Freuds Vater sei noch als orthodoxer Jude erzogen worden. Auch die Mutter, die z. B. in einem Brief zu Freuds Praxis-Eröffnung den «Segen des Allmächtigen» anrief, habe sich einen Rest von Gottesglauben bewahrt gehabt (J I 38 f). Der Vater habe auch gern in der Thora – «mehr einer Schrift jüdischer Lebensweisheit, als der Religion» (in der deutschen Ausgabe: «*für ihn* mehr eine Schrift ...») – gelesen. «Darin zeigt sich zweifellos sein Interesse an den schweren Lebensproblemen und die Bemühung, sie zu entwirren.» Die Eltern seien in praxi aber «sehr freidenkend» gewesen. Im ganzen sei Freud «in einer fast ganz emanzipierten (Ref.: nichtkirchlichen) häuslichen Atmosphäre» aufgewachsen (J III 408).
Bei der Geburt Freuds wurde prophezeit, die Muttter «habe einen großen Mann geboren». Die Prophezeiung wurde offenbar dem Jungen gegenüber öfter erwähnt und später in der Variante wiederholt, daß er Minister werden würde (J I 21 f). Die ursprüngliche Prophezeiung erscheint insoweit wichtig, als sie wohl einen bewußten oder unbewußten Wunsch der Mutter und damit eine zweite Voridentifizierung wiedergibt. *Der* große Mann, der

in einer jüdischen Familie geboren werden kann, ist aber der Messias (und nicht der Minister).

Dem «großen Mann» oder dem «goldenen Sigi», wie die Mutter ihren Erstgeborenen noch im Alter nannte (J I 19 f), ist in der Projektion der Mutter schon bei der Geburt ein Schatten beigesellt gewesen: Freud brachte so viel wirres, schwarzes Haar mit zur Welt, daß die Mutter ihn für einen kleinen Mohren erklärte (T 342; J I 21).

Der «Mohr» scheint im unbewußten Selbstverständnis über die Vorwürfe, die vom Tod des Bruders Julius und aus der Rivalität mit den anderen Geschwistern (s.o. p. 18) zurückblieben, zum «Kain» geworden zu sein. Offiziell (d.h. in Freuds Arbeiten, besonders in der Traumdeutung) wird das im Persönlichen auf Julius und die Geschwister bezogene Problem später am Neffen John abgehandelt. Julius wird nur verdeckt erwähnt: In der Kindheit erlebte Sterbefälle (T 258) – Der Mohr kann gehen, wenn er ein Jahr alt ist (T 342) – Vixit non diu sed totus (T 425) – Julius Caesar und Brutus, Juli (T 427) – Altersdifferenz von elf Monaten (1933a, p. 131).

Das Wort Kain, mit dem ein auch allgemein wichtiges analytisches Problem umschrieben ist, scheint bei Freud per se tabuiert zu sein. Es taucht in der Gesamtausgabe der Gesammelten Werke im Text lediglich *einmal* auf. Da ist es auf Freud bezogen, aber indirekt. Die Beziehung, eine Identifizierung, läuft über einen Patienten und wird sofort auf den Ödipus verschoben: Freud spricht an der betreffenden Stelle von der «Kainsphantasie» jenes Patienten. Es geht um die Befürchtung, einen Mord «im bewußtlosen Zustand» begangen zu haben. Ein eigener Traum («im schlafenden Zustande umgestiegen») habe dazu gedient, ihn, Freud, «mit der Person jenes Patienten zu identifizieren». Die Identifizierung wird also nur im Traum und auch nur «im bewußtlosen Zustand» zugelassen. Dann folgt die Verschiebung auf den Ödipus: feindselige Impulse des Patienten gegen seinen Vater werden erwähnt, und erst danach heißt es: «indem *ich* (vom Autor hervorgehoben) mich also mit ihm identifizierte ...» (T 461).

Aus dem «großen Mann» (s.o.) ist inzwischen ein «kleiner Prediger» und später der «Moses» geworden: Freud hatte bis zum Alter von zweieinhalb Jahren eine katholische Kinderfrau.

Sie hat ihn «in alle Kirchen getragen», und wenn er nach Hause gekommen ist, hat er «gepredigt und erzählt, wie der liebe Gott macht» (BF 15.10.97). «Die Kinderfrau hat viel vom lieben Gott und (auch) von der Hölle erzählt» (BF 3.10.97). Der «kleine Prediger» scheint nicht nur ans Paradies gedacht, sondern auch (Kain!) Angst gehabt zu haben: als er drei Jahre alt war, haben ihn Gasflammen auf einem Bahnhof an «brennende Geister in der Hölle gemahnt». Er meinte später, daß damit wohl auch eine Reiseangst, unter der er jahrelang litt, zusammenhing (BF 3.12.97).

Jones über die Kinderfrau und den zugehörigen Komplex: «Sie impfte Freud die Vorstellung von Himmel und Hölle und wahrscheinlich auch von Erlösung und Auferstehung ein» (J I 23). «Vielleicht hat die Furcht, die sie dem Kleinen einflößte, zu seiner späteren Abneigung gegen christliche Lehren und christliches Zeremoniell beigetragen» (J I 38). In dem Predigen sehe er, Jones, «eher die Freude am Theaterspielen ... als irgendetwas Religiöses». Drohungen mit dem Höllenfeuer beziehe ein kleines Kind erfahrungsgemäß «mehr auf sein persönliches Leben und die nahe Zukunft als auf eine hypothetische Existenz im Jenseits, für das es ja noch gar kein Verständnis» habe. Jones sieht insgesamt «keinen schlüssigen Beweis für die Behauptung, daß die religiösen Vorstellungen der Kinderfrau einen bleibenden Einfluß ausgeübt hätten, und in jedem Fall hörte der Kontakt mit ihr auf, als (Freud) zweieinhalb Jahre alt war» (J III 407).

Freud meint allerdings, «... daß die stärkste zwangsartige Beeinflussung von jenen Eindrücken herrührt, die das Kind zu einer Zeit treffen, da wir seinen psychischen Apparat für noch nicht vollkommen aufnahmefähig halten müssen ... Was die Kinder im Alter von zwei Jahren erlebt und nicht verstanden haben, brauchen sie außer in Träumen nie zu erinnern, ... aber es bricht zu irgendeiner späteren Zeit ... in ihr Leben ein, dirigiert ihre Handlungen (und) drängt ihnen Sympathien und Antipathien auf» (1939a, p. 234 f).

Im siebten Lebensjahr (s.o.: Moses) fing Freud an, in der Bibel zu lesen (J I 38). Er war später «in der Bibel sehr beschlagen und hatte immer einen Spruch aus dem Alten oder dem Neuen Testament bei der Hand» (J III 408). 1935 fügte er den folgenden Passus, der in den Gesammelten Werken fehlt, in die «Selbstdarstellung» ein: «Frühzeitige Vertiefung in die biblische Geschichte, kaum, daß ich die Kunst des Lesens erlernt hatte, hat, wie ich viel später erkannte, die Richtung meines Interesses nachhaltig bestimmt» (J I 48).

Jones: Er könne das «nur im ethischen Sinn gemeint haben, als Ergänzung zu seinen historischen Studien» (J I 39). Zuerst müßten ihn die Philippsonschen Illustrationen der Bibel, aus der er las, angezogen haben. Der Text werde auch von gelehrten Kommentaren aus der Urgeschichte und der vergleichenden Religionsgesschichte begleitet. «Aller Wahrscheinlichkeit nach richtete sich Freuds Aufmerksamkeit vor allem auf diese allgemeineren Aspekte, und nicht so sehr auf die eigentlich religiösen. Wir würden des weiteren annehmen, daß ihm auch die ethischen Lehren, insbesondere jene, die sich auf die Gerechtigkeit beziehen, Eindruck machten; denn das war ein Thema, das immer im Vordergrund seines Denkens stand» (J III 408).

«Wir wissen, wie sehr er die großen semitischen Führer der Vergangenheit seit Hannibal bewunderte und wie bereitwillig er in seiner ersten Jugend sein Leben hingegeben hätte (to sacrifice!), um ihren Heldentaten für ihr Volk nachzueifern. Die Führergestalt, an der sich seine Phantasie vor allem entzündete, war natürlich Moses.» Er habe gefühlsmäßig Gründe gehabt, «sich mit seinem mächtigen Vorgänger zu identifizieren» (J III 428). Dessen «gewaltige Gestalt» sei von seinen ersten Studien in der Bibel bis hin zu seinem letzten Buch für ihn «von ungeheurer Bedeutung (tremendous significance)» gewesen (J II 429 f).

Trotz allem urteilt Jones: Freud «wuchs ohne jeden Glauben an einen Gott oder die Unsterblichkeit auf und scheint ihn nie vermißt zu haben» (J I 39). Er sei «vom Anfang bis zum Ende» als «der geborene (natural) Atheist» durch sein Leben gegangen, d. h. als «jemand, der keinen Grund sieht, an die Existenz eines übernatürlichen Wesens zu glauben und dieses Glaubens auch gefühlsmäßig nicht bedarf» (J III 409).

Man kann Jones nicht mehr fragen, ob er diese letzten Aussagen ernsthaft vertreten wolle. Zum Thema «Identifizierung mit Moses» gibt es aber noch eine wichtige, kleingedruckte Anmerkung, die sich auf die «gefühlsmäßigen Gründe» bezieht. Sie lautet: «Ich habe vergeblich versucht, herauszubringen, ob Julius, Freuds kleiner Bruder, nicht auf jüdisch Moses geheißen habe.

In diesem Fall hätte Freuds Identifizierung mit ihm die tiefere Bedeutung einer Haßreaktion gehabt ...» (J III 428). – Die Anmerkung verweist

a) auf den Kain (s. auch: der gehörnte Moses),
b) darauf, daß Jones tatsächlich an eine Identifizierung im analytischen Sinne dachte und frühkindliche Einflüsse doch nicht für so unwichtig hielt, wie man es nach der Bemerkung über die Kinderfrau denken könnte. Mit Julius hörte «der Kontakt» nämlich auf, als Freud nicht zweieinhalb, sondern rund eineinhalb Jahre alt war.

Mit seiner Aussage vom «geborenen Atheisten» und dem Wegerklären aller religiösen Einflüsse folgt Jones offenbar einem Prinzip, das Roazen in seiner Arbeit «The Legend of Freud» beschrieben hat: Die Biographie sei in gewissem Sinn eine erweiterte Wiedergabe eines Konzepts, das Freud von sich selbst entwickelt habe. Jones sei, obwohl er gelegentlich sehr ehrlich sein könne, nicht darum herumgekommen, an den in diesem Konzept enthaltenen Täuschungen mitzuarbeiten (1971; vgl. 1976, pp. 28–37).
Die «Täuschung» bestand hier darin, daß Freud sich offiziell immer als Atheist gegeben und sich bewußt wohl auch so erlebt hat. Wenn Jones ihm darin folgt, macht er keine analytische Aussage, sondern die eines getreuen Biographen, der dabei seine analytischen Kenntnisse entweder verdrängt oder diplomatisch unterdrückt und zudem einer eigenen Abwehrtendenz («ich ging nicht ganz zufrieden fort, vielmehr mit der Befürchtung, dahinter stecke noch etwas Ernsteres») folgt. Es durfte nicht sein, daß der «Meister», *sein* Meister, mit solchem «Unsinn» in Berührung stand oder in Berührung gebracht wurde. Jones mußte ihn davor schützen, dagegen verteidigen. Er gibt zum letzten Punkt übrigens selbst an, er habe Freud gegenüber im Gegensatz zu vielen anderen Analytikern «something of a helping or even protective attitude» – so etwas wie eine helfende oder sogar beschützende Haltung – entwickelt gehabt (J II 61 f). Er spricht von seiner «Achtung und Bewunderung» (respect and admiration) für Freud, mit dem ihn eine «fast vierzigjährige enge Freundschaft» (I had been a close friend for forty years; 1953 A, p. XIII/J I 11)

verbunden habe. Vielleicht habe ihm die Tatsache, daß er (als Engländer und Nichtjude) im Kreis der engsten Mitarbeiter Freuds der einzige «Fremde» (foreigner) war – «der Wiener Kreis hatte in gewissem Sinn einen begrenzten Horizont, ja etwas Provinzlerisches» (J II 198) – etwas mehr Objektivität (some degree of greater objectivity) als den anderen erlaubt (J I 11).
Jones drückt sich über seine relative Objektivität vorsichtig aus: – Freud: «Wenn Jones sich noch viel länger so diplomatisch benimmt, werden wir ihn an den Völkerbund verlieren» (J II 477 f) – er spricht nur von «some degree». Man wird ihm das ohne weiteres zubilligen, aber zugleich auf die starke subjektive Bindung und eine darin liegende Ambivalenz verweisen müssen. Achtung, Bewunderung und Freundschaft haben naturgemäß nicht vor Spannungen, Mißhelligkeiten und Zwiespalt geschützt. Darauf verweisen verschiedene Bemerkungen: Freud «wollte nicht (auf Jones) hören» (J III 304), entzog ihm seine Gunst (J II 482), unterstellte, Jones führe eine «Campagne» gegen ihn (J III 166), sei ein «Opponent» (J III 346) und «weniger konsequent, aufrichtig und zuverlässig», als seine Position es verlange, habe seine «Leidenschaften» nicht in der Hand und, kurzum, mit einer Patientin sexuelle Beziehungen gehabt (J III 69 f).
Jones sagt, er habe in vielen Punkten eine völlig andere Meinung als Freud gehabt (differed completely), und es habe viele Diskussionen darum gegeben. Die persönliche Freundschaft sei aber nie dadurch beeinträchtigt worden (J III 10). Das mag richtig sein. Sachliche Differenzen mögen die Freundschaft weniger tangiert haben. Aber die gerade vorher angeführten Punkte verweisen auf persönliche Kränkungen, die Jones doch wohl zu schaffen gemacht haben. Gewiß, im Gegensatz zu anderen ist *er* Freud treugeblieben. Aber die Versicherungen seiner Treue klingen manchmal übertrieben. Es liegt ein Stück Überkompensation darin. Das läßt sich gut anhand der Bemerkung über die «fast vierzigjährige enge Freundschaft» (s. o) belegen. Im Original fehlt das einschränkende «fast»: «I had been a close friend for forty years.» Jones hat Freud, der bekanntlich 1939 gestorben ist, aber erst 1908 kennengelernt (J II 53), also 31 Jahre lang persönlich gekannt. Dreißig Jahre einer engen Freundschaft mit einem Manne wie Freud müssen äußerst wertvoll gewesen sein. Wenn das Unbewußte vierzig Jahre daraus macht, verweist es auf den

Zwiespalt in der Freundschaft und die Tendenz, ihn zu überdekken. Darunter allerdings mag eine Zuneigung verborgen liegen, die so tief war, daß sie sich nur in einer Fehlleistung äußern durfte: 30 Jahre sind zu wenig! – In der «new edition» des ersten Bandes der englischen Ausgabe (1954) ist die Fehlleistung korrigiert: «... for more than thirty years» (1953 E/1954). –
An der Biographie dürften nicht nur der bewundernde Schüler, der hervorragende Mitarbeiter, der treue Freund und der schützende Helfer, sondern auch der gekränkte Freund, der Diplomat, der Opponent und, hinter allem, der Analytiker mitgeschrieben haben. Der Diplomat hat viele «Wenn und Aber» hereingebracht, erstaunlich viel gesagt, aber wahrscheinlich auch noch erstaunlich viel verschwiegen. Wenn man genau liest, findet man, daß die meisten «Enthüllungen» und mit ihnen verbundene Wertungen auf beschreibende und beurteilende Aussagen zurückgehen, die Freud in Arbeiten oder Briefen schon selbst über sich gemacht hat. Oder sie betreffen Schwierigkeiten, die aus veröffentlichten Arbeiten Freuds ohnehin hervorgehen würden. Jones bespricht sie dann so, daß man an die Erklärung zum achten Gebot denkt: «... ihn entschuldigen, Gutes von ihm reden und alles zum Besten kehren.» Er erklärt z. B. – offen – zu der oben erwähnten Cocain-Arbeit aus dem Jahre 1887: «Freud zitierte wieder den Fall Fleischl (ohne den Namen zu nennen) als das erste Beispiel für die Heilung eines Morphinisten.» – Er geht dann aber nicht auf die eigentliche Irreführung ein, die darin lag, daß ein sehr zweifelhafter Fall weiterhin als Erfolg geführt wurde, sondern auf eine leichter erscheinende, die darin lag,

a) daß Freud selbst subcutane Gaben empfohlen hatte,
b) daß gerade diese Anwendungsform (im Gegensatz zur Einnahme per os) gefährlich war, und
c) daß er 1887 Hinweise auf die eigene Empfehlung überging (omitted; in der deutschen Ausgabe: «vergaß») und auch später einen entsprechenden Vortrag aus dem Jahre 85 nicht in die Liste seiner Arbeiten aufnahm.

Das war dann (wie Jones glaubhaft zeigt) ein «unbewußter Selbstbetrug». Daraus wird ein «Streich (trick), den sein Unbewußtes ihm gespielt hatte» und schließlich «a little scar – Narbe,

Schramme (Schand-)Fleck, Makel – remaining». In der deutschen Ausgabe: «ein kleiner Schönheitsfehler», der blieb (J I 121 f).
Trotzdem hat Jones «alles» gesagt. Er hat zwar in der Beurteilung von der eigentlichen Schwierigkeit abgelenkt, die Fakten aber so dargestellt, daß man sich selbst ein besseres, wenn auch kaum immer vollständiges Bild machen kann. Man muß die Einzelaussagen nur aus dem von Jones gegebenen Zusammenhang herausnehmen, neu ordnen und beurteilen. In dem eben beschriebenen Fall z. B. muß man fünf Seiten zurückblättern, wo der Verlauf der Entziehungskur deutlich genug beschrieben ist (s. o. und J I 116 f). Jones ist sozusagen «halboffen». Er überläßt es dem Leser, ob er flüchtig oder genauer hinsehen will. Z. B. wird auch über Freuds Neurose, über deren Bedeutung offiziell «nicht viel zu sagen ist» (not much to be said) (J I 359), soviel gesagt, daß man sich bei geduldigem Lesen ein sehr viel genaueres Bild machen kann, als man zunächst annehmen würde.
Der «Opponent» und der «Analytiker», aber auch der «gekränkte Freund» sind beim Schreiben zwischen den Zeilen immer mitvertreten gewesen. – Wenn man dazu überlegt, welche verdeckten Befriedigungen der Analytiker ganz allgemein aus seiner Arbeit ziehen kann, findet man, finde ich, unter anderem: Es macht Spaß, bereitet Lust, dem anderen «auf die Schliche zu kommen». Unter diesem Aspekt sind wir die Gegenspieler unserer Analysanden. Von daher, meine ich, war auch Jones ein Gegenspieler Freuds. Natürlich macht es besonderen Spaß, vor einem großen Publikum gegen den «Meister» zu spielen (und – partiell – zu gewinnen). Es muß für Jones (immer unter anderem) ein geheimer Triumph gewesen sein, diese Biographie zu schreiben, sich der – vorsorglich bestrittenen – «Heldenverehrung» (J I 11) zeihen zu lassen und doch gelegentlich der Überlegene zu sein, der aus dem Schatten seines Meisters heraustritt, in kleinen Randbemerkungen auf Fehlleistungen hinweist, von ihm Verdecktes aufdeckt und bei allem, wenn auch zwischen den Zeilen versteckt, sein eigenes Konzept vorträgt.
Jones ist ein Meister der kleinen Geste. Er zitiert z. B. einen Neujahrsbrief Freuds (s. o.: weniger konsequent, aufrichtig und zuverlässig) vom 7.1.22, der ihn «überraschte und schmerzte», weil Freud ihm voreilig ungerechte Vorwürfe machte. Freuds

Schlußsatz lautete: «Mit dem Wunsch nach der vollständigen Wiederherstellung der Treue und Freundschaft im Jahre 1923 verbleibe ich Ihr getreuer Freud.» Es hätte am Ende des Briefes nicht 1923, sondern 1922 heißen müssen. Freud hat die «Wiederherstellung» per Fehlleistung um ein Jahr verschoben. So umständlich sagt Jones das nicht. Er fügt als einziges hinter die falsche Jahreszahl ein «(sic!)» ein (J III 69).
Bei solchen Beispielen spürt man das geheime Vergnügen (auch gegenüber dem Leser), mit dem Jones geschrieben haben muß. Es setzt sich übrigens nur ganz selten in eine offene, humorvolle Bemerkung hinein durch, z. B. wenn er ein «fast komisches Beispiel» für Freuds Diskretion («das fürchterliche Geheimnis» seines Hochzeitstages) nennt (J II 479).
Wichtiger als all das erscheint die Mitteilung eines Hintergrundes der Persönlichkeit, der im offiziellen Text nicht gezeigt werden darf, aber in die detaillierte Darstellung des Gottmensch-Komplexes, die ich im Anhang nachgezeichnet habe, eingegangen ist. Die dort zusammengestellten, immer wiederkehrenden Übereinstimmungen zwischen der ursprünglichen Beschreibung des Komplexes und den Aussagen über Freud können nicht zufällig entstanden sein. Aber ich weiß nicht, *wie* sie entstanden sind, d. h. was bewußt und was unbewußt geschrieben worden ist. Ich weiß nur, daß man leicht etwas, was man bewußt noch nicht oder gar nicht mitteilen kann oder will, relativ unbewußt sagt oder schreibt.
Was also Jones bewußt war, weiß ich nicht. Möglich, daß sein Bewußtsein den «Gottmenschen» für Freud weder beschrieben noch überhaupt je angenommen hat. Eine Darstellungsmöglichkeit ergibt sich dann nach dem Prinzip der «Verneinung»: «Ein verdrängter Vorstellungs- oder Gedankeninhalt kann ... zum Bewußtsein durchdringen (Autor: und dargestellt werden) unter der Bedingung, daß er sich *verneinen* läßt. Die Verneinung ist eine Art, das Verdrängte zur Kenntnis zu nehmen, eigentlich schon eine Aufhebung der Verdrängung, aber freilich keine Annahme des Verdrängten ... Vermittels des Verneinungssymbols macht sich das Denken von den Einschränkungen der Verdrängung frei und bereichert sich um Inhalte, deren es für seine Leistung nicht entbehren kann» (F 1925h). Aber dieses Prinzip würde nur für die Darstellung des (verneinten) Zusammenhan-

ges zwischen «Moses» und Religiösem gelten. Hinsichtlich des eigentlichen «Gottmensch»-Komplexes wäre eine noch andere Darstellungsweise anzunehmen. Die Einzelfaktoren werden zwar (s. u.) in allen Einzelheiten präzise beschrieben, bleiben aber «isoliert»: Ein Zusammenhang, der eine Bejahung oder Verneinung zulassen würde, wird gar nicht erst hergestellt.
Wieweit Freud sich selbst einer Identifizierung mit dem «Gottmenschen» bewußt geworden ist, ist schwer auszumachen. Er verstand sich zwar als einer von denen, die «am Schlaf der Welt gerührt haben»; und 1930 brachte er sich deutlich mit dem Propheten in Verbindung, nahm sich aber zugleich zurück: «So sinkt mir der Mut, vor meinen Mitmenschen als Prophet aufzustehen, und ich beuge mich ihrem Vorwurf, daß ich keinen Trost zu bringen weiß, denn das verlangen sie im Grunde alle, die wildesten Revolutionäre nicht weniger als die bravsten Frommgläubigen» (1930a). (s. Jer 28,9: «Die Propheten, die vor mir und vor dir gewesen sind von alters her, die haben wider viel Länder und große Königreiche geweissagt von Krieg, von Unglück und von Pestilenz.»)
Es war dann mehr Resignation als Verneinung.

## Anhang

In der folgenden Zusammenstellung finden sich nicht alle, aber sehr viele Züge, die Jones ursprünglich für den Gottmensch-Komplex beschrieben hat. Alle Züge bei einer Person wiederzufinden, wäre auch nach Jones (G 36) nicht zu erwarten.
Die von Jones zusammengestellten Merkmale entsprechen, wie schon eingangs erwähnt, nicht unbedingt jenen, «die Gott für gewöhnlich zugeschrieben werden», sondern anderen, die im wesentlichen auf Narzißmus, Autoerotik, Exhibitionismus sowie Schau- und Wissenstrieb zurückgehen (G 17 f).
Ich stelle im folgenden unter
G: von Jones für den Gottmensch-Komplex und unter
F: von Jones für Freud
beschriebene Einzelzüge zusammen. Einmal beziehe ich mich zu F auf eine Stelle aus den Gesammelten Werken Freuds, von der ich nicht weiß, ob sie bei Jones zitiert ist, die er aber so gut gekannt haben dürfte wie ich.

G: Atheisten mit großem Interesse für Religion (p. 31), Gedankenlesen, Okkultismus und Mystizismus (p. 26).
F: s. Kapitel über Religion und Okkultismus (J III 407 ff, 437 ff).

G: Spekulationen über die Zukunft, z. B. eines Unternehmens oder der ganzen Menschheit als Angelegenheit von persönlicher Bedeutung (p. 29). Auflehnung gegen Vater und Autorität, Rettungsphantasien, schreckliche Selbstaufopferung, ein leidender Heiland (p. 34 f). Gedanken um die eigene Unsterblichkeit (p. 32).
F: «Die Zukunft einer Illusion». «Tiefgehende Bewegung», «höhnisches Gelächter oder die Unsterblichkeit», «das Werk muß fortgesetzt werden, gegen dessen Größe wir ... klein sind» (J II 526, 319; III 144). Name ausgelöscht, Ergebnisse werden bleiben (J III 36). NB: Die «Unsterblickeit» ist auf das Werk verschoben; Freud beschäftigen immer wieder Gedanken an den eigenen Tod, z. B. «1918 sterben» (J II 211, 222, 233, 235 f). Feindseligkeit gegenüber dem Vater, «den Vater übertreffen wollen» (J I 359, 1936a). «Revolutionär ... gegen die überlieferten Anschauungen» (J I 295, II 484). «Gemäßigte Haltungen ... konnte er nie verstehen» (J III 348). «Mich verhungern zu sehen, ... den Rock vom Leibe reißen» (J II 91).

G: Übertriebene Bescheidenheit öfter als stark ausgeprägte Eitelkeit (p. 18).
F: Seine Einfachheit, ganz ohne Pose oder Anmaßung oder Überheblichkeit (J II 474, 476 f, 480, 492). Versichert, er sei nicht ehrgeizig (J I 216, 234). «Genug der höchsten Eigenschaften, meine sonstige Armseligkeit erträglich zu finden» (J I 148).

G: Multimillionärsphantasie verknüpft mit scheinbarer Verachtung für Geld und bisweilen wirklicher Generosität (p. 26).
F: Geld ohne Interesse, immer sehr generös. Kinder sollten so wenig wie möglich mit Geld zu tun haben. Überdurchschnittlich freigiebig (J I 188, II 456, 458).

G: Phantasien, die sich auf wirksame Macht im weitesten Sinne beziehen (p. 17). Aber Ablehnung einer hervorragenden oder aktiven Rolle (p. 19). Einfluß wird indirekt bewirkt, die Dinge von oben lenken, unsichtbar gegenüber der Menge (p. 25).
F: «Phantasien passen zu einem künftigen General.» Siebzehnjährig «Streben nach Macht über die Mitmenschen zu Ende» (J I 50), statt «Beherrschung ... grundlegende Veränderungen zu bewirken ... Triumph der Methode, ... sein ‹Dämon›» (J I 76 f). «Es hätte ihm nicht zugesagt, ... eine aktive Rolle zu spielen.» «Ich tauge gewiß

nicht zum Chef» (J I 76, II 159). «Ich wollte ... mich ... in den Hintergrund rücken» (1914d, p. 85).

G: Sie geben nur ungern einen Rat (denn er «wäre so kostbar und bedeutsam, daß ein Nichtbefolgen sicher unheilvoll sein müßte», p. 31).
F: (Siehe: die Grundhaltung des Analytikers). «Obwohl er ihnen etwas Wertvolles zu bieten hatte, hegte er kein Verlangen, es ihnen aufzudrängen.» «Er vermied es nach Möglichkkeit (Original: he was even extremely averse), andere zu beeinflussen oder sich in fremde Angelegenheiten zu mischen» (J I 52, 76).

G: Fremder Rat wird als wertlos mit Verachtung zurückgewiesen (p. 31).
F: Nach seinen Vorträgen keine Diskussionen (J I 52). «Nur zweimal in seinem Leben ließ er sich ausnahmsweise dazu herab, seinen Gegnern zu antworten» (J I 76). (Auch für Freunde war es) «nie leicht, Freuds Meinung in irgendeinem Punkt zu ändern», «Gleichgültigkeit gegenüber den Ansichten anderer ein ganz besonders ausgeprägter Zug» (J II 64, 497).

G: Ablehnende Stellung gegenüber der Annahme einer neuen Erkenntnis. «Wenn sie ... einer neuen Idee gegenübergestellt werden, die nicht von ihnen ausgeht, so zeigen sie einen unnachgiebigen Widerstand dagegen» (p. 27).
F: «Daß ich schwer zugänglich bin und mit fremden Gedanken ... zunächst nichts anfangen kann» (J III 76). Plastisch, beweglich, auch unwahrscheinlichen Ideen offen, «aber ... nur dann, wenn die Ideen von ihm selber kamen; gegenüber denen von außen konnte er starken Widerstand leisten, und sie vermochten kaum, ihn zu einer Änderung seiner Meinung zu bringen» (J II 501).

G: Ein Trieb, sich abzusondern. Eine bestimmte Distanz muß immer gewahrt bleiben (p. 19). Anstrengung, einen Zustand von «großartiger Isoliertheit» aufrechtzuerhalten (p. 25).
F: «einsame Spaziergänge», «eher brüsk» (J I 37, 197). «Etwas abseits», «etwas merkwürdig Unpersönliches», «eine gewisse Reserviertheit, die Abneigung, in die Öffentlichkeit gezogen zu werden», «eine unsichtbare Reserviertheit, in die einzudringen ungehörig gewesen wäre» (J II 473, 474, 476, 478). «Jene einsamen Jahre ... eine schöne, heroische Zeit»; «die ‹splendid isolation› ... hat meinen Charakter geprägt»; «Jahre der Einsamkeit ... die angenehmsten»; «der Anschluß anderer ... mehr geärgert als gefreut» (J II 19, 159, 466, III 44).

G: Wunsch, nicht gesehen zu werden, entfernt und unzugänglich zu sein. Sonderbares Interesse für die Art der Fortbewegung, aber nie freiwillig weite Strecken reisen (p. 20).

F: «Konnte es nicht ausstehen, photographiert zu werden» (J II 486). Reiselust und «Reiseangst» (J I 31, 217, 357).

G: Einhüllen in Schleier des Geheimnisses (p. 19). «Selbst die trivialsten, ihn selbst betreffenden Auskünfte, die bei sich zu behalten ein gewöhnlicher Mensch nicht für nötig hielte, umgibt er mit einem Schimmer hoher Bedeutung.» Schwer dazu zu bringen, von seinen Privatangelegenheiten zu sprechen (p. 22). Erwähnt niemals von selbst seine Familie (p. 24). Wenn er etwas schreibt: je wichtiger das Thema für ihn ist, desto schwerer fällt es ihm, sich von seinem «kostbaren Geheimnis» zu trennen (p. 23).

F: «Geheimhaltung ... auch ..., wenn gar keine besonderen Gründe zum Geheimhalten oder Verstecken vorlagen; ... daß er jedes intimere Fragen übel aufnehmen würde. Nie sprach er mit seinen Kindern über seine Jugend ...; in seinen letzten zwanzig Jahren machte er (aus seinen Arbeiten) auch gegenüber seinen Nächsten (Mitarbeitern) ein Geheimnis ... ein fast komisches Beispiel für seine Diskretion: ... das fürchterliche Geheimnis: ... sein Hochzeitstag» (J II 478 f).

G: Ist die Schweigsamkeit beseitigt, größte Freude daran, über sich selbst mit größter Umständlichkeit zu sprechen (p. 24). Neugier für Unbedeutendes und Persönliches, Tratschsucht (p. 25; auch p. 18: Wissenstrieb).

F: «Er drückte sich über alle möglichen Dinge sehr frei aus ... Er hatte den Ruf, ausgesprochen indiskret zu sein» (J II 478 ff). «Eine Sache nahm Freud ernster als alles andere, und sie wurde die Triebkraft seines Lebens: die Wißbegierde» (J II 499).

G: Dann typischerweise Interesse für Psychologie. Ist er nicht als Menschenkenner begabt, neigt er dazu, kompensatorisch berufsmäßiger Psychologe oder Psychiater zu werden ... eine verblüffende Unkenntnis der menschlichen Psyche (p. 25).

F: «... von einem sehr überraschenden Moment seiner Persönlichkeit: seiner Tendenz, Leute ganz schwarz oder ganz weiß zu sehen ... Noch merkwürdiger bei einem so außerordentlichen Psychologen scheint die Tatsache, die wir alle einmütig feststellten, daß er ein schlechter Menschenkenner war.» Sein «Versagen als Menschenkenner» (J II 482, 491).

G: Freude am Sprechen, zeichnen sich gewöhnlich im Vorlesen, Redenhalten etc. aus (p. 31). Geben sich für Autoritäten im literarischen Stil aus und sind es auch oft, erheben den Anspruch auf «Meisterschaft» in ihrer Muttersprache (p. 30). Abneigung gegen fremde Sprachen, die eigene ist die einzige, die Beachtung verdient (p. 31).

F: «Ein faszinierender Redner» (J I 397). «..., daß Sie mit einem deutschen Stilisten Briefe tauschen. ... bewahren Sie auf, – binden Sie zusammen – hüten Sie wohl» (J I 40). «Seine spätere Meisterschaft in der deutschen Prosa» (J I 41, III 484). «Sprach mehrere Sprachen». «Eine, deutsch» (J II 470).

G: Schreibt besonders ungern Briefe (p. 23).

F: Bei Freud die Umkehrung: er schrieb bekanntermaßen besonders gern und viel.

G: Trotz eines ausgeprägten Sinnes für korrekte Sprache drückt er seine Gedanken selten klar und direkt aus (p. 23). Klarheit gehört nicht zu den Vorzügen ihres Stils (p. 31).

F: «klar und prägnant», «gut formuliert und klar» (J I 402, II 471). Jedoch: «Klarheit, aber sie übersprang auch manches», «alles andere als ein Sprachpedant» (J II 470 f). «... hatte er für Exaktheit und genaue Definitionen nicht viel übrig; ... Kleinere Unklarheiten und Doppelsinnigkeiten ... haben seinen Übersetzern viel Kopfzerbrechen gemacht». «Pedantische Exaktheit lag ihm weniger» (J I 54, 61). «... etwas mißverständliche Stellen, was in Freuds Schriften gar nicht so selten vorkommt». «... hielt sich aber nie genau an bestimmte Definitionen ...». «... war er nicht übersorgfältig beim Schreiben» (J II 319, 335, 470).

G: Der übertriebene Wunsch, geliebt zu werden. Er wird selten direkt gezeigt und oft durch sein Gegenteil verdrängt, eine scheinbare Gleichgültigkeit gegen die Meinung anderer und Unabhängigkeit davon (p. 32).

F: «... ein schweres Unglück ..., daß die Natur mir nicht jenes unbestimmte Etwas gegeben hat, was die Menschen anzieht. ... die Innigkeit, mit der alle, die mir Freund geworden sind, dann an mir hängen». «Die Zuneigung zu einer Schar von tapferen ... Männern». «... der Nachwelt zu bezeugen, wie gute Freunde er gehabt habe» (J I 198, II 491, III 152). Aber: Übergangen zu werden «lasse ihn völlig kalt»; Entsetzen, aber «ihn lasse das kalt»; «Popularität ... widerlich»; «Ich hätte ihre Glückwünsche und Auszeichnungen doch nicht für ehrlich gehalten» (J I 394, II 410, III 106, 151).

# Ödipus, Freud und die Antiautoritären

Ödipus, *Freud* und die Antiautoritären haben ein gemeinsames Thema: Vatertötung und Mutterinzest. Sie haben dabei einen gemeinsamen blinden Fleck: sie reden viel von der Vatertötung, aber sie sehen nicht, daß sie mit der Mutter schlafen. Freud und die Antiautoritären haben noch ein gemeinsames Mißverständnis: sie verstehen die Beziehung zu Vater und Mutter allein auf der Objektstufe und übersehen, daß die Eltern zugleich wesentlich Projektionsträger innerer Bilder der Ich-Entwicklung sind. Sie übersehen die Subjektstufe.

## Ödipus (im wesentlichen nach Sophokles)

Der Vater des Ödipus, Laios, hatte als junger Mann einen Knaben, der dann Selbstmord beging, verführt und zu entführen versucht (s. z.B. bei Hunger). Zur Strafe blieb Laios zunächst kinderlos. Er erhielt dann die Prophezeiung: «Du wirst einen Sohn bekommen, aber er wird dich umbringen.» Laios setzte den Sohn aus (er versuchte, das Problem zu verdrängen). Ödipus wuchs bei fremden Eltern auf und hörte eines Tages von einem Schwätzer, er sei nicht deren Sohn. Anstatt zu den Eltern zu gehen (wieder setzt eine Verdrängung ein), ging er zu Apoll und fragte, was sei. Er erhielt nur eine indirekte Auskunft: «Du wirst deinen Vater töten, deine Mutter heiraten und ein schlimmes Geschlecht zeugen.» Um dem Schrecklichen zu entgehen, kehrte Ödipus nicht zu den vermeintlichen Eltern zurück. Er ging in die Fremde und damit geradewegs dahin, wohin er nicht wollte: zu den richtigen Eltern. (Apoll wird sich das schon so gedacht haben.) Ödipus begegnete in einem Hohlweg einem Wagen mit einem vornehmen alten Mann. Der Kutscher wollte Ödipus beiseite drängen. Es gab Streit. Ödipus versuchte weiterzukommen. Wie er an dem alten Mann vorbeiwollte, mußte der ihn noch einmal schlagen. Ödipus wurde jetzt erst richtig wütend. Er erschlug den alten Mann samt Kutscher und Gefolge. (Eine Geschichte wie aus einem antiautoritären Lesebuch.) Ödipus löste das Rätsel der Sphinx. Sie verschwand in der Versenkung. Er heiratete Iokaste und zeugte mit ihr Kinder. Die Sphinx tauchte als Pest wieder auf. Ihr Rätsel war nun: Wer hat den alten König getötet? (Iokaste, die ja wohl den Schwellfuß gesehen haben muß, weiß von nichts.) Die bewußte Auseinandersetzung geht jetzt im wesentlichen um den Königsmord, indirekt also um die Vatertötung. Der Mutterinzest wird zwar erwähnt, aber nicht beachtet. Er wird erst am Ende fast beiläufig, aber zwangsläufig mit aufgedeckt. Iokaste erhängt sich. Ödipus ist außerstande, das Aufgedeckte zu ertragen, wirklich zu sehen: er blendet sich (mit einer Spange vom Gewand der Mutter). Er zieht mit der Tochter, Antigone, durch die Lande, bis ihn Mutter Erde zurücknimmt. Nachspiel: Die Söhne erschlagen sich gegenseitig im Streit um die Nachfolge. Antigone erhängt sich.

### Kurzinterpretation (im wesentlichen nach Neumann, 1949)

Es handelt sich um eine Geschichte aus dem Übergang vom Matriarchat zum Patriarchat. Ödipus ist ein Sohngeliebter der großen Mutter. Sein Vater und seine Söhne zeigen wie er zugehörige homosexuelle Anteile. Ödipus unterliegt immer wieder heftigen Affekten. Das Ich steht auf der Stufe einer triebhaft-phallischen, «unteren» Männlichkeit. Sie ist noch im mütterlich-weiblichen Unbewußten gebunden. Es geht um den Versuch, eine geistige, «obere» Männlichkeit und Ich-Bewußtheit zu bilden und zu behaupten. Der Versuch mißlingt. Sowie wirkliche Bewußtheit erreicht wird, wird sie durch Blendung (mit der mütterlichen Spange) wieder zerstört. (Im Hintergrund Apoll und Sphinx, auf deren Rollen ich hier nicht eingehe.)
Vatermord und Mutterinzest werden vom muttergebundenen Sohn unbewußt vollzogen. Beide sollen aufgeklärt werden. Der Vatermord erscheint dabei zunächst als Mord am König, am Träger des kollektiven Bewußtseins und der damit verbundenen Autorität. Hinter dem König oder in ihm ist der Vater versteckt. Wenn zwischen Vater und König unterschieden wird, ist der

Vater gegenüber dem (kollektiven) König der Repräsentant einer individuellen Ich-Bewußtheit und deren Autorität. Vom Bewußtsein wird nun vor allem die Aufklärung des Mordes am Vater-König verlangt. Der Mutterinzest bleibt relativ verdeckt. Der Vatermord ist auch zweimal (Laios und Ödipus), der Mutterinzest nur einmal (dem Ödipus) angekündigt worden. Diese Akzentuierung (auf die *Neumann* nicht eingeht) erscheint wichtig. Sie läßt sich mehrfach begründen:

a) Es geht in der Bewußtseinsentwicklung um einen Mangel an Bewußtheit, nicht an Unbewußtheit. Das ist das Grundthema. Bildlich: der Vater fehlt, ist tot. Die Mutter – das Unbewußte weiß das – lebt, also muß der Vater gesucht werden. Das ist hier ein Vater, der den Ödipus ausgesetzt, ihn nicht akzeptiert, nicht in der Ich-Entwicklung unterstützt hat. Ein schwacher Vater. (Viele Antiautoritäre fühlen sich von ihren Vätern in irgendeiner Weise «ausgesetzt» oder empfinden sie als schwach, *Freud* hat, glaube ich, seinem Vater unter anderem insgeheim nie verziehen, daß er ein Jude war und daß er als Jude schwach war, sich zum Beispiel bei einem Spaziergang vom Bürgersteig drängen ließ [T 203]. Ödipus läßt sich nicht beiseite drängen.)

b) Erst wenn der Mangel an Bewußtheit (Vatermord) bewußt wird, kann der Zustand der Unbewußtheit (Mutterinzest) reflektiert werden. Das ist zunächst schwierig. Das phallische Ich ist im mütterlichen Raum ja durchaus durch eine relative Bewußtheit gekennzeichnet. Es erlebt sich gegenüber dem Unbewußt-Weiblichen als bewußt-(phallisch-)männlich. Es befindet sich also in einem Zustand partieller Abgrenzung vom Unbewußten bei verdeckter Identifizierung mit ihm: Ödipus heiratet die Mutter und weiß nichts davon. Und die Mutter ist an Aufklärung nicht interessiert. Das Unbewußte hält den Sohn fest. Innerhalb dieses Rahmens ist keine weitere Reflexion möglich. Sie wird erst möglich, wenn von außen her auf den fehlenden Vater, die fehlende «obere» Männlichkeit, hingewiesen wird. Darum muß das Vaterthema betont werden.

c) Höhere Bewußtheit ist aber nicht nur wünschenswert, sondern auch unangenehm. Die Vater-Ich-Autorität, die Macht, Ansehen und Kompetenz, also Vollmacht hat, bewußt zu entscheiden und zu steuern, wird von der Triebposition aus als Ich-fremd und Versagung fordernd erlebt, dem Über-Ich zugeordnet und dort

bekämpft. Bei Mutter ist es viel schöner. Aber man redet besser nicht darüber. Der Mutterinzest bedeutet zudem für den bewußteren Ich-Anteil eine Kränkung. Er wird als Schwäche erlebt. Er muß auch deshalb möglichst lange geheim bleiben. Es erfordert von dem phallischen Ich eine enorme Leistung, auf das lustvolle und Befriedigung versprechende Verhaftetsein im Mütterlichen zu verzichten, das heißt zunächst, es wahrzunehmen und aufzudecken. Ehe nicht der Vatermord geklärt ist, das heißt hier, der Vater aus dem König und das Ich aus dem Vater gelöst ist, ist das gar nicht möglich. Das Ich würde sonst auch nur aus einer matriarchalen in eine patriarchale Gefangenschaft, eine Abhängigkeit von einem starren Über-Ich geraten.
Das Ich aus dem König und dem Vater herauslösen, heißt noch einmal dasselbe, wie den König und den Vater töten, um deren Autorität ins Ich zu übernehmen. Das heißt dann nicht nur, wo *Es* war, soll Ich werden (F 1933a, p. 86), sondern auch, wo *Über-Ich* war.
Wenn man das sagt, muß man darauf hinweisen, daß die Bildhaftigkeit solcher Formeln zu Vereinfachungen verführt. Man kann den König und den Vater nur relativ töten und deren Autorität nur relativ übernehmen, so wie man sich nur relativ aus einer matriarchalen oder patriarchalen Gefangenschaft befreien und nur relativ von einer in die andere übergehen kann. *De facto* steckt man immer in beiden. Man muß auch zwischen dem Normenkatalog, den König und Vater kollektiv und individuell vertreten, und der Bewußtheit und Vollmacht, mit der sie es tun, unterscheiden und wissen, ob man sich «nur» mit dem Vater oder – wie besonders in Übergangszeiten erforderlich – mit dem König auseinandersetzen will. Das zweite ist weitaus gefährlicher. Man muß schon einen Moses zur Hilfe haben. Freud wußte wohl, worum es ging, als er sagte: «So sinkt mir der Mut, vor meinen Mitmenschen als Prophet aufzustehen ...» (s. o. p. 49).
Töten heißt zum einen, sich ablösen, zum andern, das Alte wandeln und etwas Neues daraus gewinnen. Getötet werden muß in diesem Sinne auch die Mutter. «Schlafen» und ein gesundes Kind zeugen kann man nur mit der gewandelten Mutter, der Jungfrau. Das aber erst, wenn (s. o.) der Vatermord geklärt ist, sonst bleibt es beim Inzest, und es entsteht ein schlimmes Geschlecht. Anders: man darf den Vater nur töten, wenn man (für

das phallische Ich) bereit ist, auf die Mutter zu verzichten und selbst Vater zu werden. Sonst verfällt man der Mutter.

## Freud

*Freuds* «persönlicher Mythos» (*Jung)* war in einem wesentlichen Anteil wahrscheinlich vom Messias her bestimmt, etwas vordergründiger auf der einen Seite, die streng patriarchal war, vom Moses, auf der anderen vom noch ins Matriarchale reichenden Ödipus. Ich gehe hier vom Ödipus aus und lese ihn wie eine Art Lieblingsmärchen – Lieblingsmärchen im Sinne von *Dieckmann* (1967) –, das einen frühen Entwurf auf ein Leben hin spiegelt, einen Lebensplan zeigt, dem man später wie einem «script» (Berne, 1975) oder Drehbuch unbewußt folgt. Sehr günstig ist die Prognose nach diesem Drehbuch nicht. «Glück», hatte Freud geschrieben (s.o., p. 22), «ist dann anzunehmen, wenn das Schicksal nicht alle seine Drohungen gleich verwirklicht.»
Freud hat sich (laut *Jones,* J II 27 f) als Student eines Tages ein späteres eigenes Standbild phantasiert. Darunter sollte der auf Ödipus und die Sphinx bezogene Vers aus dem Schlußchor des «König Ödipus» von *Sophokles* stehen: «Der das berühmte Rätsel löste und ein gar mächtiger Mann war.» Seine Schüler, die von der Phantasie nicht wußten, überreichten ihm zum 50. Geburtstag eine Medaille, auf der Vorderseite (F 1925d) sein Profil, auf der Rückseite Ödipus vor der Sphinx und der erwähnte Vers. Freud sei blaß und unruhig geworden. Jones meint, wegen der Übereinstimmung mit der Phantasie, die Freud dann mitgeteilt habe. Das ist gut einfühlbar, aber es fehlt noch etwas. Der Schlußchor sagt über den «gar mächtigen Mann» unmittelbar weiter (Sophokles, 1975, p. 69):

> «dessen Glück wir alle priesen,
> priesen und beneideten.
> Seht, wie hat das Unheils Woge
> diesen Mann hinweggespült.»

Kein «schönes» Drehbuch! Freud hat sich in der psychoanalytischen Theoriebildung, das heißt in der bewußten, offiziellen

Auseinandersetzung mit dem Ödipus, drehbuchgerecht auf das Thema Vatertötung konzentriert und hat das Mutterthema demgegenüber relativ vernachlässigt. Er ist, ebenso drehbuchgerecht, nach dem 1896 erfolgten Tode seines Vaters sehr lange mit seiner Mutter, deren Lieblingssohn er war, «verheiratet» gewesen. Sie starb erst 1930, als Freud 74 Jahre alt war. Nach dem Tode der Mutter ist es zu einer Art «Blendung» gekommen: Freud hat die damals neueren Befunde über die frühe (prä-ödipale) Mutter-Kind-Beziehung (die für den Sohngeliebten primär wichtige Beziehung) letztlich nicht mehr voll logisch-konsequent verarbeitet. Er beschreibt, daß die Beziehung für Jungen und Mädchen gleichermaßen intensiv und durch starke Ambivalenzen belastet sein kann. Er beschreibt das sogar – ohne es dazu zu sagen – unter anderem anhand von Daten aus seiner eigenen Vorgeschichte (1933a, pp. 130–133): *seine* Amme wurde «zu früh weggeschickt» (J I 22; BF 15.10.97); *er* soll eine «unstillbare Gier» – eine «Hungerphobie» und «infantile Gefräßigkeit» – gehabt haben (BF 21.12.99); *er* hatte (vgl. o., p. 18) einen «nur 11 Monate» jüngeren Bruder und hat ihn und die weiteren Geschwister mit «eifersüchtigem Haß» begrüßt; *er* soll der «bevorzugte Liebling der Mutter» gewesen sein (J I 19–22). Aber er tut dann so, als ginge ihn das alles nichts an, und wehrt mit einer offenkundigen Rationalisierung ab: all das – «Vergiftung» zum Beispiel – könne den Sohn von der Mutter nicht entfremden. Es sei für ihn neurosenpsychologisch eigentlich irrelevant und nur für die Mädchen wichtig, weil nur die den Hauptvorwurf erheben könnten: die Mutter habe sie nicht mit einem Penis ausgestattet. Die Befunde betrafen aber nicht nur seinen persönlich-privaten Bereich, sondern auch sein Werk, nach welchem bis dahin der Ödipuskomplex als der «Kern» der Neurosen galt. Die Befunde zeigen, daß der «Kern» einer Neurose häufig genetisch früher, zum Beispiel in der oralen Phase, liegt. Freud bemerkt zwar, es scheine danach «erforderlich, die Allgemeinheit des Satzes, der Ödipuskomplex sei der Kern der Neurose, zurückzunehmen», winkt dann aber ab: «Wer ein Sträuben gegen diese Korrektur verspürt, ist nicht genötigt, sie zu machen» (1931b). Das ist inkonsequent. Freud sieht den Befund, kann das Gesehene aber nicht mehr richtig akzeptieren. Später zieht er mit seiner Tochter *Anna,* seiner «treuen Antigone» – er selbst nennt sie so

(BS 12.10.28) –, ins Exil. Und heute noch «erschlagen» sich die «Söhne» untereinander im Streit.

## Die Zweiteilung mit gegensinniger Interpretation

Freud hat den «Ödipus» im Sinne konkreter Vollzüge oder auf Konkretes gerichteter Phantasien allein auf der Objektstufe interpretiert, die Subjektstufe im Sinne eines Abbildes der Bewußtseinsentwicklung nicht gesehen. Die Subjektstufe muß also im folgenden mitgedacht werden.

Mit der Akzentuierung der Theoriebildung auf die Vatertötung ist nicht nur ein allgemeines Ungleichgewicht verbunden. Freud hat das Hauptthema vielmehr in zwei Teile geteilt und – scheinbar überraschend, dem Drehbuch nach verständlich – die Teile *gegensinnig* interpretiert: Der Vater *muß* (vom Brüderklan) getötet (und danach erhöht) werden, mit der Mutter *darf nicht* geschlafen werden. Das ist die Aussage in «Totem und Tabu» (1912–13). Noch in der letzten Moses-Arbeit spricht er von «der Brüderschar, die sich gegen den Urvater empörte», und erklärt für das Christentum, daß der Sohn «selbst Gott wurde neben dem Vater und eigentlich an Stelle des Vaters. Aus einer Vaterreligion hervorgegangen, wurde das Christentum eine Sohnesreligion. Dem Verhängnis, den Vater beseitigen zu müssen, ist es nicht entgangen» (1939a, p. 245). Einen auf die Mutter bezogenen ähnlichen Satz – etwa: dem Verhängnis, mit der Mutter schlafen zu müssen, sind sie nicht entgangen – gibt es nicht. Die Mutter wird am Ende gar nicht mehr erwähnt.

Von außen her betrachtet hat Freud das Textbuch verfälscht. Dem Ödipus ist nicht aufgegeben, den Vater zu töten und die Mutter zu meiden, sondern beide Teile, Vatertötung und Mutterinzest, zu erfüllen. Das eine als prähistorisches Ereignis, als eine Art Naturnotwendigkeit zuzulassen, und das andere als strikt verboten zu erklären, kann dem Sinn der Geschichte nicht entsprechen. Es ist trotzdem in gewissem Sinne drehbuchgerecht. Es ist, als spräche der Ödipus im Hauptteil des Dramas noch vor der Aufklärung: Daß er vor langer Zeit einen vornehmen alten Mann erschlagen hat und daß damals der König, an dessen Stelle er jetzt steht, ermordet wurde, das weiß er. Er weiß also indirekt von der Vatertötung. Sie ist Ereignis. Vom Mutterinzest «weiß» er nichts. Es gibt nicht einmal die Möglichkeit, so etwas zu denken. Und das phallische Ich hat auch kein Interesse daran, den Zustand aufzudecken. Das sicherste Mittel, ihn zu verheimlichen, ist, ihn betont zu negieren, vom Bewußten her streng zu verbieten. Die Betonung des bewußten Verbots sichert gegen die Aufdeckung des unbewußten Sachverhalts.

## Die Analyse

Der «Ödipus» ist keine «schöne» Geschichte, auch kein «schönes» Leitbild für Analysen, Analytiker und Analysanden. Wenn die große Analyse vorbei ist, ist die Wahrheit zwar aufgedeckt, aber das Ich kann sie nicht mehr sehen, ist geblendet, muß außer Landes gehen. Die große Mutter hat ihren Sohn zurückgenommen. Manchmal fällt mir der Erlkönig dazu ein: «... erreicht den Hof mit Müh' und Not, in seinen Armen das Kind war tot.»
Einige «tote Kinder» hat es schon gegeben, auch unter Analytikern, die dem einbrechenden Unbewußten auf die Dauer nicht gewachsen waren und ihm erlagen. Es ist denkbar, daß sie ihm auch ohne Analyse erlegen wären. Wenn wir aber positive Wirkungen der Analyse annehmen, müssen wir auch negative für möglich halten. Soweit Analysen stark vom Ödipusvorbild geprägt sind – naive Analysen sind es zum Teil –, lassen sich Verlauf und mögliche Gefahr mit der Formel beschreiben: Wenn du deinen Vater (blind) tötest, wirst du mit der Mutter schlafen, ohne es zu wissen, und ihr verfallen. Damit ist zunächst nur der bekannte Sachverhalt eines durch technisch geförderte Regression verursachten Ich-Verlustes mit Überschwemmung durch unbewußte Inhalte definiert. Technisch fördernd kann dabei auch ein zu betont indifferentes Verhalten des Analytikers sein, der sich damit in die Rolle des Vaters begibt, der den Sohn aussetzt.

Der Ich-Verlust mit Überschwemmung durch Unbewußtes, der wohl seltener eintritt, seit die Ich-Analyse stärker betont wird, wurde von *Reich* (1933) unter dem Stichwort «chaotische Situation» beschrieben. Es gehört zu *Reichs* Tragik, später wohl selbst irgendwie «überschwemmt» worden zu sein. Möglicherweise ist in seinem Fall die ungleich schwieriger zu erfassende, typische Ödipussituation wirksam geworden, die ich oben beschrieben habe: Es besteht ein Zustand relativer Bewußtheit. Das triebhaft-phallische Ich, das sich sogar als besonders vital, männlich und bewußt erleben kann, befindet sich bei partieller Abgrenzung vom Unbewußten in einer verdeckten Identifizierung mit ihm. Besonders der betont triebfreundliche und überkompensatorisch antiautoritäre Analytiker kann mitsamt seinen Analysanden einer solchen Situation ausgesetzt sein.

Bei der Beurteilung der Frage, wohin etwas führt, kommt es aber sehr auf den Grad der Ausprägung einzelner Faktoren und die Art der Kombination mit anderen an. Ein sogenanntes schwaches Ich muß nicht ein krankes sein, und ein Ich, das die sogenannte «obere» Männlichkeit im Sinne *Neumanns* erreicht hat, kein gesundes. Es kann den Zusammenhang mit der «unteren» verloren haben und sehr gefährdet sein. Es kommt auf die Mischung an, nicht im Sinne einer Vermischung allerdings, sondern im Sinne eines abgrenzbaren Verhältnisses zueinander, im Sinne einer «Individuation».

In der von Freud geprägten Analyse steht dem Ödipus der oben erwähnte Moses gegenüber, der, wenn man nicht sehr aufpaßt, mit sehr viel mehr als zehn Geboten unter Verheißung des Gelobten Landes in eine patriarchale Gefangenschaft führt. Er ist ins analytische Setting, in analytische Dogmen und in teilweise schwer zu lösende Abhängigkeiten zwischen Lehranalytikern und ihren Analysanden eingegangen. Die von *Plaut* (1970) erwähnte Dame «C.A.T.» (classical analytical technique) ist seine Tochter.

Freud mag vom Unbewußten her dem Ödipus gefolgt sein; im Bewußten gehorcht hat er mehr dem Moses, dessen übermächtige Autorität er übernahm und zugleich (Vatertötung) bekämpfte. Von daher ergibt sich eine eigenartige, vielleicht aber typische Differenz zwischen persönlicher Haltung, theoretischer Aussage und kollektiver Wirkung. Die persönliche Haltung war letztlich mosaisch. In der theoretischen Aussage sind Moses (Inzestverbot, Kulturforderung) und Ödipus (Vatertötung, verdeckter Mutterinzest: verdecktes Triebangebot) vermischt. Aber Moses, um dessen Tötung es in den letzten Arbeiten Freuds (1939a) geht, behält das Übergewicht. In der kollektiven Wirkung dagegen, das heißt in der nicht-analytischen, quasi naiven Rezeption Freuds, setzt sich der Ödipus durch. Das Unbewußte (Kollektive) versteht das Unbewußte und greift das verdeckte Triebangebot auf. Naive meinen, Freud hätte tatsächlich den Phallus zum König, also den Bock zum Gärtner machen wollen. Die Sexualtheorie läßt diese Auslegung nicht zu, verführt aber zu ihr.

## Die Antiautoritären

Wenn der «Ödipus» *Freuds* Geschichte war, ist damals, nachdem er sie gefunden hatte, etwas Ungewöhnliches geschehen. Man denke: Unter Tausenden von lange bekannten Geschichten findet ein Mann *seine* Geschichte und erklärt, es sei auch die Geschichte aller anderen. Und sie glauben ihm. Da Freud mit der Geschichte kollektiv akzeptiert wurde, muß sie eine kollektive Bedeutung haben. Es ist aber die Frage, ob diese Bedeutung wesentlich in der falsch oder richtig verstandenen Beschreibung frühkindlicher Entwicklungsabläufe liegt, oder ob es sich eigentlich um eine zeitgeschichtliche Bedeutung handelt. Ich nehme letzteres an. Freud wurde mit der Geschichte nicht zu irgend einer Zeit, sondern in unserer Zeit akzeptiert, das heißt im 20. Jahrhundert. Ich glaube, der «Ödipus» ist eines der «Lieblingsmärchen» des 20. Jahrhunderts, eine Art erzähltes Symbol, das dann freilich nicht verstanden, sondern gelebt wird, ein unbewußter Entwurf, nicht auf ein Einzelleben, sondern auf ein Jahrhundert hin, dem man, ob man ihn kennt oder nicht kennt, folgt, wie Laios und Ödipus ihren Entwürfen folgten. (Orakel sind Ausdruck unbewußter Entwürfe.)
Es ist die Geschichte des verlorenen Vaters, des ermordeten Königs und des verdeckten Mutterinzests. Die Könige, die in solchen Geschichten gemordet werden, sind meist «krank» oder in irgendeiner anderen Form «überfällig». Die Dominanten des kollektiven Bewußtseins «stimmen» nicht mehr. Die «Väter» sind nicht mehr verläßlich. Die realen Kaiser und Könige, die jahrhundertelang herrschten, sind von der Bühne abgetreten. So kollektiv und fern und fremd sie für den einzelnen waren, sie hatten in ihrer Macht etwas Personenbezogen-Persönliches. Der Sohn konnte sagen: *mein* Vater, *mein* König (und *mein* Gott).

Heute (und schon im «Ödipus») «kennt» der Vater den Sohn nicht mehr und der Sohn nicht den Vater, schon gar nicht im König den Vater. Die Autoritätskrise ist zugleich eine Krise der personalen Bezogenheit. Das ehrwürdige Kausalitätsprinzip, das dem einzelnen zwar gelegentlich Unglück versprach, aber dies wenigstens auf seine Person bezogen und mit Sicherheit, ist durch die nichtswürdige statistische Wahrscheinlichkeit ersetzt worden, die sich nicht mehr für den einzelnen, sondern nur noch für die Gruppe interessiert. Insoweit das Gottesbild mit dem naturwissenschaftlichen Weltbild korrespondiert, haben *Planck, Einstein* und *Heisenberg* wahrscheinlich sogar Gott auf die Finger geklopft und ihn «depersonalisiert». Er darf nicht mehr bestimmen und vorhersagen, wann welcher Spatz vom Himmel fällt, sondern nur noch, in welchem Zeitraum wie viele. Vielleicht sitzt er oben und würfelt. Armer Spatz.
Vater ist tot. Er läßt sich in seiner persönlichen Autorität nicht durch «die Brüder», sondern nur durch einzelne Brüder, die erwachsen geworden sind, ersetzen. Aber eigentlich suchen sie nun die Mutter. *Federn* hat (im Anschluß an «Totem und Tabu») schon 1919, bezogen auf damals aktuelle politische Ereignisse, von der «vaterlosen Gesellschaft» gesprochen. Mitscherlich (1968) hat den Titel aufgegriffen und das Kollektiv, die antiautoritäre Bruder- oder Geschwistergruppe, «auf dem Weg zur vaterlosen Gesellschaft» beschrieben. Typischerweise geht es in der bewußten Auseinandersetzung wie im «Ödipus» und wie in der psychoanalytischen Theoriebildung wieder vor allem um das Vaterthema und um konkrete äußere Verhältnisse oder Beziehungen unter Personen und Personengruppen. Aber Mitscherlich sieht: Der Staat, den man früher «Vater Staat» nannte, erhält «die Kennzeichen der Urmütterlichkeit» (p. 315). «Man legt sich ihm an wie einer Muttergottheit mit ungezählten Brüsten» (p. 311). «Der Weg in die vaterlose Gesellschaft ist vorerst weit wirkungsvoller gelenkt von regressiven Ängsten [Autor: und Tendenzen] als von kritischer Einsicht» (p. 371).
Der Mutterinzest und die regressive Ich-Entwicklung werden also deutlich beschrieben. Der Schluß, daß der Weg, nachdem der Sohn ausgesetzt und der Vater getötet wurde, nicht nur zum Bruderklan, sondern über den Bruderklan hinaus geradewegs in die Arme der großen Mutter und zur Blendung führt, wird aber

nicht gezogen. Daß der Schluß richtig ist, oder jedenfalls noch richtig, hat die mit der antiautoritären Welle verbundene Drogenwelle beklemmend deutlich gezeigt.
Und sie haben sogar noch gedacht, es handle sich um eine Bewußtseinserweiterung! Dem Verhängnis, mit der Mutter schlafen zu müssen, sind sie nicht entgangen.

# Signorelli oder: Die Puppe in der Puppe

## Zur Einführung

SIGMUND FREUD (6.5.1856–23.9.1939) besuchte im September 1897 auf einer Italienreise Orvieto. Er sah dort im Dom die von Luca Signorelli (um 1445–1523) gemalten Fresken *von den letzten Dingen.* Er war sehr beeindruckt. Als er ein Jahr später davon erzählen wollte, konnte er den Namen des Malers nicht erinnern. Er schrieb darüber an Wilhelm Fließ (1858–1928), einen Freund, der als Hals- und Nasenarzt in Berlin praktizierte und mit dem er damals in einem regen Gedankenaustausch stand: «Den Namen des großen Malers, der das Weltgericht in Orvieto gemacht hat, das Größte, was ich bisher gesehen, konnte ich nicht finden und dafür trat Botticelli, Boltraffio ein, mit der Sicherheit des Unrichtigen. Endlich erfuhr ich den Namen: Signorelli und wußte aus Eigenem sofort den Vornamen: Luca als Beweis, daß es nur ein Verdrängen, kein echtes Vergessen war. Es ist klar, warum sich Botticelli vorgeschoben, das Verdrängte war nur Signor, das doppelte B in den beiden Ersatznamen findet seine Aufklärung in der zur Verdrängung wirksamen Erinnerung, deren Inhalt in *Bosnien* spielt und mit einer Rede, *Herr,* was läßt sich da machen? anfängt. Ich verlor den Namen Signorelli auf einem kleinen Ausflug in der *Her*zegowina, den ich von Ragusa aus mit einem Berliner Assessor (Freyhau) machte, mit dem ich unterwegs auf Bilder zu sprechen kam. In dem Gespräch, das also als verdrängend dahinter erinnert wurde, handelte es sich um Tod und um Sexualität. Die Silbe Trafio [in Boltraffio] ist wohl Anklang an das auf der ersten Reise gesehene Trafoi! Wem soll ich das nun glaubwürdig machen?» (BF 22.9.98).

Trafoi hatte Freud einen Monat vorher, im August 98, gesehen. Dort hatte ihn eine sehr unangenehme Nachricht erreicht: «Ein Patient, mit dem [er sich] viele Mühe gegeben, hatte wegen einer unheilbaren sexuellen Störung seinem Leben ein Ende gemacht» (IV 8). – Eine Woche nach der Mitteilung über das Namenvergessen berichtete Freud Fließ: «Aus dem Signorelli habe ich einen kleinen Aufsatz gemacht, den ich Ziehen (Wernicke) [den Herausgebern der *Monatsschrift für Psychiatrie und Neurologie*] geschickt. Sollten sie refüsieren, so gedenke ich ... das Ding etwa der Deutschen Rundschau anzubieten» (BF 27.9.98). – Ziehen und Wernicke refüsierten nicht. Der *kleine Aufsatz* ist im Dezember 98 unter dem Titel *Zum psychischen Mechanismus der Vergeßlichkeit* in der *Monatsschrift für Psychiatrie und Neurologie* erschienen. Freud hat ihn später umgeschrieben und die neue Fassung an den Anfang der *Psychopathologie des Alltagslebens* gesetzt, die als Aufsatz 1901 zunächst wieder in der *Monatsschrift für Psychiatrie und Neurologie* erschien, 1904 als Buch herauskam. Die *Psychopathologie* hat bis zum Abdruck in den *Gesammelten Werken* (IV, 1941) eine ganze Reihe von Auflagen inklusive Übersetzungen gehabt (1910–1938 russisch, polnisch, englisch, holländisch, französisch, spanisch, ungarisch, japanisch, serbo-kroatisch, tschechisch, portugiesisch, schwedisch), so daß die neue Fassung der Signorelli-Analyse später ziemlich bekannt war, während die erste Fassung weithin unbekannt blieb. Sie ist zu Freuds Lebzeiten nie mehr nachgedruckt worden, sondern erstmals wieder in den *Gesammelten Werken* (I, 1952) erschienen.

Als ich die erste Fassung Anfang der 60er Jahre zum erstenmal las (die zweite hatte ich früher einmal gesehen, wußte aber keine Einzelheiten mehr), war ich überrascht: Die Arbeit steht fast am Ende des ersten Bandes der *Gesammelten Werke* (I 517–527). Freuds Arbeiten sind dort chronologisch geordnet, und ich hatte auch chronologisch gelesen, so daß ich, als ich die Arbeit *Zum psychischen Mechanismus* las, alle vorangehenden Arbeiten Freuds (soweit in den *Gesammelten Werken* abgedruckt) kannte und von daher recht gut wußte, was Freud bis dahin analytisch herausgefunden und publiziert hatte, nämlich erstaunlich viel, und auch wußte, wie er sich ausdrückte: gewandt, klar, verständlich. Was ich in der Arbeit *Zum psychischen Mechanismus* fand, entsprach dem nicht: Eine offenkundig falsche, unsinnige Interpretation in einem zwar oberflächlich glatten Stil, die einzelnen Aussagen dabei vage, unbestimmt, unklar, in einer eigenartig

flirrenden Darstellung, die in sich zudem logisch widersprüchlich war. Ich stand vor einem Rätsel.
Ich habe mich dann mit dem Rätsel beschäftigt und anfangs (1964, 1969) verschiedene Darstellungen einer Lösung versucht, die unbefriedigend blieben. Ich hatte eine Lösung, m. E. auch eine richtige: Freud hatte hinter der flirrenden Darstellung und der unsinnigen Interpretation eine analytisch korrekte Deutung, resp. ausreichende Hinweise auf sie, versteckt wie eine Puppe in einer Puppe, so daß die Deutung analytisch gesehen in der Darstellung zu suchen war wie ein latenter Trauminhalt in einem – hier: bewußt konstruierten! – manifesten. Freud hatte ein entsprechendes Modell 1898, als er die Arbeit schrieb und daneben an der *Traumdeutung* arbeitete, schon parat. Er hatte es in einem Brief auch auf anderes als auf (spontan entstandene) Träume, nämlich auf zwei Novellen von Conrad Ferdinand Meyer bezogen, auf *Die Hochzeit des Mönchs* und *Die Richterin.* Er hatte, zunächst auf *Die Hochzeit des Mönchs* bezogen, geschrieben: «Das geheime Thema ist wohl die ungesättigte, durch Dante in die Ewigkeit fortgesetzte Rache und unausweichliche Strafe. Vorgeschoben, gleichsam als gelinde Mißdeutung des Bewußtseins, ist das Thema von der Haltlosigkeit, wenn man einmal seine feste Stütze aufgegeben hat. Dem manifesten wie dem latenten Thema gemeinsam ist wohl der Zug, von Streich zu Streich zu gehen, als ob die ‹Richterin› die Reaktion wäre auf die damals aufgedeckten, diese Novelle der Nachklang der unentdeckt gebliebenen Kinderuntaten» (BF 7.7.98).
Wir werden sowohl dem Thema der Haltlosigkeit und der Strafe als auch der *Richterin* später wiederbegegnen.
Nachdem ich mich eine Weile mit Freud und der Signorelli-Analyse beschäftigt hatte, schien es mir ganz plausibel, daß er *eine Puppe in einer Puppe* versteckt haben könnte. Der Gedanke war aber für andere offenbar nicht so ohne weiteres nachvollziehbar. Noch schwieriger nachzuvollziehen als dieser Gedanke und für manche kaum akzeptabel war aber eine These, die sich aus einem Vergleich des ersten Berichts mit dem zweiten ergab: daß Freud den zweiten Bericht nicht geschrieben hatte, um den ersten bekannter zu machen, sondern um das Rätsel von der Puppe in der Puppe möglichst unbemerkt verschwinden zu lassen und durch eine halbwegs normal erscheinende, wenn auch sehr

widersprüchliche Aussage zu ersetzen. Das paßte nicht zu dem Bild, das die meisten, mit denen ich sprach, von Freud hatten. Und wer mag schon seine Bilder ändern?!

Um weiterzukommen, habe ich zunächst (1971 u. 1973: die ersten beiden Beiträge in diesem Band) den weniger schwierig erscheinenden allgemeinen Teil des Stoffes dargestellt: die Prophetenthematik im Zusammenhang mit der von Jones beschriebenen Moses-Identifizierung und der Schattenproblematik (für die Wahrheit eintreten/nicht wahrhaben wollen). 1977 (der dritte Beitrag in diesem Band) habe ich Einzelheiten zur Ödipus-Thematik (Vater-Tötung und Mutter-Inzest) folgen lassen. Ich gehe hier auf den wohl schwierigeren, speziellen Teil ein: Freuds Beziehung zu den Bildern Signorellis im Zusammenhang mit seiner sogenannten Theorie von der *Verführung durch den Vater,* Freuds Entwicklung zwischen 1896 und 1899, seine sogenannte *Reiseangst* sowie die Besprechung des ersten und zweiten Berichts über das Namenvergessen.

*Eine* Schwierigkeit in der Interpretation der Berichte war dadurch entstanden, daß ich Gewohntem folgend immer wieder versuchte, vom vorgegebenen Text wie von einem manifesten Trauminhalt auszugehen, zuerst zu zeigen, was nicht stimmen konnte und warum es nicht stimmen konnte, und *danach* auf den Hintergrund einzugehen. Freuds erster Bericht ist aber u. a. ein mit viel Witz erfundenes logisches Verwirrspiel. Er liebte so etwas. Sein Buch *Der Witz und seine Beziehung zum Unbewußten* (GW VI) zeugt davon. – Das logische Verwirrspiel lebt wie der Witz unter anderem aus dem Anbringen von Denkfehlern (VI 70). Damit wird bewußt etwas nachvollzogen und eingesetzt, was im Unbewußten gang und gäbe ist (vgl. I 538) und was Freud an den unbewußten *Mechanismen* der Neurosen und Träume damals eingehend studiert hatte. In der Beschreibung und Deutung der *Mechanismen* oder *Techniken* des Unbewußten – wie Assoziationsbildung, Verschiebung, Verdichtung zu doppel- oder mehrsinnigem Ausdruck, Verkehrung ins Gegenteil – ist die frühe Psychoanalyse in hohem Maße angewandte Logik. Freud hatte diese *Techniken* schon vor 1898 (s.a.u.) mehrfach beschrieben. Er ist in der *Traumdeutung* noch sehr viel ausführlicher darauf eingegangen, z.B. auf die *Darstellung der logischen Relationen im Traum:* ein logischer Zusammenhang etwa wird durch

Gleichzeitigkeit, eine Kausalbeziehung oder Verursachung durch ein Nacheinander ausgedrückt (T 317 ff). Die Darstellung dieser Relationen bekommt im Buch über den *Witz* einen neuen Akzent: den der Lust am Umgang damit. Freud erweist sich als ein Meister der witzigen, spitzfindigen Logik und trägt unermüdlich Beispiel um Beispiel vor. Daß er es tut und wie er es tut, hat etwas für ihn Typisches, Spezifisches, seinen Neigungen und Begabungen offenbar sehr Entsprechendes. Man wird Wesentliches der Arbeit *Zum psychischen Mechanismus* nur verstehen, wenn man *auch diesen* Freud versteht. Ich stelle deshalb zwei von Freud erzählte und besprochene Witze, die ich bezogen auf den besonderen Fall ausgesucht habe, an den Anfang.

Das eine ist ein *Schadchenwitz,* dessen Technik sich als Doppelsinn mit Verschiebung beschreiben läßt. Ein Schadchen ist ein jüdischer Heiratsvermittler, der hier ein Mädchen an den Mann bringen will. Freud erzählt und erklärt:

«Der Schadchen hat dem Bewerber versichert, daß der Vater des Mädchens nicht mehr am Leben ist. Nach der Verlobung stellt sich heraus, daß der Vater noch lebt und eine Kerkerstrafe abbüßt. Der Bewerber macht nun dem Schadchen Vorwürfe. ‹Nun›, meint dieser, ‹was habe ich Ihnen gesagt? Ist denn das ein Leben?›

Der Doppelsinn liegt in dem Worte ‹Leben› und die Verschiebung besteht darin, daß der Schadchen sich von dem gemeinen Sinn des Wortes, in dem es den Gegensatz zu ‹Tod› bildet, auf den Sinn wirft, den das Wort in der Redensart: Das ist kein Leben, hat. Er erklärt dabei seine damalige Äußerung nachträglich für doppelsinnig, obwohl diese mehrfache Bedeutung gerade hier recht fernliegt» (VI 57).

Der zweite Witz ist von Freud als ein *skeptischer Witz* bezeichnet worden:

«Zwei Juden treffen sich im Eisenbahnwagen einer galizischen Station. ‹Wohin fahrst du?› fragt der eine. ‹Nach Krakau›, ist die Antwort. ‹Sieh' her, was du für Lügner bist›, braust der andere auf. ‹Wenn du sagst, du fahrst nach Krakau, willst du doch, daß ich glauben soll, du fahrst nach Lemberg. Nun weiß ich aber, daß du wirklich fahrst nach Krakau. Also warum lügst du?›»

Freud erklärt dazu: «Diese kostbare Geschichte, die den Eindruck übergroßer Spitzfindigkeit macht, wirkt offenbar durch die

Technik des Widersinnes. Der Zweite soll sich Lüge vorwerfen lassen, weil er mitgeteilt, er fahre nach Krakau, was in Wahrheit sein Reiseziel ist! Dieses starke technische Mittel – der Widersinn – ist aber hier mit einer anderen Technik gepaart, der Darstellung durch das Gegenteil, denn nach der unwidersprochenen Behauptung des Ersten lügt der andere, wenn er die Wahrheit sagt, und sagt die Wahrheit mit einer Lüge. Der ernstere Gehalt dieses Witzes ist aber die Frage nach den Bedingungen der Wahrheit; der Witz deutet wiederum auf ein Problem und nützt die Unsicherheit eines unserer gebräuchlichsten Begriffe aus. *Ist es Wahrheit, wenn man die Dinge so beschreibt, wie sie sind, und sich nicht darum kümmert, wie der Hörer das Gesagte auffassen wird? Oder ist dies nur jesuitische Wahrheit, und besteht die echte Wahrhaftigkeit nicht viel mehr darin, auf den Zuhörer Rücksicht zu nehmen, und ihm ein getreues Abbild seines eigenen Wissens zu vermitteln?*» (VI 127, kursiv v. Autor).

Gegen Verwirrspiele mit ihrem *Schein der Logik* (VI 63) und ihrem Doppelsinn läßt sich mit normaler, hausbackener Logik schlecht ankommen. Man wird fortwährend in Widersprüche über das, was gesagt worden ist, und das, was gemeint sein könnte, verwickelt, läuft zwischen Scheinargumenten hin und her wie der Hase zwischen den beiden Swinegeln und hat von vornherein verloren. Man läßt sich besser nicht darauf ein. Man kann nicht das Falsche wegbeweisen, sondern nur gegen das Falsche das Richtige setzen.

Ich gehe deshalb im folgenden zunächst nicht von Freuds Darstellung, dem Verwirrspiel, einem Irrgarten, aus, sondern erzähle Freuds damalige Geschichte, verbinde sie mit einer Deutung, wie sie sich bei analytischer Interpretation aus der Arbeit *Zum psychischen Mechanismus* ergibt, und erkläre erst dann den Text, wie er dasteht. Ich beschreibe also vergleichsweise nicht, wie wir es gewohnt sind, zuerst den *manifesten* und dann den *latenten*, sondern umgekehrt zuerst den *latenten* und dann den *manifesten* «Traum»-Inhalt. Danach gehe ich auf die Umarbeitung des Textes, also auf die zweite Fassung der Signorelli-Analyse in der *Psychopathologie des Alltagslebens* ein.

## Der Prophet und der falsche Prophet / Die Verführung durch den Vater

### *Die Prophetenthematik*

Freud war, wie beschrieben, insgeheim mit dem Urbild des alttestamentarischen Propheten, mit dem Moses, identifiziert, darunter wohl mit dem Messias; und er war über die abendländische Kultur, in der er lebte, und – in sehr frühen Eindrücken – über seine katholische Kinderfrau mit einem Christus-Bild verbunden. Im Bewußten war ihm dabei alles Religiöse, besonders das zugehörige Zeremoniell, so zuwider, daß er z.B. versuchte, seine Frau, Martha (geb. Bernays, 26.7.1861 – 2.11.1951), die im orthodoxen Judentum erzogen war, möglichst ganz davon abzubringen. Sie folgte ihm darin, hing aber innerlich wohl weiter am Hergebrachten. «Nach dem Tode des Gatten, als sie sehr alt war, unterhielt sie sich gern mit Gleichgesinnten über jüdische Gebräuche und Feiertage» (J I 185). Über die Beziehung zu seiner Frau wird später mehr zu sagen sein. Zur Prophetenthematik wiederhole und ergänze ich:

a) Eine Identifizierung mit einem archetypischen Bild enthält immer Bild und Gegenbild, hier also mit dem Bild des Propheten auch das des falschen Propheten. Solche Bilder sind im Mythos häufig voneinander getrennt, in zwei verschiedenen Gestalten – wie Protagonist und Antagonist – verkörpert. Intrapsychisch sind sie in der Identifizierung miteinander verbunden, aber Anteile des einen oder des anderen Bildes können mehr im Vordergrund stehen.

b) Eine ausgeprägte Propheten-Identifizierung ist für ihren Träger eine Last, die er sich nicht ausgesucht, sondern frühkindlich erworben hat. Er kann sich kaum je wieder ganz von ihr freimachen. Die Propheten sind die, die dem Volk unbequeme Wahrheiten sagen und dafür bestenfalls geachtet oder gefürchtet, aber kaum geliebt werden. Soweit sie sich gegen die sogenannte herrschende Wahrheit stellen – wenn sie es nicht täten, wären sie keine rechten Propheten –, werden sie von den Vertretern dieser Wahrheit verfolgt und häufig umgebracht.

c) Von der unbewußten Logik der Identifizierung her besteht ein *Zwang*, die Wahrheit zu sagen, aber auch: recht zu behalten. Der Prophet ist aus Gott, kann also nicht irren. Wenn er irrt, ist er ein falscher Prophet, ein vermessener Lügner und Verführer. Er ist vom Teufel, nicht Christ, sondern Antichrist. Er muß sterben. Es ist tödlich, ein Prophet zu sein. Es ist tödlich, ein falscher Prophet zu sein.

d) In der Bibel erscheint der falsche Prophet auch als Traumdeuter, als *Träumer,* aber einer, der die Träume falsch auslegt. Freud war ein berühmter Traumdeuter. Er bezog sich gern, auch bewußt, auf Josef, den Traumdeuter (T 488), kam auch damit an die Prophetenthematik heran.

e) Er war über die Bibel mit dem Gesamtkomplex von klein auf verbunden: «Frühzeitige Vertiefung in die biblische Geschichte, kaum daß ich die Kunst des Lesens erlernt hatte, hat, wie ich viel später erkannte, die Richtung meines Interesses nachhaltig bestimmt» (J I 48). Ich zitiere aus der Bibel (Luther-Übersetzung):

5 Mos 18,20–22:
20 Doch wenn ein Prophet vermessen ist zu reden in meinem Namen, das ich ihm nicht geboten habe zu reden, und welcher redet in dem Namen anderer Götter, derselbe Prophet soll sterben.
21 Ob du aber in deinem Herzen sagen würdest: Wie kann ich merken, welches Wort der Herr nicht geredet hat?
22 Wenn der Prophet redet in dem Namen des Herrn, und wird nichts daraus, und kommt nicht: das ist das Wort, das der Herr nicht geredet hat; der Prophet hat es aus Vermessenheit geredet.

Jer 23,24–32:
24 Meinest du, daß sich jemand so heimlich verbergen könne, daß ich ihn nicht sehe? spricht der Herr.
25 Ich höre es wohl, daß die Propheten predigen, und falsch weissagen in meinem Namen, und sprechen: «Mir hat geträumt, mir hat geträumt.»
26 Wann wollen doch die Propheten aufhören, die falsch weissagen und ihres Herzens Trügerei weissagen,
27 Und wollen, daß mein Volk meines Namens vergesse über ihren Träumen.
28 Ein Prophet, der Träume hat, der predige Träume; wer aber mein Wort hat, der predige mein Wort recht.
30 Darum siehe, ich will an die Propheten, spricht der Herr, die mein Wort stehlen einer dem andern.
31 Siehe, ich will an die Propheten, spricht der Herr, die ihr eigen Wort führen und sprechen: «Er hat es gesagt.»
32 Siehe, ich will an die, so falsche Träume weissagen, spricht der Herr, und predigen dieselben, und verführen mein Volk mit ihren Lügen.

5 Mos 13,1–10:
Wenn ein Prophet oder Träumer unter euch wird aufstehen, und gibt dir ein Zeichen oder Wunder;
2 Und das Zeichen oder Wunder kommt, davon er dir gesagt hat, und spricht: Laß uns andern Göttern folgen, die ihr nicht kennet, und ihnen dienen;
3 So sollst du nicht gehorchen den Worten solches Propheten oder Träumers; denn der Herr, euer Gott, versucht euch, daß er erfahre, ob ihr ihn von ganzem Herzen und von ganzer Seele lieb habt.
4 Denn ihr sollt dem Herrn, eurem Gott, folgen, und ihn fürchten, und seine Gebote halten, und seiner Stimme gehorchen, und ihm dienen, und ihm anhangen.
5 Der Prophet aber oder der Träumer soll sterben, darum, daß er euch von dem Herrn, eurem Gott, der euch aus Ägyptenland geführt und dich von dem Diensthause erlöst hat, abzufallen gelehrt, und dich aus dem Wege verführt hat, den der Herr, dein Gott, geboten hat, darinnen zu wandeln; auf daß du den Bösen von dir tust.
6 Wenn dich dein Bruder, deiner Mutter Sohn, oder dein Sohn, oder deine Tochter, oder das Weib in deinen Armen, oder dein Freund, der dir ist wie dein Herz, überreden würde heimlich und sagen: Laß uns gehen, und andern Göttern dienen, die du nicht kennest, noch deine Väter,
7 Die unter den Völkern um euch her sind, sie seien dir nahe oder ferne, von einem Ende der Erde bis an das andere:
8 So bewillige nicht, und gehorche ihm nicht. Auch soll dein Auge seiner nicht schonen, sollst dich seiner nicht erbarmen, noch ihn verbergen;
9 Sondern sollst ihn erwürgen. Deine Hand soll die erste über ihn sein, daß man ihn töte; und danach die Hand des ganzen Volks.
10 Man soll ihn zu Tode steinigen, denn er hat dich wollen verführen von dem Herrn, deinem Gott, der dich aus Ägyptenland von dem Diensthause geführt hat.

f) Freud hat die Propheten-Identifizierung auf spezifische Weise aufgespalten und abgewehrt: Er war immer auf der Suche nach der Wahrheit und bereit, sie zu vertreten, und hatte dabei einen besonders hohen moralischen Anspruch an sich. Insoweit war er ein Moses, aber einer, der im Bewußten ein Atheist, ein Gottloser, war. Die Abwehr behauptet: Ohne Gott kein Knecht Gottes, kein Prophet. So war das Problem auf der bewußten Seite gelöst. Aber die Last und auch die mit der Identifizierung verbundene Todesproblematik, auch *Todesangst* (vgl. u. a. auch bei Schur unter den Stichworten Tod, Todesangst, Todesdaten), blieben und bedrängten Freud vom Unbewußten her weiter.

## *Die Verführung und die Taten des Antichrist*

Im Oktober 1896 starb Freuds Vater (Jakob Freud, 18.12.1815–23.10.1896). Danach begann Freuds Selbstanalyse. Parallel entwickelte Freud die Theorie, daß alle Neurosen auf sexuelle Traumen in der Kindheit zurückgingen, genauer: auf sexuelle Verführungen, noch genauer: auf eine sexuelle Verführung durch den Vater (vgl. BF 28.4.97: Bestätigung der paternellen Ätiologie).

Es scheint ein Zusammenhang zwischen dem Tod des Vaters und der Akzentuierung in der Theoriebildung bestanden zu haben. Es ist anzunehmen, daß mit dem Tod des Vaters negative Phantasien über den Vater frei wurden und in der Projektion die Theoriebildung beeinflußten. Dafür spricht, daß Freud in gewissem Sinne von der Theorie fasziniert war, und daß er die Theorie sehr bald mit einer kollektiven Phantasie in Verbindung brachte: Hinter dem Bild des Vaters tauchte das Bild des Teufels auf. Der archetypische Aspekt eines negativen Vater-Gottes-Bildes war deutlich konstelliert. Freud verglich seine Befunde mit denen aus Hexenprozessen: «Was sagst Du übrigens zu der Bemerkung, daß meine ganze neue Hysterie-Urgeschichte bereits bekannt und hundertfach publiziert ist, allerdings vor mehreren Jahrhunderten? Erinnerst Du Dich, daß ich immer gesagt, die Theorie des Mittelalters und der geistlichen Gerichte von der Besessenheit sei identisch mit unserer Fremdkörpertheorie und Spaltung des Bewußtseins? Warum aber hat der Teufel, der die Armen in Besitz genommen, regelmäßig Unzucht mit ihnen getrieben und auf ekelhafte Weise? Warum sind die Geständnisse auf der Folter so ähnlich den Mitteilungen meiner Patienten in der psychischen Behandlung? Ich muß mich nächstens in die betreffende Literatur vertiefen. Die Grausamkeiten gestatten übrigens einige bisher dunkle Symptome der Hysterie zu verstehen. Die Stecknadeln, die auf den sonderbarsten Wegen zum Vorschein kommen; die Nähnadeln, wegen welcher die Armen sich die Brüste zerschinden lassen und die mit Röntgen nicht zu sehen sind, wohl aber in der Verführungsgeschichte zu finden!... Nun stechen die Inquisitoren wieder mit Nadeln, um die Stigmata Diaboli zu finden, und in der ähnlichen Situation fällt den Opfern in Dichtung (vielleicht durch Verkleidungen der Verführer unterstützt) die alte grausame Geschichte ein. So erinnerten sich dabei nicht nur die Opfer, sondern auch die Henker an ihre erste Jugend» (BF 17.1.97). «Ich träume also von einer urältesten Teufelsreligion, deren Ritus sich im geheimen fortsetzt, und begreife die strenge Therapie der Hexenrichter. Die Beziehungen wimmeln» (BF 24.1.97).

Diese Briefstellen sind wichtiger, als man annimmt. Sie zeigen nämlich nicht nur die Verbindung der Theorie mit dem kollektiven Bild und Freuds lebhaftes Beteiligtsein, sondern eine besondere Weise der Beteiligung und ein besonderes Thema, das mit der *Teufelsreligion* individuell wie kollektiv verbunden ist: Inquisition (Analyse!) und Gericht, und der Analytiker erscheint selbst in der Rolle des Inquisitors und Hexenrichters. Aber nicht nur die Opfer, sondern auch die Henker erinnern sich an ihre erste Jugend. Die Rollen sind austauschbar!

Hinsichtlich der Verführungstheorie ergab sich zur persönlichen Beteiligung bald, daß, gemessen an der Häufigkeit der Neurosen, die Verführungen ziemlich ubiquitär sein mußten und, wenn die Theorie gültig war, auch als Erklärung für die Entstehung von Freuds eigener Neurose (s.a.u.) anzunehmen waren: Auch Freuds eigener Vater mußte ein Verführer gewesen sein (BF 21.9.97), und Freud selbst mußte seinen eigenen Kindern gegenüber ähnliche Intentionen entdecken (BF 31.5.97).

Marianne Krüll hat sich in ihrem Buch *Freud und sein Vater* ausführlich mit der Verführungstheorie und der mit ihr verbundenen *Krise in Freuds Leben und Denken* auseinandergesetzt. Ihre These (pp. 88 ff) ist, daß Freud die Theorie aufgeben mußte, weil ein Tabu seines Vaters ihm verbot, die realen Erlebnisse der Kindheit, seien sie nun spezifisch sexueller oder allgemeinerer Natur, aufzudecken und dabei die Eltern als aktiv Handelnde, eben als *Verführer* zu entlarven.

Es ist gut vorstellbar, daß solch ein Tabu bestand und wirksam war, etwa im Sinne eines Introjekts oder einer Loyalitätsbindung. Der zentralere Konflikt wird aber in einer weitergehenden Beziehung der Theorie und der damit verbundenen Bilder auf Freud selbst gelegen haben. Er selbst sollte «Vater» werden, nicht im allgemeinen biologischen oder familienrechtlichen Sinn, da war er längst Vater, sondern in seinem Selbstverständnis, seiner inneren Wahrnehmung, die ihn hier, bald nach Beginn

seiner Selbstanalyse, mit dem negativen Vaterbild des Teufels konfrontierte. Ein Vater, das ist ein Mann, der einen Schatten hat und auch darum weiß, nicht nur theoretisch. Nicht in der Frage, ob sein Vater ein «Verführer» war, lag das Problem, sondern darin, ob er selbst hätte einer sein können. *Davor* schreckte er zurück. – Anders: Mit der Selbstanalyse geriet sein «Ich» in einen schweren Konflikt zwischen dem im «Über-Ich» herrschenden «Moses» und dem aus dem «Es» andrängenden «Ödipus». Und keiner hatte ihn darauf vorbereitet.
Das Bild des Teufels hat ihn auch später begleitet. Ich erinnere an die von Laforgue überlieferte Äußerung Freuds, die sehr nachdenklich klingt und betroffen macht: «Wissen Sie nicht, daß ich der Teufel bin? Mein ganzes Leben habe ich den Teufel spielen müssen, damit andere mit den Materialien, die ich herbeibrachte, die schönsten Dome werden bauen können» (s.o.p. 35).
Soweit ersichtlich hat Freud zur Verführungstheorie 1897 zunächst eine Weile seine Zweifel gehabt und die Theorie schließlich aufgegeben, als er in Italien war. Am ersten Tag nach der Rückkehr von der Reise, am 21.9.97, schrieb er an Fließ:

«Teurer Wilhelm! Hier bin ich wieder, seit gestern früh, frisch, heiter, verarmt, derzeit beschäftigungslos und schreibe Dir ... Und nun will ich Dir sofort das große Geheimnis anvertrauen, das mir in den letzten Monaten langsam gedämmert hat. Ich glaube an meine Neurotica nicht mehr. Das ist wohl nicht ohne Erklärung verständlich; Du hast ja selbst glaubwürdig gefunden, was ich Dir erzählen konnte. Ich will also historisch beginnen, woher die Motive zum Unglauben gekommen sind. Die fortgesetzten Enttäuschungen bei den Versuchen, meine Analyse zum wirklichen Abschluß zu bringen, das Davonlaufen der eine Zeitlang am besten gepackten Leute, das Ausbleiben der vollen Erfolge, auf die ich gerechnet hatte, die Möglichkeit, mir die partiellen Erfolge anders, auf die gewöhnliche Art zu erklären: dies die erste Gruppe. Dann die Überraschung, daß in sämtlichen Fällen der Vater als pervers beschuldigt werden mußte, mein eigener nicht ausgeschlossen, die Einsicht in die nicht erwartete Häufigkeit der Hysterie, wo jedesmal dieselbe Bedingung erhalten bleibt, während doch solche Verbreitung der Per-

version gegen Kinder wenig wahrscheinlich ist ... Soweit beeinflußt wurde ich bereit, auf zweierlei zu verzichten, auf die völlige Lösung einer Neurose und auf die sichere Kenntnis ihrer Ätiologie in der Kindheit. Nun weiß ich überhaupt nicht, woran ich bin, denn das theoretische Verständnis der Verdrängung und ihres Kräftespiels ist mir nicht gelungen ...
Wäre ich verstimmt, unklar, ermattet, so wären solche Zweifel wohl als Schwächeerscheinungen zu deuten. Da ich im gegensätzlichen Zustande bin, muß ich sie als Ergebnis ehrlicher und kräftiger intellektueller Arbeit anerkennen und stolz darauf sein, daß ich nach solcher Vertiefung solcher Kritik noch fähig bin. Ob dieser Zweifel nur eine Episode auf dem Fortschreiten zur weiteren Erkenntnis darstellt?
Merkwürdig ist auch, daß jedes Gefühl von Beschämung ausgeblieben ist, zu dem doch ein Anlaß sein könnte. Gewiß, ich werde es nicht in Dan erzählen, nicht davon reden in Askalon, im Lande der Philister, aber vor Dir und bei mir habe ich eigentlich mehr das Gefühl eines Sieges als einer Niederlage (was doch nicht recht ist).
... Heiter sein ist Alles. Ich könnte mich ja sehr unzufrieden fühlen. Die Erwartung des ewigen Nachruhmes war so schön und des sicheren Reichtums, die volle Unabhängigkeit, das Reisen, die Hebung der Kinder über die schweren Sorgen, die mich um meine Jugend gebracht haben. Das hing alles daran, ob die Hysterie aufgeht oder nicht. Nun kann ich wieder still und bescheiden bleiben, sorgen, sparen ...
Noch etwas muß ich anfügen. In diesem Sturz aller Werte ist allein das Psychologische unberührt geblieben. Der Traum steht ganz sicher da und meine Anfänge metapsychologischer Arbeit haben an Schätzung nur gewonnen. Schade, daß man vom Traumdeuten z. B. nicht leben kann» (BF).

Marianne Krüll hat zu dem Besuch in Orvieto und dem Brief eine fragende Anmerkung gemacht: «Ob Freud in Ovieto unter dem Einfluß [der] Bilder Signorellis noch einmal an das Tabu des Vaters gemahnt wurde? Ob er hier den Entschluß faßte, die Verführungstheorie aufzugeben?» (p. 72). Marianne Krüll hat die selbstgestellte Frage, soweit ersichtlich, nicht weiterverfolgt. Ich will auf sie eingehen:

Abb. 1: Die Taten des Antichrist

Signorelli hat einen Zyklus gemalt. Er zeigt einleitend die *Taten des Antichrist,* danach den *Weltuntergang,* dann die *Auferstehung des Fleisches* und das *letzte Gericht* mit dem *Sturz der Verdammten* in die Hölle und der *Krönung der Auserwählten* im Paradies. Man kann beim *Sturz der Verdammten* an den *Sturz aller Werte* und bei der *Krönung der Auserwählten* an die *Erwartung des ewigen Nachruhms* denken, aber es erscheint nicht besonders wichtig, weil relativ unspezifisch. Viel wichtiger und in hohem Maße spezifisch auf Freuds Problematik im allgemeinen und die damalige Situation im besonderen bezogen erscheint das erste Bild der Reihe, das *von den Taten des Antichrist* (s. Abb. 1–3).

Abb. 2: Der predigende Antichrist

Das Bild zeigt nämlich den Antichrist, den falschen Propheten, als einen Redner oder (wie Christus verkleideten) Prediger, hinter dem der Teufel steht, der ihm einflüstert (s.o. bei den Bibelworten: *Laß uns andern Göttern dienen).* Er verführt das Volk unter anderem wohl zur Sexualität (s.o.: *und verführen mein Volk mit ihren Lügen).* Das Bild bezieht sich auf frappierende Weise direkt auf Freuds *Teufelsreligion,* zeigt *die Verführung durch den Vater*-Teufel und den Propheten als verführten Verführer. Das Bild zeigt in einer anderen Szene (Abb. 4) zudem den falschen Propheten als Arzt und Wundertäter, der Kranke heilt oder gar Tote auferweckt (s.o.: *und gibt dir ein Zeichen oder Wunder; und das Zeichen oder Wunder kommt),* identifiziert also auch *den Arzt* mit dem falschen Propheten. Das Bild zeigt schließlich das Ende des Antichrist, wie er in seiner Überhebung zum Himmel aufgestiegen ist, um sich an Gottes Stelle zu setzen

Abb. 3: Antichrist und Teufel

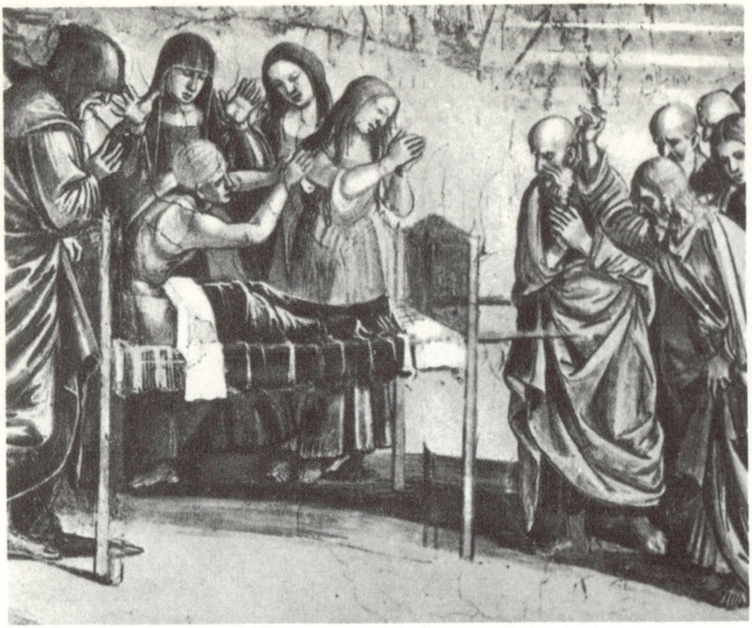

Abb. 4: Der falsche Prophet als Arzt

und dann, vom Blitz des Engels getroffen, zur Erde zurückgeschleudert und vernichtet wird. *Der Prophet aber oder der Träumer soll sterben!* (s.o.) – Das Bild ist übrigens so komponiert, daß der zur Erde stürzende Antichrist zur linken, unteren Bildseite hinstürzt. Dort hat sich Signorelli selbst zusammen mit dem Fra Angelico, der vor ihm in Orvieto arbeitete, abgebildet (Abb. 5). Dieses *Selbstbildnis Signorellis* wird später noch eine besondere Rolle spielen.

Wenn Freud vor dem Bild von den Taten des Antichrist stand, stand er vor einer ungemein beeindruckenden Darstellung eines wesentlichen Teils seiner eigenen Problematik. Das Bild des Teufels-Propheten, des verführten Verführers, das in seinem Innern konstelliert war und in der Theoriebildung einen Ausdruck gefunden hatte, stand direkt, *leibhaftig* vor ihm. Es läßt sich nicht beweisen, daß die Konfrontation mit dem Bild Freud

Abb. 5: Signorelli und Fra Angelico

zur Aufgabe der Verführungstheorie bewegt hat. Aber es ist umgekehrt kaum vorstellbar, daß die Konfrontation ohne Einfluß geblieben wäre, zumal da Freud selbst auf den Zyklus als Ganzes bezogen einen außergewöhnlich starken Eindruck festgestellt hat: das *Größte,* was ich bisher gesehen!
Der Eindruck dürfte umso wirksamer, beunruhigender und nachhaltiger gewesen sein, als Freud wahrscheinlich nicht *genau* wußte, worum es ging. Er stand *am Anfang* seiner Selbstanalyse, in der noch viele Fragen offen gewesen sein dürften, auch wenn er schon wenig später erstaunlich viel über sich gewußt zu haben scheint.
Schon in der ersten Ausgabe der *Traumdeutung,* die im Herbst 1899 abgeschlossen wurde (s.u.), finden sich deutliche Hinweise darauf, daß er sich unter anderem mit einer abgewehrten Prophetenthematik auseinandergesetzt hatte. Er spricht von *imperti-*

*nenten Prahlereien als Ausdruck eines in seinem wachen Leben längst unterdrückten Größenwahns* (T 220, O 148), von *unterdrückter Größensucht* (T 450, O 259). Auch die Erklärung über den Übermenschen – «und merkwürdig wieder ein Beweis, daß ich der Übermensch bin!» (T 472, O 276) – gehört hierher. Mario Erdheim ist in einer Studie über *Freuds Größenphantasien* auf diese Seite der Thematik ausführlich eingegangen.

Freud hat das Thema dann immer wieder im Zusammenhang mit dem Vater, der Erhebung über den Vater und der Beseitigung des Vaters gesehen. Noch 80jährig schreibt er: «Es sieht aus, als wäre es das Wesentliche am Erfolg, es weiter zu bringen als der Vater, und als wäre es noch immer unerlaubt, den Vater übertreffen zu wollen» (1936a). Zu seinen abschließenden Aussagen in der letzten Moses-Arbeit gehört die «Ödipus-Stelle» vom Verhängnis, den Vater beseitigen zu müssen: «Beachtenswert ist, in welcher Weise die neue Religion [das Christentum] sich mit der alten Ambivalenz im Vaterverhältnis auseinandersetzte. Ihr Hauptinhalt war zwar die Versöhnung mit Gottvater, die Sühne des an ihm begangenen Verbrechens, aber die andere Seite der Gefühlsbeziehung zeigte sich darin, daß der Sohn, der die Sühne auf sich genommen, selbst Gott wurde neben dem Vater und eigentlich an Stelle des Vaters. Aus einer Vaterreligion hervorgegangen, wurde das Christentum eine Sohnesreligion. Dem Verhängnis, den Vater beseitigen zu müssen, ist es nicht entgangen» (1939a, p. 245).

Es geht aber eben nicht nur um den Vater als (konkreten) Vater, sondern um den «Vater» als Bewußtseins-Instanz, und zwar auch im Sinne des Ichs! «Sich an Gottes Stelle setzen» heißt dann unter anderem: selbstverantwortlich handeln, selbst entscheiden und wissen, «was gut und böse ist». *Darum* ging es.

## 1896–1899: Höhen und Tiefen

Jones bemerkt für das Jahr 1898, in dem Freud die Signorelli-Arbeit schrieb: «In diesem Jahr erreichte seine geistige Not ihren Höhepunkt» (J I 353). An einer anderen Stelle heißt es: «Gerade in den Jahren, in denen seine Neurose ihren Höhepunkt erreichte (1897–1900), war Freud auf dem Höhepunkt seiner schöpferischen Leistung ... Seine Stimmung schwankte zwischen Perioden des Hochgefühls, der Erregung und des Selbstvertrauens und solchen schwerer Niedergeschlagenheit voller Zweifel und Hemmungen» (J I 356 ff).

Um den Hintergrund der Signorelli-Arbeit besser erlebbar zu machen, lasse ich im folgenden Abschnitt Freud möglichst viel selbst zu Worte kommen. Ich habe aus den Briefen an Fließ Stellen ausgewählt, die zeigen sollen:

a) wie wichtig Freud seine Arbeit war und wie belastend das ständige Auf und Ab tatsächlich für ihn gewesen ist. Von Erfolg oder Mißerfolg in dieser Arbeit scheint noch stärker als bei anderen das Gefühl einer positiven oder negativen Identität abhängig gewesen zu sein: *An ihren Früchten sollt ihr sie erkennen!*

b) wie weit Freud in seiner analytischen Arbeit damals fortgeschritten war. Man könnte sonst, wenn man die Signorelli-Arbeit liest, meinen, sein Wissen wäre noch sehr dürftig gewesen.

c) wie seine Einstellung zu seinen Lesern war,

d) wie ihm speziell das Problem der Darstellbarkeit seiner Befunde zu schaffen machte. Er entdeckte im Rahmen seiner Selbstanalyse viel an sich selbst und kam dabei in einen schwer lösbaren Widerspruch: Er hatte das dringende Bedürfnis, seine Befunde zu veröffentlichen, hatte aber das ebenso dringende Bedürfnis, mit den Befunden verbundenes Persönliches geheimzuhalten (vgl. o.p. 38 «secrecy»). Es war, analytisch gesehen, ein Konflikt zwischen Bedürfnissen, alles, was sich in ihm angesammelt hatte, aus sich herauszulassen, mitzuteilen, und entgegengesetzten Tendenzen, es in sich zurückzuhalten, zwischen Bedürfnissen, sich zu zeigen, und dagegenstehenden, sich bedeckt zu halten.

Die Brieftexte sollen mit Freuds Arbeit, seinem Erleben und seinem persönlichen Stil vertrauter machen. Ich informiere zugleich über Reisen im Herbst 1898 (alle Stellen, wenn nicht anders angegeben, aus BF):

16.10.95: «Es ist mir beinahe sicher, daß ich mit den Formeln vom infantilen Sexualschreck und Sexuallust die Lösung des Rätsels der Hysterie und der Zwangsneurose gefunden habe und ich bin ebenso sicher, daß beide Neurosen nun ganz allgemein heilbar sind, nicht bloß die einzelnen Symptome, sondern die neurotische Disposition überhaupt. Darüber habe ich eine Art von matter Freude, etwa 40 Jahre doch nicht umsonst gelebt zu haben, und doch keine ordentliche Befriedigung, da die psychologische Lücke in der neuen Kenntnis mein ganzes Interesse in Anspruch nimmt.»

2.4.96: «Wenn uns Beiden noch einige Jahre ruhigerArbeit vergönnt sind, werden wir sicherlich etwas hinterlassen, was unsere Existenz rechtfertigen kann. In diesem Bewußtsein fühle ich mich stark gegen alle Sorgen und Mühen des Tages. Ich habe als junger Mensch keine andere Sehnsucht gekannt als die nach philosophischer Erkenntnis, und ich bin jetzt im Begriffe sie zu erfüllen, indem ich von der Medizin zur Psychologie hinüberlenke. Therapeut bin ich wider Willen geworden; ich habe die Überzeugung, daß ich Hysterie und Zwangsneurose definitiv heilen kann, gewisse Bedingungen der Person und des Falles zugegeben.»

3.1.97: «Mein teurer Wilhelm! Wir werden nicht scheitern. Anstatt der Durchfahrt, die wir suchen, dürften wir Meere auffinden, deren genauere Durchforschung Späteren erübrigen wird ... Gib mir noch zehn Jahre und ich mache die Neurosen und die neue Psychologie fertig ... Wenn ich gerade keine Angst habe, nehme ich es noch immer mit allen Teufeln auf.»

8.2.97: «Der Fortschritt der Arbeit ist ein glänzender, aber Rätsel und Zweifel sind natürlich noch die schwere Menge vorhanden.»

16.5.97: «Es gärt und brodelt bei mir ... Zu der vorläufigen Gesamtdarstellung, die Du wünschest, kann ich mich nicht entschließen; eine unklare Erwartung, in kurzer Zeit käme etwas Wesentliches hinzu, ist es, glaube ich, was mich hindert. Dagegen hat es mich gedrängt, mit der Bearbeitung des Traumes zu beginnen, wo ich mich so sicher fühle und es auch nach Deinem Urteil darf ... Ich habe in die Literatur hineingeblickt und komme mir vor wie das keltische Zaubermännchen ‹Ach wie bin ich froh, daß es niemand, niemand weiß –.› Niemand hat eine Ahnung davon, daß der Traum kein Unsinn ist, sondern eine Wunscherfüllung.»

31.5.97: «Die feindseligen Impulse gegen die Eltern (Wunsch, daß sie sterben mögen) sind gleichfalls ein integrierender Bestandteil der Neurose ...

Es scheint, als ob dieser Todeswunsch bei den Söhnen sich gegen den Vater, bei den Töchtern gegen die Mutter kehren würde.»

12.6.97: «Die Wahrheit, daß wir im Leidenden wunderbar Schritt halten, im Schaffenden minder. So etwas wie diese Periode intellektueller Lähmung ist mir noch nicht vorgestellt gewesen. Und jede Zeile wird mir zur Qual ...

Ich habe übrigens irgend etwas Neurotisches durchgemacht, komische Zustände, die dem Bewußtsein nicht faßbar sind. Dämmergedanken, Schleierzweifel, kaum hie und da ein Lichtstrahl ...

Sonst bin ich blöde und empfehle mich Deiner Gnade. Ich glaube,

ich bin in einer Puppenhülle, weiß Gott, was für ein Vieh da herauskriecht.»
7.7.97: «... irgend etwas aus den tiefsten Tiefen meiner eigenen Neurose hat sich einem Fortschritt im Verständnis der Neurosen entgegengestellt.»
14.8.97: «Der Hauptpatient, der mich beschäftigt, bin ich selbst. Meine kleine, aber durch die Arbeit sehr gehobene Hysterie hat sich ein Stück weiter gelöst. Anderes steckt noch. Davon hängt meine Stimmung in erster Linie ab. Die Analyse ist schwerer als irgendeine andere. Sie ist es auch, die mir die psychische Kraft zur Darstellung und Mitteilung des bisher Gewonnenen lähmt. Doch glaube ich, es muß gemacht werden und es ist ein notwendiges Zwischenstück in meinen Arbeiten.»
Und dann, am 21.9.97 (s.o.): «Das große Geheimnis, ... Der Sturz aller Werte, ... Das hing alles daran, ob die Hysterie aufgeht oder nicht.»

Dazu ist eine Erklärung nachzutragen: Im Sturz *aller* Werte war ja *allein das Psychologische* unberührt geblieben; und *der Traum* stand weiter *ganz sicher da.* Freud unterscheidet hier das *Psychologische,* das ist die Lehre von den bestehenden Zusammenhängen und Abläufen zwischen Bewußtem und Unbewußtem, und das *Ätiologische,* das ist die Lehre von den Ursachen. Das Psychologische ist repräsentiert durch die Lehre vom Traum, das Ätiologische durch *die Hysterie,* das heißt die Lehre von der Entstehung der Hysterie und der Neurosen in der frühen Kindheit: Die Theorie von der Verführung (des Sohnes) durch den Vater, die dann, wie ich hier einfüge, durch die Theorie von der Verführung der Mutter durch den Sohn, der Bedrohung durch den Vater und der Auflehnung gegen den Vater – Ödipus – ersetzt wurde.
Freud arbeitete weiter intensiv an der *Traumdeutung* und seiner Selbstanalyse:

15.10.97: «Meine Selbstanalyse ist in der Tat das Wesentlichste, was ich jetzt habe, und verspricht, von höchstem Wert für mich zu werden, wenn sie bis zu Ende geht.»
3.12.97: «Seitdem ich das Unbewußte studiere, bin ich mir selbst so interessant geworden. Schade, daß man sich für's Intimste immer den Mund verschließt.

‹Das Beste, was Du wissen kannst,
Darfst Du den *Buben* doch nicht sagen.›»
[Mephisto im *Faust*]

Er schrieb zwischendurch eine Arbeit über *Die Sexualität in der Ätiologie der Neurosen* (1898a). Sie gefiel ihm nicht. Er schrieb in der Arbeit zum Thema Ätiologie: «Eine ausführliche Darstellung steht noch aus, und zwar wesentlich darum, weil man bei der Bemühung, den als tatsächlich erkannten Zusammenhang aufzuklären, zu immer neuen Problemen gelangt, für deren Lösung es an Vorarbeiten fehlt» (I 491f).
Dann, als wären die Vorarbeiten längst erledigt: «Die wesentlichen Schwierigkeiten, die sich jetzt noch der psychoanalytischen Heilmethode entgegensetzen, liegen nicht an ihr selbst, sondern in dem Mangel an Verständnis für das Wesen der Psychoneurosen bei Ärzten und Laien» (I 514).
Fließ gegenüber nannte er die Arbeit einen *Gartenlaubenartikel:*

4.1.98: «Du mußt mir versprechen, von der Gartenlaube gar nichts zu erwarten. Es wird wirkliches Geschwätz, gut genug für die Leute, zwischen uns mit keinem Wort zu berühren.»
9.2.98: «Den ‹Gartenlaubenartikel› habe ich heute zu Ende gebracht. Er ist ziemlich frech und wesentlich dazu bestimmt, ein Ärgernis zu geben, was ihm auch gelingen wird. Breuer wird sagen, ich hätte mir sehr geschadet. Einem Gerücht zufolge sollen wir zum Kaiserjubiläum 2. Dezember mit dem Titel von Professoren bekleidet werden. Ich glaube nicht daran, habe einen reizenden Traum darüber gehabt, der leider nicht publizierbar ist, weil sein Hintergrund, sein zweiter Sinn zwischen meiner Amme (meiner Mutter) und meiner Frau hin und hergeht ... Überhaupt. Das Beste, was Du wissen kannst usw.»

Mit Breuer (Dr. Josef Breuer, 1842–1925) hatte Freud eine Weile enger zusammengearbeitet und mit ihm 1895 die *Studien über Hysterie* herausgegeben. Das Verhältnis war inzwischen sehr viel distanzierter geworden.
Im August 98 reiste Freud mit seiner Schwägerin Minna Bernays (1865–1941), einer jüngeren Schwester seiner Frau, ins Engadin. Der Bericht, den er nachher darüber gab, klang am Ende zwiespältig:

20.8.98: «Es war wirklich herrlich, das aus wenigen Elementen in einfachen Linien zusammengesetzte Engadin, eine Art Nachrenaissance von Landschaft, und Majola mit Italien dahinter und einem vielleicht nur von der Erwartung eingetragenen italienischen Charakter. Leprese war für uns ein Zauberidyll auch durch ... den Kontrast, den der Weg

von Tirano hinauf mit sich brachte. Wir mußten diesen, der nicht gerade eben ist, im entsetzlichsten Staubsturm machen und kamen halbtot oben an. Die Luft machte mich heiter und streitsüchtig erregt, wie ich es selten gewesen bin. An der Güte meines Schlafes haben die 1600 m mehr nichts geändert.
Bis zum letzten Tag in Maloja hat uns die Sonne nicht geniert. Dann wurde es aber heiß ..., einige Tage später in Innsbruck gab es für uns beide Zustände von lähmungsartiger Schwäche. Seither ist es auch immer heißer geworden ...»

Auf dieser Reise erhielt Freud in Trafoi (vgl. J I 390) die schon anfangs erwähnte Nachricht vom Selbstmord des Patienten. Er scheint Fließ davon berichtet zu haben. Eine entsprechende Briefstelle findet sich im veröffentlichten Teil der Briefe nicht. – Kurz nach der Reise berichtete Freud über einen neuen Fund:

26.8.98: «Eine Kleinigkeit lang vermutet, habe ich endlich gefaßt. Du kennst den Fall, daß einem ein Name entfällt und sich ein Stück eines anderen dafür einschiebt, auf das man schwören möchte, obwohl es sich jedesmal als falsch erweist. So ging es mir unlängst mit dem Namen des Dichters, von dem Andreas Hofer (‹Zu Mantua in Banden›) ist. Es muß etwas mit – *au* sein, Lindau, Feldau. Natürlich heißt der Mann Julius *Mosen,* das ‹Julius› war mir nicht entfallen. Nun gelang es mir nachzuweisen, 1. daß ich den Namen Mosen wegen gewisser Beziehungen verdrängt habe, 2. daß in dieser Verdrängung infantiles Material mitgewirkt, und 3. daß die vorgeschobenen Ersatznamen aus beiden Materialgruppen wie Symptome entstanden waren. Die Analyse fiel ganz lückenlos aus, leider kann ich sie so wenig wie meinen großen Traum der Öffentlichkeit preisgeben ...»
31.8.98: «Ich reise heute Mittag mit Martha an die Adria, ob Ragusa, Grado oder sonst was, das soll sich unterwegs entscheiden. ‹Sein letztes Hemd soll man verkaufen und ein reicher Mann sein dafür› sagt ein exzentrisch scheinender aber weiser Spruch. Das Geheimnis dieser Ruhelosigkeit ist die Hysterie. In der Untätigkeit ohne fesselnde Neuheit hier hat sich die ganze Angelegenheit [Trafoi?] mir drückend schwer auf die Seele gelegt. Meine Arbeit kommt mir sehr entwertet vor, die Desorientierung komplett, die Zeit, von der wieder ein rundes Jahr ohne greifbaren Fortschritt in den Prinzipien vergangen ist, als inkommensurabel mit den Zeitforderungen des Problems. Dazu ist es die Arbeit, auf deren Gelingen ich meine bürgerliche Existenz gesetzt habe. Die Erfolge sind zwar gut, aber vielleicht nur indirekt, als hätte ich den Hebel in einer Richtung angesetzt, die allerdings eine brauchbare Komponente für die Spaltrichtung des Zeugs abgibt; letztere bliebe

mir aber selbst unbekannt. So will ich mir entfliehen und möglichst Frische und Objektivität sammeln, da ich die Arbeit doch nicht verlassen kann.»

Jones berichtet über die Reise: «Seine Frau war nicht so reisegewohnt wie er und konnte nicht mit ihm Schritt halten. In Ragusa, wo sie sich eine Magenverstimmung zuzog, ließ er sie zurück und unternahm mit einem Unbekannten jenen Ausflug nach Cattaro, den er im Zusammenhang mit der Signorelli-Analyse erwähnt. Dann kehrten sie über Spalato (jetzt Split) nach Triest zurück, und während seine Frau sich zur Erholung nach Meran begab, fuhr Freud nach Brescia und Mailand weiter ... Von Mailand aus machte er Abstecher nach Pavia, Monza und Bergamo, und in der dritten Septemberwoche traf er wieder in Wien ein» (J I 390).

Wieder in Wien, schrieb er unter dem 22.9.98: «Teurer Wilhelm! Es war wohl Zeit, daß ich heimkehre, ich bin aber kaum drei Tage hier und schon hat mich der ganze Mißmut des Wienertums ergriffen. Es ist ein Elend hier zu leben und keine Atmosphäre, in der die Hoffnung, etwas Schweres zu Ende zu bringen, sich erhalten kann.
Ich wollte, Du hieltest weniger von meiner Meisterschaft und ich hätte Dich in der Nähe, um Deine Kritik öfter zu hören ...
Ich bin noch allein, Ende der Woche oder des Monats kommt ‹das Haus›, nach dem ich mich schon sehr sehne. Ein Brief von Gattl, der Anknüpfung sucht, hat mir nahe gelegt, nach Berlin zu kommen wegen eines Patienten, den er behandeln soll. So eine halbe Geschichte, die ich zum Vorwand nehmen könnte, Dich ... wiederzusehen. Es geht aber mit der ärztlichen Würde nicht zusammen, und ich darf Götter und Menschen durch weitere Reisen nicht aufbringen, sondern hier geduldig warten, bis die Schäflein zusammenkommen.»

Gattl war ein Schüler Freuds aus Berlin, mit dem er ein Jahr zuvor (s.a.u.) in Orvieto gewesen war. Mit den Göttern und Menschen, die er durch weitere Reisen nicht aufbringen durfte, dürfte er auch seine nicht so reisegewohnte Frau gemeint haben, die zur Erholung nach Meran gefahren war. In den Brief eingeschoben ist der schon anfangs wiedergegebene Bericht über das Namenvergessen: «Ein zweites Beispiel von Namensvergessen hat sich noch leichter gelöst. Den Namen des großen Malers, der das Weltgericht in Orvieto gemacht hat, ... konnte ich nicht finden ...»

Im Brief vom 27.9.98, in dem Freud mitteilte, daß er *aus dem Signorelli einen kleinen Aufsatz gemacht* habe (s.o.), folgt am Ende des Briefes eine Stelle, die zum veröffentlichten Teil des Briefes keine rechte Beziehung zu haben scheint, zum Signorelli aber nach meiner Einschätzung (s. a. u.) gut passen würde, so daß sie evtl. überhaupt darauf bezogen ist. Da steht: «Du siehst, ich könnte zur Not von mir sagen: ‹Zwar bin ich gescheiter als alle die Laffen› etc., aber auch der traurige Nachsatz bleibt mir nicht aus. ‹Führe meine Leute an der Nase herum und seh', daß wir nichts wissen können.›»
Freud fühlte sich in der Folgezeit zunächst noch deprimiert:

23.10.98: «Der Traum ruht, unveränderlich; es fehlt mir das Motiv, ihn zur Publikation fertig zu machen. ... Sonst bin ich ganz einsam, auch die Vorlesung habe ich heuer aufgegeben, um nichts erzählen zu müssen, was ich erst zu erfahren hoffe. ... Eine Lehre habe ich aber doch bekommen, die mich zum alten Mann macht. Wenn die Feststellung so weniger Punkte, wie sie in der Auflösung der Neurosen gefordert wird, soviel Arbeit, Zeit und Irrtümer mit sich bringt, wie soll ich hoffen dürfen, was einst meine stolze Erwartung war, einen Einblick in das Ganze des psychischen Geschehens zu bekommen?»

Im Frühjahr 1899 ging es ihm besser:

28.5.99: «Der Traum aber wird plötzlich, ohne besondere Motivierung, aber diesmal sicher. Ich hab' mir überlegt, daß es mit all den Verkleidungen nicht geht, daß es auch mit dem Verzichten nicht geht, denn ich bin nicht reich genug, den schönsten, den wahrscheinlich einzig überlebenden Fund, den ich gemacht habe, für mich zu behalten.»

Freud arbeitete dann zügig am Abschluß der *Traumdeutung,* ließ Fließ Korrekturen lesen:

1.8.99: «Es werden massenhaft neue Träume eingefügt, die Du hoffentlich nicht streichen wirst. *Pour faire une omelette il faut casser des œufs.* Übrigens sind es humana und humaniora, nichts von wirklich Intimem, d. h. persönlich Sexuellem ...»
21.9.99: «Aus meiner Jugend weiß ich, daß die wilden Pferde in den Pampas, die einmal mit dem Lasso gefangen worden sind, ihr Leben über etwas Ängstliches behalten. So habe ich die hilflose Armut kennen gelernt und fürchte mich beständig vor ihr ...
Das Hauptstück der Deutungsleistung kommt diesmal. Die absurden

Träume. Es ist erstaunlich, wie oft Du vorkommst. In dem Traum ‹non vixit› freue ich mich, Dich überlebt zu haben; ist es nicht arg, so etwas andeuten, für jeden Wissenden also heraussagen zu müssen.»
9.10.99: «Auch meine Stimmung hält noch immer. Das Ausschreiben im Traumbuch muß mir wohl getan haben ... Deiner Bemerkung über die Beschleunigung der Praxis möchte ich entgegenhalten, daß es auch Bummelzüge gibt ... In der diesjährigen Beförderung (Ende September: Schub von 5 Professoren) ist unsere Gruppe: Königstein, ich etc. wieder übergangen worden ... Der Traum ist bis auf drei Bogen impримiert.»
5.11.99: [Die Traumdeutung] «ist endlich gestern erschienen ...»
12.11.99: «Man trägt mir jetzt komische Irrtümer zu, die sich im Traumbuch finden. Schillers Geburtsort ist Marburg genannt anstatt Marbach, von Hannibals Vater, der dort Hasdrubal anstatt Hamilkar heißt, habe ich Dir schon geschrieben. Es sind das aber nicht Gedächtnisfehler, sondern Verschiebungen, Symptome. Die Kritik wird nichts Besseres zu tun finden, als diese Flüchtigkeiten hervorzuheben, die keine sind.»

Etwa mit Erscheinen der *Traumdeutung* ging eine wichtige Phase in Freuds Erleben zu Ende. Freud wandte sich neuen Problemen zu. So schrieb er am 9.12.99: «Vielleicht ist mir unlängst ein erster Einblick in neue Dinge gelungen. Vor mir steht das Problem der Neurosenwahl ...»

## Die Reiseangst: Sexualität und Tod

Die zusammengestellten Brieftexte sollten einen möglichst unmittelbaren und lebendigen Eindruck aus der Zeit um 1898 vermitteln. Zum Verständnis der Signorelli-Analyse ist noch ein wichtiger Punkt nachzutragen:
Zu den Schwierigkeiten, die Freud damals zu bewältigen hatte, gehörte eine *Reiseangst* (BF 3.10. und 3.12.97) oder *Eisenbahnphobie* (BF 21.12.99). Freud wurde teilweise schon Tage vor Antritt einer Reise von einer eigenartigen Unruhe erfaßt. Sie konnte sich zu Angstanfällen steigern. Freud berichtete von «Ängstlichkeiten ..., die kommen und gehen, aber dazwischen halbe Tage lang Bestand haben» (BF 18.8.97). Die Ängste waren mit (Zwangs-)Befürchtungen, anderen könne etwas zustoßen, verbunden. «Eine derartige Ängstlichkeit bedeutet bekanntlich

das Vorhandensein von bösen Wünschen im Unbewußten» (J I 364). Die Ängste hielten ihn nie vom Reisen ab, im Gegenteil: Er bekam nie genug vom Reisen, war auf den Reisen selbst unermüdlich in Bewegung. Seine Schwägerin Minna schrieb an seine Frau, *sein Ideal sei, jede Nacht an einem anderen Ort zu schlafen* (J I 387).

Er sammelte auf den Reisen Eindrücke und, fast ebenso unermüdlich, Antiquitäten: Büsten und Statuetten von Göttern und Göttinnen oder auch Menschen, die er zuhause scharenweise auf seinem Schreibtisch oder anderweitig in seinen Arbeitsräumen aufstellte (s. Bildband von Engelman). Er hatte die «Gewohnheit, jede antike Neuanschaffung, gewöhnlich eine kleine Statuette, an den Mittagstisch zu bringen, wo sie während des Essens vor seinem Teller aufgestellt blieb. Nachher kam sie wieder auf seinen Schreibtisch und wurde noch ein- oder zweimal zurückgebracht» (J II 461).

Die Reiseangst bestand im wesentlichen etwa zwölf Jahre lang, von 1887–1899. Freud behielt später die Angst, er könne beim Reisen den Zug verpassen (J I 31, 357). Er war «auch sehr unpraktisch in bezug auf die Einzelheiten der Reisetechnik. Fahrpläne gingen über sein Verständnis, und die komplizierteren Touren wurden immer für ihn zusammengestellt ... Mit großer Vorsicht wurde bei der Ankunft auf dem Bahnhof – immer sehr lange vor der Abfahrt – der richtige Zug gesucht, und auch dann noch kam es vor, daß das Gepäck an den falschen Ort geleitet oder verlegt worden war.»

Freud reiste nicht gern allein. Jones berichtet dazu: «Seine Frau hatte immer alle Hände voll zu tun und war selten beweglich genug für weitere Reisen, zumal sie mit Freuds ruhelosem Weiterstürmen und seiner unersättlichen Leidenschaft für Besichtigungen nicht Schritt halten konnte. [Sie war] jedenfalls nicht sehr reisetüchtig, und die wenigen Male, die sie versucht hatte, ihn zu begleiten und mit ihm Schritt zu halten, war sie krank oder müde geworden. Manchmal schien es [Freud] nicht recht, daß er so viel Schönes ohne sie erleben durfte. Jeden Tag schickte er [ihr] eine Karte oder ein Telegramm und alle zwei oder drei Tage schrieb er einen langen Brief; [und] es gab immer ein spezielles Glückwunschtelegramm zu ihrem Hochzeitstag am 14. September. Der ständige Kontakt mit ihr war für ihn sehr wesentlich, und selbst

wenn er nur wenige Wochen fort war, hatte er Sehnsucht nach ihr» (J II 29 f, 461 f).
Mit seiner Schwägerin Minna reiste er gern. Sie war als junges Mädchen mit Freuds später verstorbenem Freund Schönberg verlobt gewesen. Freud schrieb dazu 1883 an seine Braut, Martha: «Unter uns sind zwei herzensgute Personen, das sind Du und Schönberg u zwei wilde, leidenschaftliche, nicht so gute, das sind Minna und ich; zwei die sich fügen u zwei die ihren Willen haben wollen, darum vertragen wir uns übers Kreuz am besten, darum vertragen wir zwei gleiche, Minna und ich, uns nicht besonders, darum haben die zwei gutmütigen keinen Reiz füreinander» (J I 200). Man kann sagen, daß Freud Minna natürlich trotzdem oder gerade deshalb ausgesprochen schätzte. Sie war witzig, anregend, amüsant und hatte eine scharfe Zunge. Sie hatte, meint Jones, mehr Zeit zum Lesen als ihre Schwester und wußte (aber wohl nicht nur deshalb!) mehr über Freuds Arbeiten als sie. Freud bemerkte einmal, Fließ und Minna seien in den einsamen neunziger Jahren die einzigen Menschen auf der Welt gewesen, die mit seinen Ideen sympathisierten. Wie auch immer: Freud verstand sich mit ihr glänzend. Das Reisen mit ihr hat, wie Jones bemerkt, *Anlaß zu der bösartigen und unwahren Behauptung gegeben, sie habe seine Frau aus seinem Herzen verdrängt.* Es habe aber *von keiner Seite eine sexuelle Anziehung* bestanden. *Zu sagen, sie habe in seinem Gefühl irgendwie ihre Schwester ersetzt, sei einfach Unsinn* (J I 186, II 18, 454).
So apodiktisch sehe ich es nicht. Wenn Freud zum Beispiel von der mit ihr im August 98 unternommenen Reise ins Engadin berichtet, daß *die Luft* ihn heiter und streitsüchtig erregt gemacht habe, wie er es lange nicht gewesen sei, und daß es später in Innsbruck, wo es so heiß war, für beide Zustände von lähmungsartiger Schwäche gegeben habe,werde ich doch nicht nur ans Wetter denken! (NB: Natürlich hat auch Jones nicht immer nur ans Wetter gedacht, aber er hat da als Biograph und nicht als Analytiker geschrieben.) Freud war damals 42 Jahre alt, die Schwägerin 33, und beide scheinen für längere Bergwanderungen in körperlich ausreichend guter Verfassung und auch geistig fit gewesen zu sein. Warum also sollte es, zumal da beide sich glänzend verstanden, nicht auch eine *sexuelle* Anziehung gegeben haben?!

Wahrscheinlich gab es eine, und wahrscheinlich lag darin ein Konflikt. Um ihn verstehen zu können, müssen wir noch etwas genauer hinsehen:

Jones erwähnt die Reiseangst in Verbindung mit der Todesangst. Freud selbst habe diesbezüglich allerdings nie einen Zusammenhang gesehen, ihn jedenfalls nirgendwo erwähnt (J I 357). Die Angst vor dem eigenen Tode und die Reiseangst korrespondierten mit der Angst, *anderen* könne etwas zustoßen. Auch hier gilt, wie Schur bemerkt: Freud «hatte noch nicht erkannt, daß [solche] Ängste auch ein Ausdruck der Ambivalenz, der unbewußten Todeswünsche» gegenüber anderen sind (Schur, p. 219). Jones meint vage, daß das Reisen für Freud «noch eine tiefere Bedeutung hatte, vielleicht etwas Verbotenes, das er um so mehr genießen konnte; sobald eine erste Hemmung überwunden war» (J II 463). Das mag vordergründig richtig klingen, gibt aber analytisch einen falschen Sinn: Das, was verboten war, wird ja nicht das Reisen an sich gewesen sein, sondern das, was unbewußt damit verbunden war oder gesucht wurde, und *das* konnte er vermutlich nicht genießen, sonst hätte es keine Symptomatik gegeben.

Freud selbst hat später Eisenbahnängste ganz allgemein auf die Abwehr sexueller Erregung zurückgeführt, die aus dem Lustcharakter von Bewegungsempfindungen resultiert (1905d, p. 113). Für seine eigene *Eisenbahnphobie* hat er notiert: «Meine Phobie also war eine Verarmungsphantasie, oder besser eine Hungerphobie, von meiner infantilen Gefräßigkeit abhängig und durch die Mitgiftlosigkeit meiner Frau (auf die ich stolz bin) hervorgerufen» (BF 21.12.99).

Dazu, daß die Angst (wohl nicht nur speziell eine *Eisenbahn*angst, sondern allgemeiner eine *Reise*angst) im wesentlichen von 1887–1899 bestanden haben soll, fällt auf, daß Freud 1886 geheiratet hat und daß vom Oktober 1887 bis zum Dezember 1895 seine 6 Kinder, 3 Töchter und 3 Söhne, geboren worden sind (Oktober 87, Dezember 89, Februar 91, April 92, April 93, Dezember 95). *Deren* infantile Gefräßigkeit dürfte auf die Verarmungsphantasie und *seine* «infantile Gefräßigkeit» nicht ohne Einfluß gewesen sein. Die Reiseangst wird auch deutlich auf die Frau, die er geheiratet hatte und die nun in ihrem Bauch all die gefräßigen Kinder wachsen ließ, mitbezogen gewesen sein. Die

*Todeswünsche* werden sich gegen sie (und in einer tieferen Schicht auch gegen die Kinder, s.u.) gerichtet haben. Es wird dabei nicht nur um die *infantile Gefräßigkeit,* sondern auch um Sexualität gegangen sein. Er wird Fortlauftendenzen gehabt und unbewußt oder auch bewußter nach (sexuellen) Außenkontakten gesucht haben, d.h. gelegentlich wird er schon etwas davon gewußt haben. Aber er galt als ausgesprochen *keusch und puritanisch* (J I 319, II 17, 507). Er mußte die Wünsche damals wahrscheinlich weitgehend abwehren und sich mit all den Karten, Briefen und Telegrammen auch wohl sicherheitshalber ständig nach Hause zurückbeziehen. Es ist selbstverständlich, daß er dabei nichts Verbotenes sammeln durfte. Er sammelte Eindrükke und schöne antike Statuetten, die er zuhause präsentierte. *Dagegen* wird ja wohl niemand etwas gehabt haben.

Er reiste ungern allein. Das war unter anderem wichtig, weil er Berichten nach (im Zusammenhang mit einer Rechts-Links-Schwäche?) keinen Orientierungssinn hatte, auf langen Wanderungen nie den Weg allein finden konnte und zur Verwunderung seiner Begleiter leicht in eine völlig falsche Richtung ging (J II 461).

Einmal war er doch allein und streifte in einer ihm fremden Stadt umher. Da wäre es ihm beinah schlecht ergangen. Er berichtet: «Als ich einst an einem heißen Sommernachmittag die mir unbekannten, menschenleeren Straßen einer italienischen Kleinstadt durchstreifte, geriet ich in eine Gegend, über deren Charakter ich nicht lange in Zweifel bleiben konnte. Es waren nur geschminkte Frauen an den Fenstern der kleinen Häuser zu sehen, und ich beeilte mich, die enge Straße durch die nächste Einbiegung zu verlassen. Aber nachdem ich eine Weile führerlos herumgewandert war, fand ich mich plötzlich in derselben Straße wieder, in der ich nun Aufsehen zu erregen begann, und meine eilige Entfernung hatte nur die Folge, daß ich auf einem neuen Umwege zum drittenmal dahingeriet. Dann aber erfaßte mich ein Gefühl, das ich nur als unheimlich bezeichnen kann, und ich war froh, als ich unter Verzicht auf weitere Entdeckungsreisen auf die kürzlich von mir verlassene Piazza zurückfand» (1919h).

In der Signorelli-Analyse spielt eine Geschichte eine Rolle, in der ein Patient zu seinem Arzt, bezogen auf die Sexualität, sagt: «Du weißt ja, Herr, wenn *das* nicht mehr geht, dann hat das

Leben keinen Wert!» Roazen (1976) meint in einem Kapitel über Freuds Ehe, Freud habe diese Geschichte in der Signorelli-Arbeit *«unverblümt»* (p. 70; O, p. 52: *with candor:* Offenheit) auf sich bezogen, und zwar in dem Sinne auf sich bezogen, daß er praktisch impotent sei. Da bin ich nicht sicher, weil einerseits nicht anzunehmen ist, daß Freud das damals so hätte sagen wollen, und weil er andrerseits außerhalb der Arbeit, aber praktisch gleichzeitig im Zusammenhang mit seinem Ausflug nach Cattaro, von einer erheblichen sexuellen Versuchung gesprochen hat, bei der er *die Gelegenheit zu schönen Erwerbungen versäumt* habe (s. u.: *Parzentraum).*

Er hatte allerdings schon 1897 an Fließ geschrieben: «Auch die sexuelle Erregung ist für einen wie ich nicht mehr zu brauchen», hatte freilich sofort widersprüchlich hinzugefügt: «Ich bin aber noch immer freudig dabei. An Resultaten [s.o.: die Kinder] ist jetzt gerade wieder Stille eingetreten» (BF 31.10.97).

Es wäre einfach, wenn man es dabei belassen könnte. Aber wenig später, 1901, hat Freud (Roazen verweist darauf) in der *Psychopathologie* von einem jungen Mädchen berichtet. Er hatte es *vor einigen Jahren* (also 1898/99?) mit einer *scheinbar ungeschickten Bewegung* so von hinten umfaßt, daß seine Hände sich einen Moment lang vor ihrem Schoß trafen. (Freud dazu: «daß zufällige Aktionen eigentlich absichtliche sind, wird auf keinem anderen Gebiete eher Glauben finden als auf dem der sexuellen Betätigung.») Das Mädchen hatte ein *längst für erloschen gehaltenes Wohlgefallen bei ihm erregt und ihn heiter, gesprächig und zuvorkommend gestimmt* (IV 194; vgl. oben den Reisebericht: heiter und streitsüchtig erregt, wie er es selten gewesen war). – Damit wäre auch für die Zeit um 1898 anzunehmen, daß das *Wohlgefallen* weitgehend *erloschen* gewesen wäre, was andrerseits nicht gegen eine gelegentliche Erregung spricht. – Man kann bei Freud auch nie ganz sicher darüber sein, welche Aussage was bedeutet oder welchen Sinn sie hat. Der Meister des Witzes war ebenso ein Meister des Versteckens. Wenn er sich *so offen* als *erloschen* preisgab, konnte die gelegentliche Erregung dahinter um so sicherer verborgen bleiben. «Das Beste, was du wissen kannst, ...»!

1911, 13 Jahre nach 1898, gibt es dann eine Bemerkung Freuds (auf die Roazen gleichfalls verweist), die sich wie eine direkte

Parallele oder sogar eine Verstärkung zu der erwähnten Geschichte – «Wenn *das* nicht mehr geht, dann hat das Leben keinen Wert» – liest: Freud war vom 16.–20. Sept. 1911 in Küsnacht bei Jungs zu Besuch (J II 115: «Er hätte gern seine Frau mitgenommen, aber sie war offenbar vor der langen Reise zurückgeschreckt»). Freud hat bei dieser Gelegenheit Emma Jung gegenüber geäußert, seine Ehe sei *längst amortisiert, jetzt gebe es nichts mehr als – Sterben* (BFJ, Emma Jungs Brief an Freud vom 6.11.11, p. 504). Die Äußerung klingt aber eher etwas dramatisch als ganz realistisch, und es lag eventuell eine unbewußte Mischung aus Abwehr und Werbung darin: Emma Jung, geb. 1882, war immerhin 26 Jahre jünger als Freud. Sie war damals 29, er inzwischen 55. Er hatte ihr offenbar einen starken Eindruck gemacht, und sie hatte wohl mit einer *verkappten Huldigung* reagiert (l. c., Emma Jungs Brief vom 14.11.11, p. 512), und er hätte entsprechend abwehren können. (Beide zusammen zu sehen auf dem Gruppenbild vom Weimarer Kongreß 1911, z.B.: J II 112/113.)

## Der Ausflug nach Cattaro: Signorelli

### *Die Ausgangssituation: Minna, Martha und Freyhau*

Zur Ausgangssituation für das Namenvergessen läßt sich aus dem Vorangehenden zusammenfassend ableiten und ergänzen:
Freud entwickelte nach dem Tod seines Vaters die Theorie von der Verführung durch den Vater. Der Vater erschien als der Teufel, das heißt, es war ein negativer, kollektiver Vater-Aspekt aktualisiert. In der Bewußtseinsentwicklung stand das Ich noch unter dem Aspekt des Sohnes, der den Vater überwinden muß, um selbst Vater werden zu können. Unter dem negativen Aspekt erscheint der Sohn als der Sohn des Teufels, als der verführte Verführer, der falsche Prophet. Mit dem Bild von den Taten des Antichrist traf Signorelli exakt das Bild, das in Freud konstelliert war. Freud gab die Theorie von der Verführung durch den Vater sehr wahrscheinlich unter anderem unter dem Eindruck des Bildes von den Taten des Antichrist auf.
Freud schrieb viele Jahre später, am 8.7.1915, in einem Brief an

Putnam: «Die sexuelle Moralität, wie die Gesellschaft ... sie definiert, scheint mir sehr verächtlich. Ich vertrete ein ungleich freieres Sexualleben, wenngleich ich selbst sehr wenig von solcher Freiheit geübt habe. Gerade nur soweit, daß ich mir selbst bei der Begrenzung des auf diesem Gebiet Erlaubten geglaubt habe» (BS, J II 488 f). Als er im August 98 mit seiner Schwägerin Minna reiste, wird er in Versuchung gewesen sein, von solcher Freiheit zu üben, wird ihr aber nicht nachgegeben haben. Nach Untersuchungen von Swales (Vorträge Nov. 81, Mai 82; s. Swales 1982a, 1982b) müßte die Versuchung aber sehr groß gewesen sein: Swales nimmt an, daß es später, 1900, zu einer intimen Beziehung gekommen ist.
Auf der Reise im August 1898 erhielt Freud in Trafoi die Nachricht vom Selbstmord des Patienten. Wenn er dem Patienten Hilfe versprochen hatte, aber nicht hatte helfen können, stand er als *falscher Prophet* da: «Meine Arbeit kommt mir sehr entwertet vor, die Desorientierung komplett» (BF 31.8.98).
Am 31.8.98 reiste Freud mit seiner Frau nach Ragusa (Dubrovnik). Er muß etwa am 19.9. (22.9.: kaum drei Tage hier) wieder in Wien gewesen sein, könnte so gesehen den Ausflug nach Cattaro, bei dem er den Namen Signorelli «verlor», irgendwann zwischen dem 2. und 17.9.98 gemacht haben. Ich versuche das Datum des Ausflugs genauer zu bestimmen, weil am 14.9.98 Freuds 12. Hochzeitstag gewesen wäre und solche Daten für ihn wichtig waren (s.o.). Außerdem ist aber am 10.9.98 die Kaiserin Elisabeth von Österreich (24.12.1837–10.9.1898) in Genf ermordet worden. Das wäre ein Ereignis gewesen, das, wenn es dem Namenvergessen unmittelbar vorangegangen wäre, für das bewußte oder unbewußte Erleben beim Namenvergessen (s. a. u.: *Herze-govina)* von Bedeutung gewesen sein könnte, und zwar nicht nur, weil solche Ereignisse nun einmal die Menschen bewegen und es in der Thematik des Namenvergessens um *«Tod* und Sexualität» ging (s. a. Freuds Lebensthema: Eros und Thanatos!) und weil Todeswünsche gegenüber der eigenen «Herzenskönigin» (früher – s. z.B. BS 7.1.84 – hatte er sie gern mit «Prinzeßchen» angeredet) beteiligt sein konnten, sondern zusätzlich auch, weil Freud über seine Mutter mit dem österreichischen Kaiserhaus, zumindest mit den Daten des Kaiserhauses verbunden war: Die Mutter, Amalie Freud (18.8.1835–12.9.1930), hatte

beim Übergang vom jüdischen auf den gregorianischen Kalender Tag und Monat des Geburtstages des Kaisers Franz Joseph (18.8.1830–2.11.1916) als Tag und Monat *ihres* Geburtstages eingesetzt. (Vgl. J I 18, 230 f; Freuds Vater, nach genauerer Bestimmung am 18.12.1815 geboren, hatte bei derselben Gelegenheit Bismarcks Geburtstag als den seinen gewählt: 1.4.1815.) Man muß dazu wissen, daß Freud damals, wenn auch mit Skepsis, an magische Verknüpfungen über Zahlen und Daten glaubte. Er wollte zum Beispiel von Fließ, der faszinierende Spiele mit solchen Zahlen aufführte, wissen, ob er aufgrund seiner Berechnungen vorhersagen könne, wer zuerst sterben würde, sein Vater oder Bismarck (J I 230; Bismarck, gest. 30.7.98, hat Freuds Vater um zwei Jahre überlebt). Bismarck hat übrigens – l.c. – *etwas seltsam Faszinierendes* für Freud gehabt. Sein Tod kann unbewußt – s.a.u.: Sigfreud, Kronos – einen hohen Stellenwert gehabt und die innere Konstellation im Herbst 98 beeinflußt haben. Jones (J I 18) hat eigenartigerweise, d. h. mit irgendeinem Hintersinn, einen unveröffentlichten Brief an Fließ vom 1.8.98, der also unmittelbar nach dem Tod Bismarcks geschrieben sein muß, als Quelle für das Todesdatum von Freuds Vater angegeben. Stand Bismarck unbewußt als «erhöhter Vater»?
Wenn Freud am 19.9. abends wieder in Wien war und vorher nach der Abreise aus Ragusa (s.o. bei Jones) in Spalato (Split) Station gemacht hatte (1 Tag), dann mit seiner Frau bis Triest gefahren war (1 Tag), danach in Brescia (1 Tag) und Mailand war und von dort aus (Tages-)Ausflüge nach Pavia und nach Monza und Bergamo gemacht hat (4 Tage?), muß er eigentlich spätestens am 11. oder 12.9. aus Ragusa abgefahren sein. Die Wahrscheinlichkeit, daß die Ermordung der Kaiserin als Hintergrund für das Namenvergessen bedeutsam war, ist danach sehr gering. Der Hochzeitstag müßte wenige Tage nach dem Namenvergessen gelegen haben. Eventuell haben Freud und seine Frau sich am Hochzeitstag in Triest getrennt, vielleicht auch am Tag nach dem Hochzeitstag, aber dann wäre wenig Zeit für Italien geblieben.
Während Freud seinen Ausflug nach Cattaro machte, saß seine Frau mit der *Magenverstimmung* (s. o. bei Jones) in Ragusa (und nachher fuhr sie zur Erholung nach Meran). Die Magenverstimmung wird nicht von ungefähr gekommen sein; Wenn Freud eine

Reiseangst mit Fortlauftendenzen hatte und sich die Symptomatik mit auf seine Frau bezog, mag er zwar vom Bewußten her sehr erfreut gewesen sein, wenn sie einmal mitreisen konnte, unbewußt wäre es aber sozusagen «gegen die Abmachung» gewesen, wenn sie mitfuhr. Ihr freundliches Mitreisen hätte das Fortlaufen mit der Suche nach Verbotenem vereitelt und damit wahrscheinlich sowohl «böse Wünsche» als auch Fluchttendenzen verstärkt. Falls Martha Freud nicht ganz unsensibel gewesen ist, kann sie etwas davon gespürt, irgendeine Irritation bemerkt und *darauf* mit der «Magenverstimmung» geantwortet haben. Für diese Möglichkeit spricht, daß Martha Freud nach der Bemerkung von Jones die wenigen Male, die sie versucht hatte, Freud zu begleiten, also offenbar *jedesmal,* «krank» oder «müde» geworden war, also eine Symptomatik bekommen hatte. Da Freud unter anderem jeweils im September reiste und am 14. der Hochzeitstag war und er jedesmal ein spezielles Glückwunschtelegramm schickte, also «immer» (meistens jedenfalls) nicht zu Hause war, kann man auch denken: Die Wiederholung der Hochzeitsreise scheint auf Schwierigkeiten gestoßen zu sein. Ich füge dazu als kennzeichnend ein: Freuds machten ihre Hochzeitsreise von Hamburg aus vom 14.9. bis zum 1.10.1886. Am ersten Tag schrieb das Paar aus Lübeck einen Brief an Martha Freuds Mutter, den Freud abschloß: «Gegeben in unserer derzeitigen Residenz zu Lübeck am ersten Tag des hoffentlich dreißigjährigen Krieges zwischen Sigm. und Martha.» Jones bemerkt dazu: «Zum Krieg kam es zwar nie, aber aus den dreißig Jahren wurden deren dreiundfünfzig. [Freuds] scherzhafte Prophezeiung, sie würden sich einmal in der Woche zanken, war vergessen. Die einzige ‹ernste› Meinungsverschiedenheit, die aus all den folgenden Jahren bekannt ist, bezog sich auf die schwerwiegende Frage, ob Herrenpilze mit oder ohne ihre Stiele gekocht werden sollten» (J I 183). Analytisch ist noch einmal zu betonen: Jones beschreibt das Bewußte! Bei so viel Harmonisierungstendenzen kann solch ein Paradies unbewußt die Hölle gewesen sein.
Zur Reise im September 98 ist schließlich bemerkenswert, daß anscheinend auch schon 1897, als Freud nach Orvieto gefahren war, etwas dazwischen gekommen war. Er hatte Martha offenbar auch 1897 zunächst mitnehmen wollen (BF 18.8.97: «Martha freut sich sehr auf die Reise»), muß dann aber ohne sie gefahren

sein oder sie auch damals unterwegs zurückgelassen haben. In Orvieto jedenfalls war er (etwa am 10.9.97; er kann den Signorelli-Ausflug auf den Tag ein Jahr nach dem Orvieto-Besuch gemacht haben!) nicht mit *ihr,* sondern mit seinem Bruder Alexander und dem oben (22.9.98) erwähnten Dr. Gattl aus Berlin (vgl. J I 380/389, s. a. Krüll p. 71 f).
Freud machte seinen Ausflug nach Cattaro wieder mit einem Berliner: dem Assessor namens Freyhau (BF 22.9.98). Mir ist nicht bekannt, welchen Beruf der Assessor hatte. Der Titel klingt nach einem Juristen; und wenn der Herr Freyhau sich als Assessor vorgestellt hat, mag es auch bei Freud danach geklungen haben. Dazu fällt am Namen etwas auf: Frei-hau, das ist einer, der frei haut. Der Name klingt aggressiv. Mehr noch: Der *Freimann* war, wie Freud wußte (1912–13, p. 53), im Mittelalter der Henker. Ein etwas beunruhigender Begleiter!
Da Freyhau aus Berlin kam, wird er an Fließ erinnert haben. Er wird damit eine mit Fließ verbundene homosexuelle (sog. latent homosexuelle) Problematik angerührt haben. Ich setze diese Problematik hier, ohne auf Einzelheiten einzugehen, als gegeben voraus, da die Beziehung zu Fließ mitsamt ihrer Problematik anderweitig mehrfach ausführlich beschrieben worden ist (z.B. bei Jones, Krüll, Roazen 1976 und Schur). Ich erkläre aber für unseren Zusammenhang, daß man eine homosexuelle Problematik unter anderem als eine Abwehr, eine regressive Bewegung, eine Flucht verstehen kann, nämlich (beim Mann) als eine Abwendung von einem gefährlich erscheinenden Weiblichen und eine Hinwendung zu einem vertrauter erscheinenden Männlichen, wie es auch ganz aktuell in die damalige Situation hereinpassen würde. Das «Vertrautere» bringt aber neue Probleme (die alten bestehen ohnehin unbewußt weiter): Mit einer *«analen»* Tönung kommt es leicht zu einer Verstärkung sadomasochistischer Komponenten mit einer Sensibilisierung für Themen wie Schuld und Gericht, die in der Thematik der Signorelli-Analyse eine besondere Rolle spielen. (Allgemein haben auch Themen wie Inquisition und Folterung – s.o.: der Hexenrichter – eine enge Beziehung zu diesem Bereich.)
Wie stark Fließ damals einbezogen war, geht aus den Briefen hervor, aber auch daraus, daß Freud die Arbeit *Zum psychischen Mechanismus* relativ offen Fließ gewidmet hat: Er bringt am

Ende der Arbeit noch einen kurzen Bericht über einen anderen Fall, in dem er infolge eines Vergessens einen Besuch, an dem ihm wohl wenig lag, nicht machen konnte. «... Ich ... war auffällig rasch getröstet und widmete mich ganz meinem Freunde» (I 527), also – damals praktisch eindeutig – Fließ.
Für die Situation, in der sich Freud mit dem Assessor Freyhau auf den Weg machte, können wir nach dem bisher Zusammengetragenen als analytisch anzunehmenden Hintergrund einsetzen: Über die Mitreise seiner Frau war für Freud der Komplex *Reiseangst* mit «bösen Wünschen», Fortlauftendenzen und Schuldgefühlen in besonderer Weise aktualisiert. Neben dem heterosexuellen Konflikt war über Freyhau ein homosexueller verdeckt konstelliert. Aus den Andeutungen, die Freud in seinem Brief an Fließ zur Thematik des Namenvergessens gemacht hat, ist zu schließen, daß auf dem Ausflug Erinnerungen an vorangehende Reisen aufgetaucht sind. Freud erwähnt *Trafoi,* also die unmittelbar vorhergehende Reise mit der Schwägerin Minna im August 98, und *Orvieto,* also die gerade ein Jahr zurückliegende Italienreise. Damit tauchen einerseits Gedanken an «Tod und Sexualität» im Sinne einer sexuellen Problematik auf (Minna, Martha, Selbstmord eines Patienten wegen einer unheilbaren sexuellen Störung, Verführung durch den Vater), andrerseits und damit verbunden die *Prophetenthematik* (die Taten des Antichrist, Sturz aller Werte, nicht Heilung, sondern Selbstmord des Patienten, Desorientierung komplett). Im Grunde war Freuds Gesamtproblematik konstelliert. Es kann unbewußt eine äußerst bedrohliche Situation gewesen sein: Er fuhr mit dem «Freimann» über Trafoi zum «Weltgericht in Orvieto».

### *Das Weltgericht in Orvieto / Vergessen und überdeutliche Erinnerung, Ersatznamen*

Ich beschreibe und interpretiere nun den weiteren Verlauf. Dabei verwende ich Aussagen aus der Arbeit *Zum psychischen Mechanismus.* Ich betone dazu, daß ich mich zunächst auf den *latenten* Inhalt beziehe, das heißt auf das, was Freud in seiner Darstellung wie eine *Puppe in der Puppe* versteckt hat. Wie er das Versteck eingerichtet und kenntlich gemacht hat, erkläre ich zumeist erst später.

Im Gespräch mit dem Freyhau fiel Freud zunächst eine Geschichte über die Türken in Bosnien ein: «Sie behandeln den Arzt mit besonderer Achtung und zeigen sich, recht im Gegensatz zu unserer Bevölkerung, ergeben angesichts der Fügung [O: Fügungen] des Schicksals. Wenn der Arzt dem Familienvater mitteilen muß, daß einer seiner Angehörigen dem Tode verfallen ist, so lautet dessen Erwiderung ‹Herr, was ist da zu sagen? Ich weiß, wenn er zu retten wäre, würdest du ihm helfen.›»
Bezogen auf den Hintergrund (Selbstmord des Patienten) ist das ein typischer Abwehreinfall. Den Arzt trifft keine Schuld. Er hat sein Bestes getan. Es lag nicht in seiner Hand, dem Patienten zu helfen. Wenn der starb, war das eine Fügung des Schicksals. Anstelle des unerbittlichen Weltgerichts erscheint ein sehr freundliches, irdisches, lokales Gericht mit einem ehrerbietigen Familienvater als Richter. Der Arzt ist gar nicht erst Angeklagter, sondern «Herr». «Unsere Bevölkerung» – das sind eventuell Angehörige des Patienten, vor allem aber Freuds eigene Gedanken mit Selbstanklagen – sollte sich ein Beispiel an diesen Türken nehmen! – Freud erzählte dem Freyhau die Geschichte.
Nun fiel ihm eine andere Geschichte ein: Ein Kollege, von dem er auch die erste Geschichte gehört hatte, hatte ihm erzählt, «welche alles überragende Wichtigkeit den Sexualgenüssen in der Schätzung dieser Bosnier zugeteilt ist. Einer seiner Patienten sagte ihm einmal: ‹Du weißt ja, Herr, wenn das nicht mehr geht, dann hat das Leben keinen Wert.›»
Das war sehr deutlich. Genau das, was der Patient aus Bosnien gesagt hatte, *ohne* dabei gleich *an Selbstmord zu denken,* hätte in der ganzen anderen Situation Freuds Patient *zur Begründung seines Selbstmordes* sagen können, und es betraf auch wohl direkt Freuds eigene sexuelle Problematik. Der Einfall, der scheinbar nur zu den Arzt-Geschichten aus Bosnien gehörte, brachte in Wirklichkeit ziemlich unverhüllt einen wichtigen Teil des eigenen unbewußten Hintergrundes. *Die* Geschichte erzählte Freud dem Freyhau nicht. Er behielt sie für sich. Er unterdrückte sie.
Dazu ist eine Besonderheit zu erklären. Freud war bewußt, *daß* er die Geschichte für sich behielt. Aber ihm konnte nicht bewußt sein, *warum* er sie für sich behielt: Der Hintergrund mit Trafoi und dem Selbstmord des Patienten und allem, was sonst damit

zusammenhing, ist ihm, wie er später betont hat (IV 8), auf dem Ausflug nicht bewußt geworden. Es wäre ihm wahrscheinlich bewußt geworden, wenn er die Geschichte erzählt und sich mit dem Inhalt beschäftigt hätte. Er behielt sie «instinktiv» für sich, das heißt, es war eine unbewußt begründete Abwehr gegenüber aufsteigendem Verdrängtem. Freud wird nur eine vage Irritation gespürt und «so ein Gefühl» gehabt haben, es sei besser, die Geschichte nicht zu erzählen. Ihm wird auch eine gute Begründung dafür eingefallen sein, eine Scheinerklärung oder Rationalisierung, die mit einer Projektion verbunden war: Nicht ihm, sondern dem Assessor könnte die Geschichte peinlich sein, weil es da so ungeschminkt offen um Sexuelles ging.

Freud kannte solche Abwehrvorgänge damals schon gut. Er hätte hinsichtlich der Scheinerklärung von einer *falschen Verknüpfung* (I 66 f, 299, 456) gesprochen und dazu erläutert: «Es scheint ein Bedürfnis vorzuliegen, psychische Phänomene, deren man sich bewußt wird, in kausale Verknüpfung mit anderem Bewußten zu bringen. Wo sich die wirkliche Verursachung der Wahrnehmung des Bewußtseins entzieht, versucht man unbedenklich eine andere Verknüpfung, an die man selbst glaubt, obwohl sie falsch ist. Es ist klar, daß eine vorhandene Spaltung des Bewußtseinsinhaltes solchen ‹falschen Verknüpfungen› den größten Vorschub leisten muß» (I 121).

Vom Bewußten her wechselte Freud nun das Thema. Unbewußt blieb er aber bei der Sache, geriet offenbar sogar verstärkt unter Druck und ging direkt auf den Kern zu: ihm fielen die Bilder Signorellis in Orvieto ein. Aber er dachte nicht an den *Antichrist* oder an die *Verführung durch den Vater* und den *Sturz aller Werte* oder daran, daß er nach dem Selbstmord des Patienten nun *wieder* als *falscher Prophet* dastand, schon gar nicht daran, daß es um ein großes *Gericht* über den falschen Propheten gehen könne: «Darum siehe, ich will an die Propheten, spricht der Herr, die ihr eigen Wort führen, ich will an die, so falsche Träume weissagen und predigen dieselben und verführen mein Volk mit ihren Lügen!» – An so etwas dachte er (bewußt) nicht im geringsten. Er spürte zwar eine gewisse Dringlichkeit und hatte wohl den Eindruck, die Bilder verdienten es, viel häufiger angesehen zu werden, aber er dachte dabei nicht an sich – er kannte die Bilder ja –, sondern an den Herrn Freyhau: er spürte «Anlaß, *[dem]* dringend zu empfehlen, einmal nach Orvieto zu gehen, um sich dort die Fresken vom Weltuntergang und letzten Gericht anzusehen, mit denen ein großer Maler eine Kapelle im Dom ausgeschmückt».

Als er weiter darüber reden wollte, war er sehr irritiert: Er konnte den Namen des Malers nicht finden. So sehr er sich auch mühte, er kam nicht darauf: Er hatte ihn verdrängt. Er hatte ihn stellvertretend verdrängt: den Namen des *Malers* des letzten Gerichts, *Signor*-elli, für den Namen des *Richters* im letzten Gericht: *der Herr:* «Der Herr; das ist mein Name ewiglich» (2 Mose 3,15; Jes. 42,8). «Signor bedeutet Herr!»

Er hatte den Namen des Malers nicht nur *für* den Namen des Richters, sondern auch *als* den Namen des Richters verdrängt; anders und weiter: Er hatte mit dem Namen des Malers den Namen des Richters und damit auch den Richter und das Gericht und den Gesamtkomplex verdrängt: Ohne Richter kein Gericht!

Es war übrigens ein *Kompromiß*. Er hatte zwar den Namen des Herrn verdrängt, sich aber gerade damit als ein Frommer erwiesen: «Du sollst den Namen des Herrn, deines Gottes, nicht mißbrauchen» (2 Mose 20,7).

Daß er die Namen unbewußt gleichgesetzt hatte, war nicht ungewöhnlich. «Dasselbe ... tun unsere Kinder, die sich ... niemals mit der Annahme einer bedeutungslosen Wortähnlichkeit begnügen, sondern konsequent schließen, wenn zwei Dinge mit gleichklingenden Namen genannt werden, so müßte damit eine tiefgehende Übereinstimmung zwischen beiden bezeichnet sein» (F 1912–13, p. 71 f).

Es war unbewußt auch sinnvoll, den Namen mit dem Träger des Namens gleichzusetzen, das heißt, *dem Worte volle Dingbedeutung* zuzuschreiben, wie es in jedem *Namentabu* (l.c.) geschieht, und weiter davon auszugehen, daß, wenn man den Namen nicht nennt, auch der Träger des Namens nicht erscheint, so, wie er umgekehrt erscheint, wenn man das Tabu bricht und den Namen nennt. «Seinen Namen auszusprechen, dünkt ihnen wie eine Beschwörung, der seine Gegenwart auf dem Fuße folgen wird» (l.c., p. 73). Im Volksmund: «Wenn man den Wolf nennt, kommt er gerennt.»

Der Name war verdeckt schon vorher aufgetaucht und genannt worden: in den beiden Geschichten aus Bosnien, in denen der

Arzt betont mit *Herr* angeredet wurde. Darin lag bezogen auf *den Herrn* eventuell schon eine Abwehr, auch eine Erhöhung oder eine trotzige Behauptung: Nicht der Herr, sondern der Arzt ist *der Herr.* Aber es hatte da keinen Bestand. Das Gericht folgte auf dem Fuße.

Das Vergessen des Namens, der Ausfall der Erinnerung, die *A-mnesie,* war mit einem weiteren Symptom verknüpft, einer *überdeutlichen Erinnerung,* einer *Hyper-mnesie:* Als Freud nach dem verlorenen Namen suchte, stellte er sich möglichst viele Einzelheiten aus Orvieto vor, um so einen Zugang zu dem Vergessenen zu finden. Da standen ihm plötzlich Signorellis Bilder *überdeutlich, sinnlich lebhafter* als sonst bei einer Erinnerung, vor Augen. Besonders scharf sah er dabei das *Selbstbild Signorellis* an der linken unteren Bildseite des Gemäldes *von den Taten des Antichrist* vor sich. Es war offenbar so, als sehe ihn der *Signor*-elli (Abb. 6, p. 114) mit ernstem Gesicht eindringlich an. Die so auf das Gesicht des Malers bezogene Hypermnesie bestand noch tagelang und war mit einer *mehrmals am Tage wiederkehrenden inneren Qual* verbunden, blieb auch bestehen, als Freud der verlorene Name schließlich von einem Dritten genannt wurde, *verblaßte* erst danach *bald.*

Freud hatte solche *pathogenen Erinnerungen,* die *mit erstaunlicher sinnlicher Stärke* als *Gesichtshalluzinationen* mit *plastischer Lebhaftigkeit* auftreten und *hartnäckig, mit obsedierender Hartnäckigkeit, nicht verlöschen wollen, sondern stets wiederkehren* und für den Patienten *sehr quälend* sein können, ihm *einen Schrecken einjagen,* damals recht häufig von Patienten geschildert bekommen und als Symptom beschrieben (I 63, 82, 88 f, 105, 177, 192, 301 f, 394 f, 402). «Ja, so ein grausliches Gesicht seh ich immer dabei, das mich so schrecklich anschaut, vor dem fürcht' ich mich dann», hatte ihm zum Beispiel eine Patientin erklärt (I 186). Er wußte auch: Solange die Bilder *hartnäckig vor dem inneren Auge des Kranken stehen,* ist das ein Zeichen dafür, daß *noch etwas Wichtiges über das Thema des Bildes zu sagen ist,* daß noch *gerade das Wesentliche daran, die Beziehung auf die Person* des Patienten *oder auf das Thema* des Bildes und des Verdrängten fehlt (I 283f). Also wird er, solange das Bild vor ihm stand, gewußt haben, daß noch etwas zur Erklärung der Symptomatik fehlte, und weiter versucht haben, den Hintergrund besser zu

verstehen. – Es wird eine für ihn recht schwierige, belastende Analyse gewesen sein. Er hat später, als er die Puppe in der Puppe versteckte, in dem oben erwähnten kurzen Bericht über den anderen Fall eine Erklärung für die Hypermnesie versteckt: Es ging in dem anderen Fall um eine vergessene Anschrift. Er sollte jemanden in einer Pension besuchen, hatte aber den Namen der Pension und auch den der Straße, in der sie lag, vergessen. Nur die Hausnummer der Pension, die für sich allein wertlos war, hatte er behalten, aber die dafür *überdeutlich, wie zum Hohn* (I 527). Das Selbstbild Signorellis, an dem die Hypermnesie haftete, kennzeichnet in der Reihe der Fresken das Bild *von den Taten des Antichrist,* wie eine Hausnummer ein bestimmtes Haus in einer Straße kennzeichnet. Es war im Prinzip zu einer *Verschiebung von (unbewußt) «Beanstandetem» auf benachbartes «Harmloses»* gekommen, das sich dann seinerseits *mit pathologischer Stärke aufgedrängt* (vgl. I 399, 402) hatte.
Hier wird deutlich: das eigentlich «Beanstandete», dem die *dringende Empfehlung* galt, (noch) *einmal nach Orvieto zu gehen, um sich dort die Fresken Signorellis anzusehen,* war das Antichristbild. Die innere Auseinandersetzung war mit der Verdrängung des Namens nicht abgeschlossen gewesen, sondern danach erst auf das Wichtigste, den eigentlichen Anklagepunkt, gekommen. So, wie es vorher zu einer Verschiebung vom Namen des Richters auf den des Malers gekommen war, war es nun zu einer Verschiebung vom Antichristbild auf die «Hausnummer» des Antichristbildes (das Selbstbildnis Signorellis) gekommen, die aber nicht mehr verdrängt werden konnte, sondern überdeutlich hervortrat, sich weiter «aufdrängte». Sie war in besonderer Weise geeignet, den Gesamtkomplex verdeckt zu repräsentieren, da sie über den Namen des Malers mit dem Namen des Richters, zugleich aber über ihren Standort mit dem besonders beanstandeten Bild verknüpft war. Darüber hinaus korrespondiert aber die Zweiergruppe Signorelli/Fra Angelico mit der Zweiergruppe falscher Prophet/Teufel, der ihm einflüstert. Es war auch diesbezüglich zu einer Verschiebung von besonders Beanstandetem (Verführung durch den Vater-Teufel!) auf Harmloses gekommen, hier mit einem freundlichen Detail: der böse Teufel war durch den guten Fra Angelico, kürzer: der Teufel durch den Engel ersetzt.

Als Freud nach dem verlorenen Namen suchte, waren ihm stattdessen zwei sogenannte *Ersatznamen* eingefallen: Botticelli und Boltraffio. Wir wissen schon aus dem Brief an Fließ: Die Silbe *-traffio* in Bol-traffio ist wohl ein Anklang an Trafoi, das heißt an einen Namen, der Verdrängtes repräsentiert, aber selbst an sich «harmlos» ist. Dem Brief ist außerdem zu entnehmen, das doppelte B in den beiden Ersatznamen beziehe sich auf Bosnien. In Abwandlung einer Formulierung aus der Arbeit *Zum psychischen Mechanismus* (s.u.) ist dazu jedoch zu sagen: «Die Wiederkehr der Lautverbindung Bo in den beiden ersetzenden Namen hätte einen Unkundigen vielleicht zur Vermutung bringen können, daß dieselbe» durch einen Anklang an den Namen Bosnien bestimmt war, aber wir sollten uns *wohl hüten, dieser Erwartung Raum zu geben.* Wir sollten es aus mehreren Gründen tun:

a) Als erstes war Freud (s.u.) der Name Botticelli eingefallen, der ihm, wie vermutlich vielen anderen, *sehr vertraut* war. Um ihn hervorzurufen, bedurfte es nicht irgendeines Anklanges an irgendwelche anderen Namen. Er wäre Freud wahrscheinlich ebenso leicht eingefallen, wenn er aufgefordert worden wäre, schnell einen italienischen Malernamen mit der Endung -elli zu nennen.

b) Daß dabei Verbindungen auf -ell- im Italienischen so häufig sind wie der Sand am Meer, dürfte bekannt sein. Man kann also nicht wissen, ob die Endung in Bottic-elli (wie Freud nachher in der Arbeit erklärt hat) ein Anklang an dieselbe Endung in Signor-elli war. Da Freud sich bei der Namensuche Einzelheiten aus Orvieto, genauer: *alle Details des in Orvieto verbrachten Tages* vorgestellt hat, könnten es ebensowohl Anklänge an das *Hotel Belle Arti* (da hatte Freud nach IV 41 gewohnt), als auch an die *Capella della Madonna* (dort finden sich die Fresken Signorellis), als auch an den Bildtitel *Gli eletti* (Die Auserwählten) oder an irgendein anderes Detail mit -ell- gewesen sein.

c) Wenn Freud aus dem *Bo*-tticelli schon den Anlaut Bo- «im Ohr hatte» und ihm aus dem Hintergrund das *Trafoi* dazugekommen war, hätte schon dadurch der Name *Bol-traffio,* der ihm sonst *kaum geläufig* war (s.u.), «geweckt» werden können. Wenn Freud aber darauf bestünde, daß man das *Bo* noch genauer erklären müsse, dürfte man auf sein Interesse am Blutwunder des heiligen Januarius in Neapel (IV 15) verweisen und ihn daran erinnern, daß der Dom von Orvieto zu Ehren des Blutwunders von *Bol*-sena erbaut worden ist. Wenn er sich an *alle Details* erinnerte, wird er wohl unter anderem *daran* gedacht haben. – Jones hat wahrscheinlich denselben Zusammenhang vermutet. Es gibt nämlich eine Fehlleistung von ihm, die darauf verweist. In seiner Beschreibung von Freuds Reisen läßt er Freud im Herbst 97 nach Orvieto kommen, aber die Bilder Signorellis nicht dort, sondern am folgenden Tag *in Bolsena* bewundern (J I 389, O 334). Wenn sie dort zu finden wären, wäre der Anklang für jedermann noch deutlicher: Bilder aus *Bol*-sena, Nachricht von *Trafoi: Bol-traffio.* – Jones' Verwechslung wird kein Zufall sein. Er war im allgemeinen gut informiert, bemerkt übrigens eine Seite später, wie nahe er Freud schon in jenen Jahren war: Im Herbst 98 reiste er wie Freud im Engadin, war in derselben Woche wie Freud dort «und fuhr vielleicht (sogar) in der gleichen Postkutsche» (Anm. J I 390).

### *Die Träume: Die Mutter, Fleischl und der Einkauf in Cattaro*

Jones spricht (s.o.) von *jenem Ausflug nach Cattaro, den Freud in der Signorelli-Analyse erwähnt,* beschreibt dazu, daß Freuds über Spalato nach Triest zurückfuhren. Freud erwähnt nun Cattaro und Spalato im Kontext zum sogenannten *Parzentraum* (T 210–214, O 140–143) und erklärt dazu, daß er den Traum gleich im Anschluß an eine Reise hatte, auf der er offenbar in Cattaro und dann zusammen mit seiner Frau in Spalato war. Da aus Jones' Beschreibungen außerdem hervorgeht, daß Freud in jener Zeit nur einmal (allein) in Cattaro und (zusammen mit seiner Frau) in Spalato war, dürfen wir mit einiger Sicherheit schließen, daß Freud den Parzentraum gleich nach der Rückkehr von der Reise nach Dalmatien, also etwa am 20.9.98, hatte, daß also der Traum mit seinem Kontext in gewissem Sinne als Kontext zur Signorelli-Analyse gelesen werden kann (vgl. auch Grinstein 167 ff). Das ist aus mehreren Gründen interessant:

a) Freud fällt zum *Thema vom Tod* ein, wie seine *Mutter* ihm demonstrierte, *daß wir aus Erde gemacht sind und darum zur Erde zurückkehren müssen.* Das Thema vom Tod ist hier also noch einmal (vgl. Reiseangst) deutlich auf die Frau, hier auf die mit dahinterstehende Mutter bezogen. Dabei ist der Richter, der

Herr, der Signor, durch die Mutter und die mit ihr verbundene Natur ersetzt: Die Mutter zeigt, wie die Erde (Epidermisschuppen) zerrieben wird, zerreibt die Erde, und sie erklärt dazu: «Du bist der Natur einen Tod schuldig.» Die Natur aber ist, mythologisch gelesen, die Mutter. *Sie* ist die Herrin über Leben und Tod. Es gibt dann gleich zwei Einfälle aus der damaligen Zeit, die sich gegen die Herrin richten und zeigen, wie sehr ambivalent das Thema besetzt war.

(1) Im Sommer 98 hatte Freud einen Entwurf für eine analytische Interpretation der Novelle *Die Richterin* (s.a.o.) von C. F. Meyer geschrieben: «Alle Neurotiker bilden den sogenannten Familienroman (der in der Paranoia bewußt wird), der einerseits dem Größenbedürfnis dient, andererseits der Abwehr des Inzestes ... In allen Analysen bekommt man darum dieselbe Geschichte zweimal zu hören, einmal als Phantasie auf die Mutter, das zweite als wirkliche Erinnerung von der Magd. So erklärt sich, daß in der Richterin, die ja die Mutter ist, dieselbe Geschichte unverändert zweimal erscheint, was als Komposition kaum eine gute Leistung wäre. Herrin und Dienerin liegen am Ende entseelt nebeneinander ... Außerdem dient dieses Stück des Romans zur Rache gegen die gestrenge Frau Mama, die einen etwa beim Verkehr überrascht und ausgezankt hat. Im Roman wie in der Novelle wird die Mutter überrascht und gerichtet, bloßgestellt ... Der Vater winkt als Kaiser Karl in seiner dem Kindertreiben fernen Größe und in anderer Inkarnation als der, dem die Mutter das Leben vergiftet hat und den der Familienroman regelmäßig beseitigt, weil er dem Sohn im Weg steht. (Wunschtraum vom Tod des Vaters.) Zwistigkeiten zwischen den Eltern sind das fruchtbarste Material für die Kinderromane. Die Erbitterung gegen die Mutter macht sie in der Novelle zur Stiefmutter. Also in jedem einzelnen Zug identisch mit einem der Rache- und Entlastungsromane, den meine Hysteriker gegen ihre Mutter dichten, wenn sie Knaben sind» (BF 20.6.98).

(2) In der Traumdeutung erwähnt Freud eine Romanfigur von Rider Haggard: *She.* «In der ‹She› endet das Abenteuer damit, daß die Führerin, anstatt sich und den anderen die Unsterblichkeit zu holen, im geheimnisvollen Zentralfeuer den Tod findet» (T 457).

b) Freud hatte nicht nur *mit* dem eben erwähnten Zitat von der

Natur den Herrn durch die Mutter ersetzt, sondern er hatte auch *in* dem Zitat noch einmal den Namen des Herrn verdrängt. Das Zitat heißt richtig (Shakespeare, Heinrich IV, vgl. J I 35, Grinstein 161): «Du bist Gott einen Tod schuldig», und nicht: «Du bist der Natur einen Tod schuldig.» – Am Rande: Bei der Abreise nach Dalmatien hat Freud damals in einem Brief an Fließ (BF 31.8.98) den Zaren erwähnt, *der übergut ist und kein Blut sehen kann, wie der Koko im «Mikado», der dabei Oberscharfrichter ist.* Auch da war das Thema vom Gericht schon konstelliert, dabei in dieser Variante (s.a.o. den fernen Kaiser Karl) in der Abwehr verharmlost.

c) Freud spielt im Kontext zum Parzentraum mit verschiedenen Namen und bemerkt dazu: «Daß solche Namenspielerei Kinderunart ist, darf man ohne Widerspruch behaupten; wenn ich mich in ihr ergehe, ist es aber ein Akt der Vergeltung, denn mein eigener Name ist unzählige Male solchen schwachsinnigen Witzeleien zum Opfer gefallen» (T 213). Da die *manifeste* Deutung des Signorelli-Beispiels, das Verwirrspiel, unter anderem eine Namenspielerei *ist* (s.u.), darf diese Bemerkung auch auf die Arbeit *Zum psychischen Mechanismus* bezogen werden.

d) Im Parzentraum geht eine Namenspielerei um den Namen *Fleischl* (Fleischl wie Knödl, p. 212), und Freud erwähnt gleich darauf das *Kokain.* Hier klingt (vgl. Grinstein 166) die tragische Episode um Fleischl (Ernst von Fleischl-Marxow, 1846–1891) an, dem er zu einer Morphium-Entziehung das Kokain empfohlen hatte und der in eine schwere Kokain-Sucht geraten und nach sechs qualvollen Jahren gestorben war (vgl. o. p. 36). Die Beziehung zu Fleischl war spürbar homosexuell getönt und wurde von Freud in Gedanken mit der zu seiner Braut verknüpft: Im Juni 1882, dem Monat seiner Verlobung, brachte er in einem Brief an sie (nach Jones) «eine lange Phantasie, wie glücklich ein solcher Mann Martha machen könnte, aber dann brach er ab und fuhr fort: ‹Es war mir klar, daß ich die Geliebte nicht abtreten kann ... Martha bleibt mein eigen›» (27.6.82 nach J I 114 f). 1883 schrieb er über Fleischl an Martha: «Ich bewundere und liebe ihn mit der Leidenschaft des Verstandes ...; sein Untergang wird mich berühren wie einen alten Griechen die Zerstörung eines heiligen und berühmten Tempels ergriffen hätte» (28.10.83; J I 115).

Als Freud den Namen Signorelli vergaß, stand die Enthüllung eines Bronze-Reliefs Fleischls in den Arkaden der Universität Wien (T 426: Enthüllung des Fleischl-Denkmals) für den 16.10.98 (Auskunft des Archivs der Universität Wien, s.a. Grinstein, p. 287) unmittelbar bevor. – Ein Bild Fleischls hat, bis Freud 1938 Wien verlassen mußte, immer über dem Fußende von Freuds Analysen-Couch (über einem *Ödipus*-Bild, daneben die *Gradiva;* vgl. Engelmans: Abb. 10 und 12 mit den Erklärungen p. 140) gehangen. Es scheint das einzige persönliche Bild in Freuds Behandlungszimmer gewesen zu sein. Es ist ein Foto, das den Betrachter ernst und unmittelbar ansieht, wie es der Signorelli auf seinem Selbstbildnis tut. Es ist danach gut vorstellbar, daß in der Hypermnesie hinter dem Bild Signorellis das Bild Fleischls stand, das Bild eines Freundes und Patienten, dem Freud helfen wollte und an dessen Tod er sich mitschuldig fühlte. Das heißt dann aber, daß das Bild Fleischls sowohl hinter dem Bild Signorellis als auch hinter dem des Patienten von Trafoi stand. Hinter dem Blick Signorellis standen wohl außerdem *die fürchterlichen blauen Augen* von Freuds früherem Chef *Ernst von Brücke* (1819–1892), diese nach Freuds Beschreibung *bis ins Greisenalter wunderschönen Augen des großen Meisters* (T 425, 485, vgl. J I 60ff u. Abb. 6–8).

e) Wenige Tage nach der Enthüllung des Fleischl-Denkmals hatte Freud den Traum *non vixit* (T 424ff), in dem Fleischl als eine Erscheinung, ein Revenant, wie lebend auftauchte. Freud träumte dann, wie er zunächst einen anderen Wiedererschienenen mit eben dem vernichtenden Blick, mit dem ihn einmal Brücke angeschaut hatte, selbst ansah, so daß dieser Revenant sich auflöste. Freud übertrug das Prinzip danach auf Fleischl, später (484 f, 488 f) auf den (lebenden) Fließ (vgl. o.p. 92, BF 21.9.99: ... freue ich mich, Dich überlebt zu haben). In der Anwendung des vernichtenden Blicks gegen andere liegt eine Umkehrung, eine Art *Identifizierung mit dem Angreifer* unter Verwendung von dessen Waffen: Ich bin so mächtig wie er! Der Arzt ist der Herr! – Das allgemeine Prinzip ist das magisch-animistische Prinzip des bewirkenden Blicks, wie wir es in der *Phantasie vom dritten Auge,* dem Stirnauge, kennen, banaler in der Redewendung *Wenn Blicke töten könnten;* darüber: *Gottes Auge wacht.*

Abb. 6: Signorelli

Abb. 7: Ernst von Fleischl-Marxow

Abb. 8: Ernst Wilhelm von Brücke

Abb. 9: Die Auferstehung des Fleisches

f) Das unangenehme Wiedererscheinen der Toten, *die Auferstehung des Fleisches* (Fleischls!), ist in den Bildern Signorellis ungemein plastisch dargestellt. Man sieht richtig, wie sie – teils noch Skelette, weitgehend schon Fleisch – aus der Erde hervorkommen. (Abb. 9)

Darunter Gräber: Zu den Sehenswürdigkeiten Orvietos gehören *Etruskergräber,* die Freud seinerzeit besucht hat. Er hat im *Traum von der eigenen Präparation* (Selbstanalyse!) davon berichtet: «Ich war nämlich schon einmal in einem Grab, aber es war ein ausgeräumtes Etruskergrab bei *Orvieto,* eine schmale Kammer mit zwei Steinbänken an den Wänden, auf denen die

Abb. 10: Etruskergräber in Orvieto

Skelette von zwei Erwachsenen gelagert waren» (T 457; vgl. 1927c). (Abb. 10)

g) Zu den Namenspielereien muß noch eine Beziehung auf Freuds Vornamen erwähnt werden: Freud ist auf den Namen *Sigismund* getauft worden, wurde teilweise schon immer Sigmund genannt, hat den Namen offiziell aber erst an der Universität im Sommer-Semester 1876 (Auskunft des Archivs der Universität Wien) *in Sigmund geändert.* Er unterschrieb bis dahin so, daß er den Vornamen abkürzte und in einem Zug den Nachnamen dazuschrieb: *Sigfreud.* Das «klingt» unwiderstehlich nach *Sigfried* und wird mit einiger Sicherheit zu entsprechenden Wit-

zeleien Anlaß gegeben haben, auch wohl nicht ganz ohne Grund, denn warum unterschrieb er so?! Es könnte ein Relikt aus einer «militaristischen» Phase, wie Jones sie erwähnt (J I 43, 50; vgl. o. p. 50), gewesen sein. Es muß nicht ganz belanglos für unseren Zusammenhang sein. Der Name Sig-norelli bekommt damit eine betontere Beziehung zu Freuds eigenem Vornamen, die irritierend gewirkt haben kann (vgl. IV 30 f: Lederer, S. Freud).
Daß die Sigfreud-Unterschrift für Freud selbst problematisch gewesen ist, ergibt sich daraus, daß er mit der Namensänderung auch die Unterschrift geändert hat. Er schob zwischen Sig- und -freud ein -m- ein: *Sigmfreud,* obwohl sich der neue Name, Sigmund, im Grunde viel besser als der alte, Sigismund, durch ein Sig-freud abgekürzt hätte wiedergeben lassen.

Der *Held Sigfried* ist einmal in der Traumdeutung erwähnt, im Original als *Sig*fried, später geändert in *Sieg*fried (O 302 / T 519). Auch da scheint das Sig- gestört zu haben.
h) Im Kontext zum Parzentraum erzählt Freud unter anderem von einem jungen Manne, der ein großer Verehrer der Frauenschönheit wurde. Als die Rede auf die schöne Amme kam, die ihn als Säugling genährt hatte, sagte er, es tue ihm leid, die gute Gelegenheit *(an der Frauenbrust treffen sich Liebe und Hunger)* damals nicht besser genutzt zu haben. Freud berichtet später von einem Einkauf in Spalato und schließt die Besprechung des Parzentraums dann mit einer eigenartigen Äußerung ab: «Der Einkauf in Spalato mahnt mich an einen anderen Einkauf in Cattaro, bei dem ich allzu zurückhaltend war und die Gelegen-

heit zu schönen Erwerbungen versäumte. (Die Gelegenheit bei der Amme versäumt, s.o.) Einer der Traumgedanken, die dem Träumer der Hunger eingibt, lautet nämlich: *Man soll sich nichts entgehen lassen, nehmen, was man haben kann, auch wenn ein kleines Unrecht dabei mitläuft; man soll keine Gelegenheit versäumen, das Leben ist so kurz, der Tod unvermeidlich.* Weil es auch sexuell gemeint ist, und weil die Begierde vor dem Unrecht nicht Halt machen will, hat dieses *carpe diem* die Zensur zu fürchten und muß sich hinter einem Traum verbergen. Dazu kommen nun alle Gegengedanken zu Wort, die Erinnerung an die Zeit, da die *geistige Nahrung* dem Träumer allein genügte, alle Abhaltungen und selbst die Drohungen mit den ekelhaften sexuellen Strafen» (T 213 f).

Es ist halb deutlich, halb undeutlich. Vielleicht hat es sich um etwas Ähnliches wie in dem Beispiel vom Verlaufen, dem unheimlichen Gefühl und dem Verzicht auf weitere Entdeckungsreisen gehandelt (s.o.p. 96).

i) Im Traumtext des Parzentraums ging es um eine Auseinandersetzung, die Freud mit einem *Fremden mit langem Gesicht und kurzem Spitzbart* um einen *Überrock* hatte. Freud hatte beschrieben: «Ich ziehe einen Überrock an; der erste, den ich versuche, ist mir aber zu lang. Ich ziehe ihn wieder aus, etwas überrascht, daß er Pelzbesatz hat. Ein zweiter, den ich anziehe, hat einen langen Streifen mit türkischer Zeichnung eingesetzt. Ein Fremder mit langem Gesicht und kurzem Spitzbart kommt hinzu und hindert mich am Anziehen, indem er ihn für den seinen erklärt. Ich zeige ihm nun, daß er über und über türkisch gestickt ist. Er fragt: Was gehen Sie die türkischen (Zeichnungen, Streifen ...) an? Wir sind aber dann ganz freundlich miteinander» (T 210).

Im Kontext ist dann ein *Überrockdieb* aufgetaucht, und Freud hat erklärt, daß ihn der Fremde mit dem langen Gesicht und dem kurzen Spitzbart an einen Kaufmann in Spalato erinnert hat, bei dem seine Frau reichlich türkische Stoffe eingekauft hatte. *Mir* fällt zu all dem das Bild *von den Taten des Antichrist* ein. Links vom predigenden Antichrist steht ein Fremder mit langem Gesicht und kurzem Spitzbart, der offenkundig gerade *mit schönen Erwerbungen befaßt* ist (Abb. 11). Wenn Freud dessen Mantel nicht anziehen darf, darf er sich nicht mit ihm identifizieren.

Abb. 11: Der Fremde mit dem langen Gesicht und dem kurzen Spitzbart

Abb. 12: Das Mädchen

Abb. 13: Das Mädchen

Vom Oberkleid des rechts vom predigenden Antichrist so provozierend dastehenden Mädchens (Abb. 12 u. 13) kann man sagen, es sei *über und über (türkisch?) gestickt.* (Fachleute haben mir erklärt, es könne sich um eine Applikationsstickerei handeln, es sei aber wahrscheinlich Samtbrokat.) – Die Traumfrage: *Was gehen Sie die türkischen (Zeichnungen, Streifen ...) an?* hieße dann übersetzt: Was gehen dich die provozierend dastehenden türkischen (Mädchen) an?!

Abb. 14: Der Sturz der Verdammten in die Hölle

Die *ekelhaften sexuellen Strafen* sieht man auf Signorellis Bild *vom Sturz der Verdammten in die Hölle* (Abb. 14 u. 15). Ich nehme alles in allem an, daß der Parzentraum mit seinem Kontext eng zur Signorelli-Analyse gehört und daß insbesondere die auftauchenden Bilder Beziehungen zu Signorellis Fresken in Orvieto haben.

Abb. 15: Die ekelhaften sexuellen Strafen

## Der erste Bericht: Die Puppe in der Puppe

### *Eine Geschichte nach Art der Patienten*

Freud stand damals vor der Frage, wie er die an sich erhobenen Befunde und die dabei beobachteten psychischen Mechanismen anderen darstellen konnte, ohne zu viel von sich preiszugeben. Er mußte, auf eine Kurzformel gebracht, ziemlich viel von sich reden und dabei möglichst wenig von sich sagen. – Die Lösung, die er 1898 gefunden hat, war verblüffend einfach und naheliegend. Sie hatte «nur» zwei Fehler. Der eine (zum anderen s. weiter unten) war: sie taugte nicht für eine wissenschaftliche Arbeit (s. bes. u. Anm. 42, p. 141 f). Das scheint Freud zunächst nicht genügend berücksichtigt zu haben.
Die Lösung ergab sich aus dem, was Freud analytisch tagtäglich erfuhr und zu tun hatte. Wenn seine Patienten ihm ihre Geschichten erzählten, lag ein Teil seiner Aufgabe darin, die infolge von Widerstand und Zensur oft bis zur Unkenntlichkeit entstellten, verstümmelten unbewußten Gedankenzusammenhänge (s. z.B. I 399 ff) aufzufinden und zu rekonstruieren. Er hatte dazu beschrieben und erklärt:

«Man erwarte nicht, daß die freien Mitteilungen des Kranken, das Material der am meisten oberflächlichen Schichten, es dem Analytiker leicht machen zu erkennen, an welchen Stellen es in die Tiefe geht, an welche Punkte die gesuchten Gedankenzusammenhänge anknüpfen. Im Gegenteil; gerade dies ist sorgfältig verhüllt, die Darstellung des Kranken klingt wie vollständig und in sich gefestigt. Man steht zuerst vor ihr wie vor einer Mauer, die jede Aussicht versperrt und die nicht ahnen läßt, ob etwas und was denn doch dahinter steckt.
Wenn man aber die Darstellung, die man vom Kranken ohne viel Mühe und Widerstand erhalten hat, mit kritischem Auge mustert, wird man ganz unfehlbar Lücken und Schäden in ihr entdecken. Hier ist der Zusammenhang sichtlich unterbrochen und wird vom Kranken durch eine Redensart, eine ungenügende Auskunft notdürftig ergänzt; dort stößt man auf ein Motiv, das bei einem normalen Menschen als ein ohnmächtiges zu bezeichnen wäre. Der Kranke will diese Lücken nicht anerkennen, wenn er auf sie aufmerksam gemacht wird. Der Arzt aber tut recht daran, wenn er hinter diesen schwachen Stellen den Zugang zu dem Material der tieferen Schichten sucht, wenn er gerade hier die Fäden des Zusammenhanges aufzufinden hofft, denen er ... nachspürt.

Man sagt dem Kranken also: Sie irren sich; das, was Sie angeben, kann mit dem betreffenden nichts zu tun haben. Hier müssen wir auf etwas anderes stoßen ...
Man darf nämlich an einen Gedankengang bei einem Hysterischen, und reichte er auch ins Unbewußte, dieselben Anforderungen von logischer Verknüpfung und ausreichender Motivierung stellen, die man bei einem normalen Individuum erheben würde. Eine Lockerung dieser Beziehungen liegt nicht im Machtbereiche der Neurose. Wenn die Vorstellungsverknüpfungen der Neurotischen und speziell der Hysterischen einen anderen Eindruck machen, wenn hier die Relation der Intensitäten verschiedener Vorstellungen aus psychologischen Bedingungen allein unerklärbar scheint, so haben wir ja gerade für diesen Anschein den Grund kennen gelernt und wissen ihn als *Existenz verborgener, unbewußter Motive* zu nennen. Wir dürfen also solche geheime Motive überall dort vermuten, wo ein solcher Sprung im Zusammenhange, eine Überschreitung des Maßes normal berechtigter Motivierung nachzuweisen ist.
Natürlich muß man sich bei solcher Arbeit von dem theoretischen Vorurteile frei halten, man habe es mit abnormen Gehirnen von *dégénerés* und *déséquilibrés* zu tun, denen die Freiheit, die gemeinen psychologischen Gesetze der Vorstellungsverbindung über den Haufen zu werfen, als Stigma eigen wäre, bei denen eine beliebige Vorstellung ohne Motiv übermäßig intensiv wachsen, eine andere ohne psychologischen Grund unverwüstlich bleiben kann. Die Erfahrung zeigt für die Hysterie das Gegenteil; hat man die verborgenen – oft unbewußt gebliebenen – Motive herausgefunden und bringt sie in Rechnung, so bleibt auch an der hysterischen Gedankenverknüpfung nichts rätselhaft und regelwidrig.
Auf solche Art also, durch Aufspüren von Lücken in der ersten Darstellung des Kranken, die oft durch ‹falsche Verknüpfungen› gedeckt sind, greift man ein Stück des logischen Fadens an der Peripherie auf und bahnt sich von da aus den weiteren Weg.» (I 297 ff)

Freuds Lösung: Er hat seine Geschichte nach Art einer Darstellung seiner Patienten verschlüsselt wiedergegeben. Er hatte die Arten der Entstellung (s.o., Ergänzungen s.u.) in allen Einzelheiten erklärt, und er hatte beschrieben, wie man sie auflöst. Also mußte jemand, der seine vorangehenden Arbeiten sorgfältig gelesen und auch verstanden hatte, bemerken, daß es sich um eine Darstellung nach Art der Patienten handelte, und in der Lage sein, sie zu entschlüsseln. Es war im Prinzip ganz einfach. Man mußte nur drauf kommen. Darin lag der zweite Fehler: So ohne weiteres kam wohl keiner drauf.

Zu den Entstellungen und Abwehrmechanismen habe ich schon die *falsche Verknüpfung* und die *Verschiebung* inklusive der *Projektion* (s. z. B. I 401) erwähnt. Ich will hier keinen Katalog der Freud damals bekannten Einzelheiten geben, sondern nur ergänzen, was für unseren Zusammenhang besonders wichtig erscheint:

Die Patienten bringen in ihren Darstellungen alles durcheinander. Sie berichten über die Ereignisse in verkehrter zeitlicher Abfolge *(was nicht eben zum rascheren Verständnis des Herganges beiträgt,* s. I 433f). Sie erklären das Wichtige für unwichtig, das Wichtigste als *überflüssiges Beiwerk* (I 281f) und kommen *erst am Schlusse* auf den primären, wahrscheinlich kausal wichtigsten Eindruck (I 129) oder Faktor zu sprechen, der *den Schlüssel zum Ganzen* (I 183) enthält.

Stellenweise erscheinen *zwei verschiedene Gedankengänge,* die sich widersprechen, nebeneinander, *ohne* daß es zum *logischen Ausgleich des Widerspruchs* zwischen beiden kommt (I 388). Anderes ist *von diplomatischer Unbestimmtheit* (I 400). Es kann dann sowohl das eine als auch das andere bedeuten, ist mit anderen Worten doppel- oder mehrsinnig.

Freud hat die erwähnten Techniken in der Signorelli-Arbeit zum Verschlüsseln seiner Aussage angewandt. Da er ziemlich genial war, hat er es ziemlich genial gemacht. Der Leser entnimmt dem Text im Hauptteil eine *dem Wortlaut nach so gar nicht gegebene,* im wesentlichen falsche Deutung, der, nachdem die Deutung schon abgeschlossen scheint, in einem Folgeabsatz Richtiges angefügt ist, das aber für sich allein (s. o.: die wertlose Hausnummer) nicht viel weiterhilft, im übrigen als Ergänzung ausgegeben wird, aber ein Widerspruch ist.

Wenn der Leser analytische Kenntnisse hat *und sich vorstellen kann, daß Freud «so etwas machen» könnte,* muß er spätestens am Anfang des angefügten Absatzes mit Richtigem merken, daß Freud nicht alles ernst gemeint haben kann. Wenn der Leser dann den Text ein zweites Mal durchgeht, wird er eine ganze Reihe von Hinweisen finden, die zur richtigen Deutung führen. Dabei bezieht sich die richtige Deutung hier im wesentlichen auf die Nachricht von Trafoi und die Bilder Signorellis. Über den weiteren persönlichen Hintergrund kann der Leser nur Vermutungen anstellen.

Das Ganze ist, wie schon eingangs gesagt, ein logisches Verwirrspiel. Es wird kaum jedermanns Sache sein, der Auflösung zu folgen. Ich habe sie in den nächsten Abschnitten möglichst genau dargestellt, damit meine Aussage, es handele sich um ein Verwirrspiel, im einzelnen nachprüfbar wird. Die Darstellung wird damit aber schwer lesbar. Ich habe den Text deshalb so eingerichtet, daß man notfalls «quer»-lesen, Einzelheiten auslassen und den Faden auf Seite 144 wieder aufnehmen kann.

*Die falsche Deutung*

Ich zeige zunächst die falsche Deutung. Sie ergibt sich aus einer *Kombination von falschen Verknüpfungen* und ist, wenn man alles auf die falsche Deutung bezogene *überflüssige Beiwerk* streicht, relativ kurz:

Freud machte einen Ausflug in die Herzegowina. Er unterhielt sich mit einem Reisegefährten über Bosnien und die Herzegowina. Ihm fiel *dazu* eine Geschichte aus Bosnien ein. Er unterdrückte sie, weil in ihr das Thema der Sexualität berührt war. Wie er danach über einige Bilder Signorellis sprechen wollte, konnte er den Namen des Malers nicht finden. Er hatte ihn verdrängt.
Die Erklärung ist einfach: Es war zu einer Verknüpfung zwischen dem unterdrückten Thema der Sexualität und dem Namen Signorelli gekommen. Der war wegen dieser Verknüpfung und über diese Verknüpfung in die Verdrängung gezogen worden. Zur Erklärung der Verknüpfung muß man wissen: *Signor bedeutet Herr. Das «Herr» findet sich aber wieder im Namen Her-zegowina. Der ist mit dem Namen Bosnien regelmäßig verknüpft.* In Bosnien spielte die unterdrückte Geschichte, und in der kam das Thema der Sexualität vor. Es handelte sich also wesentlich um eine *Verknüpfung zwischen Namen und Namen:* Signor-elli – Herzegowina – Bosnien (unterdrückte Geschichte – Sexualität). Es handelt sich der Art der Verknüpfung nach um eine *äußerliche Assoziation.*
Im Zusammenhang mit dieser Verknüpfung waren auch die Ersatznamen Botticelli und Boltraffio entstanden, und zwar durch Anklänge oder durch Vermeidung von Anklängen an die Namen Signorelli, Herzegowina und Bosnien. *Vermieden* worden war ein Anklang an den Namen Herzegowina (wohl weil er so dicht beim Namen Signorelli stand und besonders wichtig und gefährlich war). *Durchgesetzt* hatten sich dagegen (harmlosere) Anklänge an Signor-*elli* in Bottic-*elli* und an *Bo*-snien in *Bo*-tticelli und *Bo*-ltraffio.

Ich betone noch einmal ausdrücklich, daß Freud diese Deutung dem Wortlaut nach *nicht* gegeben hat, sondern daß man sie seinem Text im Hauptteil (vgl. unten die wörtliche Wiedergabe) so entnimmt. Schematisch dargestellt sähen die (falschen) Verknüpfungen wie folgt aus:

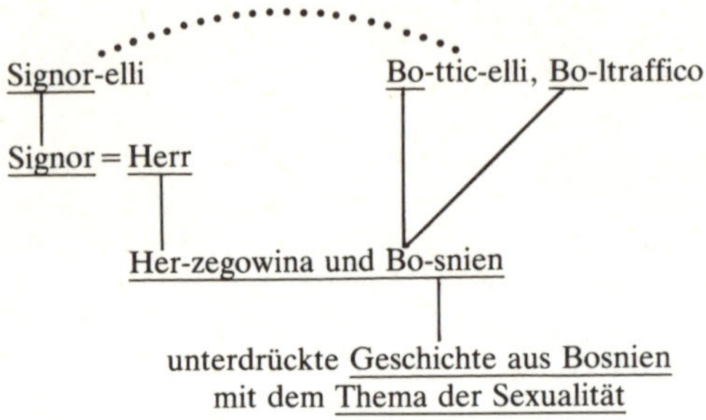


Die Deutung steht und fällt mit der zentral stehenden Wortverbindung Herzegowina und Bosnien. Über diese Wortverbindung wird einerseits die Verdrängung mit der über sie laufenden äußerlichen Assoziation zwischen dem Namen Signorelli und der unterdrückten Geschichte erklärt, andrerseits die wesentlich vom Namen Bosnien ausgehende Ersatznamenbildung. Die Erklärung der Ersatznamenbildung ist dabei besonders wichtig: Weil die Ersatznamen durch Anklänge an Bosnien bestimmt sind, muß der Name Bosnien mit der Verdrängung zu tun gehabt haben, sonst hätten die Ersatznamen keine Verbindung zum Verdrängungsvorgang. Also muß auch die Namensverbindung Herzegowina und Bosnien wichtig gewesen sein, zumal da ja ein Anklang an das wohl besonders tabuierte Herr in Herzegowina vermieden wurde. So ist durch die Erklärung der Ersatznamenbildung «bewiesen», daß die Namensverbindung Herzegowina und Bosnien für die Erklärung der Verdrängung wichtig war, also die äußerliche Assoziation über diese Verbindung lief. Die Erklärung der Ersatznamenbildung muß ihrerseits richtig sein, da sie so ausgezeichnet zur Erklärung der Verdrängung paßt. So fügt sich eins zum andern.

Wenn der Leser soweit gefolgt ist, erfährt er, daß, um das Ganze richtig zu verstehen, angenommen werden muß, *daß das unterdrückte Thema in intimer Verbindung mit Verdrängtem stand.* Dem sei auch so gewesen. Freud habe dafür mehrfache Beweise aus seiner Selbsterforschung, die er hier nicht anzuführen brauche. Auf ein Detail (nämlich eins, das sich widerspruchsfrei einfügen läßt) könne er immerhin verweisen: Das Verdrängte habe ihn einige Wochen vorher besonders beschäftigt, nachdem er in einem Ort namens Trafoi eine gewisse Nachricht bekommen habe. Dieser Ortsname sei der zweiten Hälfte des Namens Boltraffio zu ähnlich, um nicht auf dessen Auswahl bestimmend eingewirkt zu haben. Damit seien alle Beziehungen klargestellt, und er wolle sie in einem kleinen Schema wiedergeben.

Dieses Schema sah im Original der Arbeit *Zum psychischen Mechanismus* anders aus als das Schema, das sich im Nachdruck in den *Gesammelten Werken* findet. Das Original-Schema wurde zunächst praktisch unverändert in die *Psychopathologie* übernommen. Es wurde lediglich ein *v* im Namen Hercegovina (serbokroatische Schreibweise) durch ein *w* ersetzt. Erst bei Neuauflagen der *Psychopathologie* wurde das Schema umgeformt, und diese neue Form wurde später auch für den Nachdruck der Arbeit *Zum psychischen Mechanismus* in den *Gesammelten Werken* eingesetzt.

Ich gebe hier zunächst das Original-Schema wieder. Es enthält wie Freuds Gesamttext neben Falschem Richtiges. Statt *Thema der Sexualität,* der Formulierung aus meiner Kurzfassung, steht *Thema von Tod und Sexualität.* Das Schema bezieht sich außerdem mit darauf, daß in Freuds Text erklärt worden ist, daß *neben* dem Herr im Namen Herzegowina *nicht ohne Belang* war, daß in beiden Geschichten aus Bosnien ein Herr als Anrede an den Arzt vorkam. Damit ist eine bisher nicht erwähnte teilrichtige Aussage einbezogen. Richtig ist, daß das Vorkommen der Anrede nicht ohne Belang war, falsch, daß es *neben* dem Herr in Herzegowina (danach, «überdies» sagt Freud) wichtig war. Es war allein wichtig.

Freuds Schema sah wie folgt aus (O 440):

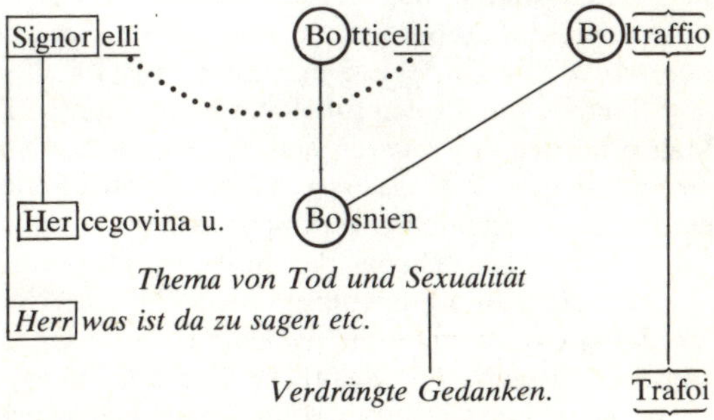

Zu dem von mir oben gezeichneten Schema, das sich allein auf die falsche Deutung bezieht, ergibt sich ein wichtiger Unterschied: Die Zeile *Hercegovina und Bosnien* ist durch Verbindungslinien nur nach oben, nämlich mit dem Namen Signorelli und den Ersatznamen verbunden, aber nicht nach unten: *nicht* mit dem *Thema von Tod und Sexualität* und den *Verdrängten Gedanken!* Die für die falsche Deutung so wichtige «äußerliche Assoziation» zwischen dem Namen Signorelli und der unterdrückten Geschichte über die Namen Herzegowina und Bosnien ist also *nicht eingezeichnet,* fehlt, ist damit indirekt für gegenstandslos erklärt. Der Name Signorelli ist mit den *Verdrängten Gedanken* nur über eine Verbindungslinie zur Anrede Herr verbunden. Aber die Zeile mit der Anrede Herr «hängt in der Luft», das heißt, es fehlt eine weitere Verbindungslinie zum *Thema von Tod und Sexualität* und den *Verdrängten Gedanken* (übersezt: hier fehlt eine Erklärung!). Die Zusammengehörigkeit ist aber durch die gemeinsame Kursivschrift betont. Das Schema ist im Grunde erstaunlich richtig, wenn auch sehr unvollständig. Wirklich falsch ist nur die Zeile Hercegovina und Bosnien und die Verbindung von *Bo*snien zu Bo-tticelli und Bo-ltraffio.

Wenn der Leser sich daranmacht, in dieser vereinfachten Darstellung das Falsche vom Richtigen zu scheiden, kann er folgenden Weg gehen: Er kann sich sagen, daß in der Erklärung der Ersatznamenbildung nur der Anklang Trafoi-Boltraffio spezifisch ist. «Bo-s» gibt es viele, «elli-s» auch (vgl. o. p. 109). Er kann sich weiter sagen, daß die Behauptung, daß ein Anklang an den Namen Herzegowina in der Ersatznamenbildung vermieden wurde, durch nichts zu beweisen ist. Für die Erklärung der Ersatznamenbildung kann er die Zeile *Hercegovina und Bosnien* streichen. Und für die Erklärung der Verdrängung, der Verbindung des Namens Signorelli mit den *Verdrängten Gedanken,* hat Freud sie «aus Versehen» im Schema nicht berücksichtigt. Eine über sie laufende «äußerliche Assoziation» gäbe auch keinen Sinn. Zuvor nicht Verdrängtes wie der Name Signorelli kann nur mit Verdrängtem in Verbindung gebracht und dann selbst verdrängt werden, wenn es für das Verdrängte stehen kann, es repräsentieren kann, an es erinnern kann, eine unbewußt *sinnvolle, inhaltliche* Beziehung entstanden ist (I 429; s.u. Anm. 31). Der Name Trafoi kann für den Inhalt der Nachricht von Trafoi, der Name des Malers für den des Richters stehen. Aber wie soll Signorelli, weil Signor Herr bedeutet, sich das Herr in Herzegowina findet, mit der Herzegowina Bosnien regelmäßig verknüpft ist, in Bosnien die Geschichte spielte, in der das Thema der Sexualität vorkam, und das Thema mit Verdrängtem zusammenhing – wie soll da der Name Signorelli dieses Verdrängte repräsentieren? Er kann es nicht. Über die lange äußerliche Assoziation geht der inhaltliche Zusammenhang verloren. Schon recht: Das Herr findet sich wieder im Namen Herzegowina. Aber was soll es da? Nichts weiter. Es findet sich da eben. Freud hat für seine falsche Deutung einen Witz gemacht. Es ist ein Kalauer (vgl. u. p. 159 Merleau-Ponty).

### *Der erste Bericht mit Anmerkungen zu Freuds Text*

Ich gebe nun Freuds Bericht über das Vergessen des Namens Signorelli – das ist der wesentliche Teil der Arbeit *Zum psychischen Mechanismus* – im Wortlaut wieder. Ich setze auf den Rand verschiedene Hinweiszeichen und gebe zum Text erklärende Anmerkungen.
Zunächst ist die Bedeutung der Hinweiszeichen zu erläutern. Ich will damit nicht erreichen, daß sich jemand die Zeichen besonders einprägt. Das ist unnötig. Von den beiden ersten Zeichen abgesehen, ergibt sich die Bedeutung jeweils aus den Anmerkungen. Ich will mit den Erläuterungen vielmehr versuchen, vorweg noch einmal eine genauere Information und eine Übersicht über die von Freud in der Darstellung angewandten Techniken zu geben. Ich verwende zwei Gruppen von Zeichen:
(a) für relativ einfache,
(b) für verwirrendere Techniken.

⊙ a1, eine Sonne: Freud, der in seinen vorangehenden Arbeiten mehrfach (z. B. I 292 ff, 431–434) betont hat, wie komplex und schwer zu entwirren die infragestehenden Zusammenhänge sind, erweckt hier den Eindruck, *alles sei ganz einfach und könne nur so* und nicht anders *sein.* Es ist, als schreibe er für die *Gartenlaube* (vgl. BF 4.1.98, 9.2.98). Die Sonne steht auch für: *scheinheilig, irreführend.*
⊕ a2, ein Pluszeichen: scheinbar *überflüssiges Beiwerk,* doppelt zu beachten.
⊖ a3, ein Minuszeichen: eine sogenannte *Lücke* im Text. Freud hat etwas Wichtiges, das man normalerweise sagen würde, betont ausgelassen. Das Gegenteil von *überflüssigem Beiwerk.*
⊓⊔ a4, ein Korrekturzeichen, mit dem man eine *Umstellung oder Vertauschung* rückgängig machen soll. Freud hat das Zweite vor dem Ersten, das Unwichtige vor dem Wichtigen, das Falsche vor dem Richtigen gesagt oder sonst etwas durcheinandergebracht.
≠ a5, ein durchgestrichenes Gleichheitszeichen: *falsche Verknüpfung.*

Im Zusammenhang mit den folgenden Zeichen geht es immer wieder darum, daß im Text *zwei verschiedene Gedankengänge,* einer, der zur falschen Deutung führt, und einer, der auf Richtiges hinweist, nebeneinander oder ineinander erscheinen, also um einen *Doppelsinn.* Dabei fällt mehrfach *diplomatische Unbestimmtheit* auf. Freud sagt etwas, aber er sagt es nicht genau. Der Leser entnimmt dem Zusammenhang dann, daß Freud etwas bestimmtes gemeint habe, was er dem Wortlaut nach so aber gar nicht behauptet hat oder *zunächst* so gar nicht behauptet hat. Man muß an solchen Stellen zumeist einfügen: *siehe unten!,* das heißt, es ergibt sich erst nachträglich, was die Aussage bedeuten soll. Im einzelnen:

./. b1, ein Zeichen für *Widerspruch: Falsches und Richtiges nebeneinander.*

= b2, zwei Linien übereinander: *Doppelsinn, Falsches und Richtiges ineinander.* Die Aussage kann je nach dem Sinn, den man ihr unterlegt, auf die falsche oder die richtige Deutung bezogen werden.

! b3, ein Ausrufezeichen: die Aussage ist dem *Wortlaut* nach unbestreitbar *richtig,* stützt aber im Zusammenhang mit anderem die *falsche Deutung.* Der Leser soll aus Richtigem auf Falsches schließen.

!!! b4, drei Ausrufezeichen: die Aussage ist *logisch falsch.* Eine scheinbar etwas nachlässige Formulierung, die der Irreführung dient. Wenn man nicht aufpaßt, befindet man sich auf dem besten Wege zur falschen Deutung. Falsches, das Falsches ergibt.

*** b5, drei Sternchen: hier hat sich Freud etwas ganz Besonderes einfallen lassen: gemachte, bewußt eingesetzte *«Fehlformulierungen».* Sie sind auf den Oberflächentext bezogen falsch, ergeben bei analytischer Interpretation aber Hinweise auf die richtige Deutung, den «latenten» Inhalt. Es geht im Oberflächentext um *eine* unterdrückte Geschichte, *einen* Patienten (Geschichte und Patient aus Bosnien) und *ein* unterdrücktes Thema (Sexualität, resp. Tod und Sexualität). Die «Fehlformulierungen» verweisen auf *eine zweite* unterdrückte Geschichte, *einen zweiten* Patienten (Geschichte vom Selbstmord des Patienten, die Freud beim Schreiben des Textes unterdrückt hat) und *ein zweites* Thema (Fresken, Gericht) und darauf, daß ein *intimer Zusammenhang* zwischen allem bestand, der aber *nicht erläutert* wurde. Wenn der Leser *das* herausfindet, dazu das überflüssige Beiwerk und die Lücken beachtet und dann noch den Zusammenhang zwischen dem Namen des Malers und dem des Richters bemerkt, hat er seine Aufgabe gelöst.

Verschiedentlich könnte man mehrere Zeichen einsetzen. Ich belasse es jeweils bei einem. – Ich lasse dem Text und den Anmerkungen noch eine Äußerung Freuds aus der Traumdeutung vorangehen, die darüber informiert, wie man solche Texte lesen soll: «Jede Analyse könnte mit Beispielen belegen, wie gerade die geringfügigsten Züge des Traumas zur Deutung unentbehrlich sind, und wie die Erledigung der Aufgabe verzögert wird, indem sich die Aufmerksamkeit solchen erst spät zuwendet. Die gleiche Würdigung haben wir bei der Traumdeutung jeder Nuance des sprachlichen Ausdrucks geschenkt, in welchem der Traum uns vorlag; ja, wenn uns ein unsinniger oder unzureichender Wortlaut vorgelegt wurde, als ob es der Anstrengung nicht gelungen wäre, den Traum in die richtige Fassung zu übersetzen, haben wir auch diese Mängel des Ausdrucks respektiert. Kurz, was nach der Meinung der Autoren eine willkürliche, in der Verlegenheit eilig zusammengebraute Improvisation sein soll, das haben wir behandelt wie einen heiligen Text» (T 518). Hier also Freuds Text (nach I 519 ff; unten Originalschema nach O 440 eingefügt), darunter meine Anmerkungen:

### Zum psychischen Mechanismus der Vergesslichkeit

...

In einigen selbsterlebten Fällen von solchem Namenvergessen
habe ich mir durch psychische Analyse[1] Rechenschaft von dem
dabei statthabenden Hergang geben können, und will den ein- ⊙
fachsten und durchsichtigsten Fall dieser Art ausführlich berich-
ten:[2] Während der Sommerferien unternahm ich einmal von dem
schönen Ragusa aus eine Wagenfahrt nach einer benachbarten
Stadt in der Herzegowina;[3] das Gespräch mit meinem Begleiter ⊖
beschäftigte sich, wie begreiflich, mit dem Zustand der beiden
Länder (Bosnien und Herzegowina)[4] und mit dem Charakter !
ihrer Einwohner. Ich erzählte von verschiedenen Eigentümlich-
keiten der dort lebenden Türken, wie ich sie vor Jahren von
einem lieben Kollegen hatte schildern hören, der unter ihnen ⊙

---

[1] Freud vermeidet hier den Ausdruck Psychoanalyse, den er in vorangehenden Arbeiten schon benutzt hatte (I 397, 381, 383, 512–514). Psychoanalyse ist dieses also nicht.

[2] Was nicht heißt: analytisch interpretieren.

[3] Es fehlt der Name der Stadt (s.a.u.).

[4] Es soll von Anfang an deutlich gemacht werden: Bosnien und die Herzegowina gehören regelmäßig zusammen.

lange Zeit als Arzt gelebt hatte. Eine Weile später wandte sich
unsere Unterhaltung auf Italien und auf Bilder, und ich hatte
= Anlaß,[5] meinem Gesellschafter[6] dringend zu empfehlen, einmal
nach Orvieto zu gehen, um sich dort die Fresken vom Weltunter-
⊕ gang und letzten Gericht anzusehen, mit denen ein großer Maler
eine Kapelle im Dom ausgeschmückt. Der Name des Malers aber
entfiel mir und war nicht wieder zu haben. Ich strengte mein
⊕ Gedächtnis an, ließ alle Details des in Orvieto verbrachten Tages
vor meiner Erinnerung vorüberziehen, überzeugte mich, daß
nicht das Mindeste davon verlöscht oder undeutlich sei. Im
≠ Gegenteile, ich konnte mir die Bilder sinnlich lebhafter vorstel-
len, als ich es sonst vermag;[7] und besonders scharf stand vor
⊕ meinen Augen das Selbstbildnis des Malers, – das ernste Ge-
sicht, die verschränkten Hände, – welches er in die Ecke des
⊖ einen Bildes[8] neben dem Portrait seines Vorgängers in der Ar-
beit, des Fra Angelico da Fiesole,[9] hingestellt hat;[10] aber der mir
sonst so geläufige Name des Künstlers verbarg sich hartnäckig.
Mein Reisegefährte konnte mir nicht aushelfen; meine fortge-
setzten Bemühungen hatten keinen anderen Erfolg als den, zwei
andere Künstlernamen auftauchen zu lassen, von denen ich doch
wußte, daß sie nicht die richtigen sein könnten: Botticelli und in
zweiter Linie Boltraffio.

[Anm. Freud:] Der erste dieser Namen mir sehr vertraut, der zweite dagegen kaum geläufig.

Die Wiederkehr der Lautverbindung Bo in den beiden ersetzen-
⊙ den Namen hätte einen Unkundigen vielleicht zur Vermutung
bringen können, daß dieselbe auch dem gesuchten Namen angehö-
re; aber ich hütete mich wohl, dieser Erwartung Raum zu geben.[11]

---

[5] äußeren Anlaß – inneren Anlaß.

[6] Projektion.

[7] Die Bilder drängten sich ihm auf, es war ein Symptom.

[8] Es fehlt der Name des Bildes: von den Taten des Antichrist.

[9] Statt des Antichrist den Fra Angelico genannt; den Teufel durch den Engel ersetzt und damit noch einmal den Vorgang bei der Symptombildung wiederholt.

[10] Er hat es in die Ecke (hin-)gestellt: er will nichts damit zu tun haben.

[11] Nur ein Unkundiger würde falschen Erwartungen hinsichtlich des doppelten Bo Raum geben. Aber doch nicht Freud!

Da ich auf der Reise keinen Zugang zu Nachschlagebüchern hatte, mußte ich mir diesen Ausfall der Erinnerung und die damit verbundene, mehrmals am Tage wiederkehrende innere Qual[12] ≠ durch mehrere Tage gefallen lassen, bis ich mit einem gebildeten Italiener zusammentraf, der mich durch die Mitteilung des Namens: Signorelli befreite. Ich konnte dann aus Eigenem den Vornamen des Mannes, Luca, hinzufügen. Die überdeutliche Erinnerung an die Gesichtszüge des Meisters auf seinem Bilde ⊕ verblaßte bald.[13]

Welche Einflüsse hatten mich nun den Namen Signorelli vergessen lassen, der mir so vertraut war und sich dem Gedächtnis so leicht einprägt? Und welche Wege hatten zu seiner Ersetzung durch die Namen Botticelli und Boltraffio geführt? Ein wenig ⊙ Rückversetzung in die Umstände, unter denen das Vergessen vor sich ging, reichte hin, beides aufzuklären.

Ich hatte, kurz ehe ich auf das Thema der Fresken im Dom von Orvieto kam, meinem Reisegefährten erzählt, was ich Jahre vorher von meinem Kollegen über die Türken in Bosnien gehört ⊓⊔ hatte.[14] Sie behandeln den Arzt mit besonderer Achtung und zeigen sich, recht im Gegensatz zu unserer Bevölkerung, ergeben angesichts der Fügung des Schicksals. Wenn der Arzt dem Fami- ⊕ lienvater mitteilen muß, daß einer seiner Angehörigen dem Tode verfallen ist, so lautet dessen Erwiderung «Herr, was ist da zu sagen? Ich weiß, wenn er zu retten wäre, würdest du ihm helfen.» – Nahe bei dieser Geschichte ruhte in meinem Gedächtnis eine andere Erinnerung, nämlich daß derselbe Kollege mir erzählt, welche alles überragende Wichtigkeit den Sexualgenüssen in der Schätzung dieser Bosnier zugeteilt ist. Einer seiner Patienten ⊕ sagte ihm einmal: «Du weißt ja, Herr, wenn *das* nicht mehr geht, dann hat das Leben keinen Wert.» Uns schien es damals, als sei zwischen den beiden hier erläuterten Charakterzügen des bosni-

---

[12] Die Qual gehörte zur Symptomatik, zur Hypermnesie, nicht einfach zum Ausfall der Erinnerung.

[13] Damit erfuhr der Leser, daß die Hypermnesie noch bestand, und zwar über das Vergessen des Namens hinaus.

[14] Zeitliche Reihenfolge im Ablauf der Ereignisse vertauscht. Freud hätte erst von den Geschichten und dann von den Fresken berichten müssen, dann wäre der Zusammenhang deutlicher.

*** schen Volkes ein intimer Zusammenhang anzunehmen.[15] Damals[16] aber, als ich auf der Fahrt in die Herzegowina mich dieser
! Erzählung erinnerte, unterdrückte ich die letztere, in der das Thema der Sexualität berührt war.[17] Kurz darauf entfiel mir der Name Signorelli und stellten sich als Ersatz die Namen Botticelli und Boltraffio ein.

Der Einfluß, der den Namen Signorelli der Erinnerung unzugänglich gemacht oder, wie ich zu sagen gewohnt bin, «ver-
*** drängt» hatte, konnte nur von jener unterdrückten Geschichte über die Wertschätzung von Tod und Sexualgenuß ausgehen.[18]
⊕ War dem so, so mußten sich die Zwischenvorstellungen nachweisen lassen, die zur Verknüpfung der beiden Themata gedient
⎍ hatten.[19] Die inhaltliche Verwandtschaft – hier letztes Gericht,
⊙ «jüngster Tag», dort Tod und Sexualität[20] – scheint geringfügig;[21]

---

[15] Hier wurden keine Charakterzüge *erläutert,* und es läßt sich auch nicht sagen, welche *beiden* Charakterzüge gemeint sein sollen. Dies ist ein Text, in dem offenbleibt, um was es sich handelt. Es fehlt eine Erläuterung über einen *intimen Zusammenhang* zwischen im Text Gesagtem und beim Schreiben Unterdrückten.

[16] damals ... damals, kurz hintereinander gesetzt, aber auf verschiedene Zeiten bezogen. Ereignisse aus verschiedenen Zeiten (als Freud mit dem lieben Kollegen sprach, als er den Ausflug machte, als er den Text schrieb) werden durcheinander gebracht. Es wird auch der Eindruck erweckt, als hätte Freud eine Geschichte erzählt. Der Leser muß sich gleich darauf korrigieren: Freud hat sie unterdrückt. Es ist unklar, was hier erzählt und was unterdrückt wird!

[17] Freud hat dem Wortlaut nach nicht erklärt, warum er die Geschichte unterdrückte. Der Leser entnimmt dem Zusammenhang gleich oder nachträglich die vorgeschobene Begründung: *weil* in ihr das Thema der Sexualität berührt war. Falsche Verknüpfung.

[18] Von einer *Wertschätzung des Todes* war nicht die Rede, vgl. den Schadchenwitz. Es muß noch eine andere, hier unterdrückte Geschichte geben, in der es um eine «Wertschätzung des Todes» ging: die vom Selbstmord des Patienten, im weiteren Sinn Freuds eigene Geschichte.

[19] Das ist richtig und wichtig, aber Freud macht nachher keinen Gebrauch davon, obwohl er es hier mit Bestimmtheit festgestellt hat: ... *mußten* sich nachweisen lassen.

[20] Vertauschung. Die richtige Reihenfolge wäre: Sexualität (Sünde!) – Tod (der Sünde Sold) – Weltuntergang (den hat Freud anfangs erwähnt und hier ausgelassen) – letztes Gericht.

[21] In der richtigen Reihenfolge scheint der Zusammenhang gar nicht

da es sich um die Verdrängung eines Namens aus dem Gedächtnisse handelte, war es von vorneherein wahrscheinlich, daß die
Verknüpfung zwischen Namen und Namen[22] vor sich gegangen =
war. Nun bedeutet Signor-Herr; das «Herr» findet sich aber
wieder im Namen Herzegowina.[23] Überdies war es gewiß nicht !
ohne Belang, daß beide Reden der Patienten,[24] die ich zu erinnern hatte,[25] ein Herr als Anrede an den Arzt enthielten.[26] Die ***
Übersetzung von Signor in Herr[27] war also der Weg, auf welchem
die von mir unterdrückte Geschichte den von mir gesuchten !!!
Namen in die Verdrängung nachgezogen hatte.[28] Der ganze Vorgang wurde offenbar dadurch erleichtert, daß ich die letzten Tage in Ragusa beständig italienisch gesprochen, d.h. mich
gewöhnt hatte, in meinem Kopf aus dem Deutschen in's Italienische zu übersetzen.[29] ***

---

mehr so *geringfügig*. Freud hat sich unbestimmt ausgedrückt und damit einen sofortigen Widerspruch vermieden. Der Leser kann immer noch denken, es sollte heißen: ... *scheint* geringfügig, *ist* aber bedeutungsvoll. Der Leser erfährt dann *nachträglich*, was es heißen sollte: ... ist bedeutungslos.

[22] Richtig: Name des Richters, Name des Malers – falsch: Signorelli, Herzegowina.

[23] Nicht zu bestreiten, aber was soll es da?

[24] Die erste Rede stammte nicht von einem Patienten, sondern von dem Familienvater. (Man kann natürlich sagen, auch der habe im weiteren Sinn zu den «Patienten» des lieben Kollegen gehört.) Es muß einen anderen *Patienten* (s.o.) geben, der so etwas wie der Patient aus Bosnien hätte sagen können.

[25] Freud *hatte* die Geschichten *nicht zu erinnern*, sie *waren* ihm *eingefallen*. Er hätte an die Geschichte vom anderen Patienten zu erinnern gehabt, aber die hat er hier unterdrückt.

[26] Gewiß war es nicht ohne Belang. Freud hat das Richtige nach dem Falschen gesagt und die Erklärung, warum es von Belang war, «vergessen».

[27] Genauer: die unbewußte Gleichsetzung von Signor mit Herr.

[28] Die unterdrückte Geschichte befand sich nicht in der Verdrängung, konnte also auch nichts dahin nachziehen. Im Doppelsinn war es richtig: Die im Text unterdrückte und auf dem Ausflug verdrängte Geschichte vom Selbstmord des Patienten hatte den Namen indirekt in die Verdrängung nachgezogen.

[29] Er hatte gerade vorher die Übersetzung von *Signor in Herr,* also vom Italienischen ins Deutsche, beschrieben. Die Umkehrung vom Deutschen ins Italienische, Herr in Signor, ist scheinbar falsch, kommt aber

[Anm. Freud:] Man wird sagen: eine «gesuchte, gezwungene» Erklä-
⊙ rung![30] Indes muß dieser Eindruck zustande kommen, weil das unter-
drückte Thema die Verbindung mit dem nicht unterdrückten mit allen
≠ Mitteln herzustellen strebt und dabei auch den Weg der äußerlichen
Assoziation nicht verschmäht. Eine ähnliche Zwangslage wie beim
Reimeschmieden.[31]

Als ich mich nun bemühte, den Namen des Malers wiederzufin-
den, ihn aus der Verdrängung zurückzurufen, mußte sich der
= Einfluß der Bindung geltend machen, in welche jener unterdes
geraten war.[32] Ich fand zwar einen Künstlernamen, aber nicht den
richtigen, sondern einen verschobenen, und die Richtschnur
= der Verschiebung war durch die in dem verdrängten Thema ent-
haltenen Namen gegeben.[33] Botticelli enthält dieselben Endsilben

---

dem Richtigen näher. Er hatte sich ja von dem deutschen Herr auf das italienische Signor bezogen, das er dabei ins Deutsche übersetzt hatte.

[30] Natürlich, es ist ja auch eine.

[31] Nicht das unterdrückte Thema, sondern *Freud* hat die Verbindung mit dem nicht unterdrückten Namen Herzegowina hergestellt. Es ist wie beim Reimeschmieden: Hauptsache, es reimt sich! – Mit einer *äußerlichen Assoziation* allein würde sich das Unbewußte nie zufriedengeben. Es muß die vorher erwähnte, aber fallengelassene, *inhaltliche Verwandtschaft* (Anm. 19–21) hinzukommen. Es muß für das Unbewußte nicht nur ähnlich klingen, sondern sinnvoll zusammengehören wie die Themen der Geschichten und der Fresken, oder im Spezialfall gleiches bedeuten wie der Name des Richters und der des Malers.

[32] Wieder richtig. Es muß nur die richtige Bindung, die Freud nicht erklärt hat, eingesetzt werden.

[33] Im Prinzip richtig, man muß nur wieder die richtigen, die im *verdrängten* Thema enthaltenen Namen (wie Bolsena und Trafoi) einsetzen. Für die falsche Deutung bereitet Freud hier die falsche Auskunft vor, daß die Namen Bosnien und Herzegowina in dem verdrängten Thema (vgl. 28: in die Verdrängung nachgezogen) *enthalten* waren. Nach dem im Text Gesagten gab es aber hier noch gar kein verdrängtes, sondern nur ein *aus konventioneller Rücksichtnahme unterdrücktes* Thema, das der Sexualität. Die Namen Bosnien und Herzegowina, die *nachträglich* von Freud eingesetzt werden, waren auch nicht im Thema der Sexualität enthalten, sondern das Thema der Sexualität kam in einem Gespräch über Bosnien vor. – Freud hat hier so ungefähr alles auf einmal gebracht: Doppelsinn, Unbestimmtheit mit nachträglicher Bestimmung, falsche Verknüpfung, Vertauschung, logisch Falsches zur irreführung.

wie Signorelli;[34] es waren also die Endsilben wiedergekommen, !
die nicht wie das Anfangsstück Signor eine direkte Beziehung
zu dem Namen Herzegowina knüpfen konnten;[35] der mit dem Na- !
men Herzegowina aber regelmäßig verknüpfte Namen Bosnien[36] !
hatte seinen Einfluß darin gezeigt, daß er die Substitution auf zwei
Künstlernamen lenkte, die mit dem gleichen Bo beginnen: Botti- ≠
celli und dann Boltraffio.[37] Die Findung des Namens Signorelli
erwies sich also durch das dahinter liegende Thema,[38] in dem ***
die Namen Bosnien und Herzegowina vorkommen,[39] gestört.[40] !!!
Damit dieses Thema solche Wirkungen äußern könne, reicht es
nicht hin, daß ich es einmal im Gespräch unterdrückt habe,[41]
wofür ja zufällige Motive maßgebend waren.[42] Es muß vielmehr ./.
angenommen werden, daß dieses Thema selbst wieder in intimer

---

[34] Unbestreitbar richtig.

[35] Theoretisch und im Wortlaut richtig: die Endsilben konnten nicht, das Anfangsstück konnte oder hätte gekonnt; praktisch und dem Sinne nach falsch: Freud sagt damit nämlich indirekt: *das Anfangsstück hat.*

[36] Freud sagt damit: weil die Namen Bosnien und Herzegowina regelmäßig miteinander verknüpft sind, mußten sie zusammen wirksam sein und konnte die Assoziation Signor – Herzegowina – Bosnien – Geschichte ohne weiteres über sie erfolgen.

[37] S. o. Anm. 11: die Wiederkehr der Lautverbindung Bo.

[38] Hinter dem Namen Signorelli, *dahinter,* lag nämlich das Thema der Fresken!

[39] Vgl. 33. Jetzt wird das logisch Falsche auch im Wortlaut behauptet.

[40] Hier scheint die Erklärung abgeschlossen zu sein, aber das Wichtigste folgt noch.

[41] Richtig.

[42] Falsch. Freud, 1901, aber er hat es auch schon 1898 gewußt: «Gewisse Unzulänglichkeiten unserer psychischen Leistungen ... und gewisse absichtslos [zufällig] erscheinende Verrichtungen erweisen sich, wenn man das Verfahren der psychoanalytischen Untersuchung auf sie anwendet, als wohlmotiviert und durch dem Bewußtsein unbekannte Motive determiniert» (IV 267).

Für das Bewußtsein und den Laien *zufällige* Motive, sind, wo sie im Zusammenhang mit Verdrängtem erscheinen (das im Text gleich anschließend erwähnt wird), für die Psychoanalyse *dem Bewußtsein unbekannte,* aber eben *nicht zufällige* Motive. Zufällige Motive sind für die Psychoanalyse so gut wie schwarze Schimmel oder hölzernes Eisen, eine Contradictio in adjecto (im Beiwort), ein Widerspruch in sich. Freud:

Verbindung mit Gedankengängen stehe, die sich bei mir im Zustande der Verdrängung befinden, d.h. trotz der Intensität des ihnen zufallenden Interesses einem Widerstande begegnen, der sie von der Verarbeitung durch eine gewisse psychische Instanz und damit vom Bewußtwerden fernhält. Daß es sich mit dem Thema von «Tod und Sexualität» in jener Zeit wirklich so bei mir verhielt, dafür habe ich mehrfache Beweise aus meiner ⊙ Selbsterforschung, die ich hier nicht anzuführen brauche. Aber ich kann auf eine Wirkung aufmerksam machen, die von diesen in der Verdrängung befindlichen Gedanken ausgeht. Ich bin durch Erfahrung belehrt zu fordern, daß jedes psychische Ergebnis der vollen Aufklärung und selbst der Überdeterminierung ⊙ zugeführt werden müsse,[43] und nun scheint mir der zweite Ersatzname Boltraffio, von dem bisher nur die ersten Buchstaben durch den Anklang an Bosnien gerechtfertigt sind, eine weitere Determinierung[44] zu beanspruchen. Dabei[45] erinnere ich mich dann, daß diese verdrängten Gedanken mich zu keiner Zeit mehr beschäftigt haben, als einige Wochen vorher, nachdem ich eine gewisse Nachricht bekommen hatte. Der Ort, an dem diese Nachricht mich getroffen, heißt Trafoi, und dieser Name ist der zweiten Hälfte im Namen Boltraffio zu ähnlich, um nicht auf dessen Auswahl bestimmend eingewirkt zu haben. Man könnte ⊙ versuchen, die jetzt klar gestellten Beziehungen[46] in einem kleinen Schema wiederzugeben:[47]

---

«Das würde ich für keinen Zufall erklären, sondern für eine der Deutung bedürftige Handlung mit unbewußter Absicht» (IV 286).
**Der Satz über die zufälligen Motive ist wie der über die äußerliche Assoziation ohne inhaltlichen Zusammenhang (A 31) wissenschaftlich auch im Prinzip eindeutig falsch und damit grob irreführend.**
Im Text folgt nun nach Falschem Teilrichtiges, aber nicht Erklärtes.

[43] Zunächst müßte die einfache Determinierung erklärt werden.

[44] Eine richtige, müßte es heißen.

[45] Nämlich, wenn man anfängt, analytisch zu denken.

[46] Das sind die wenigen Beziehungen, die jetzt durch den Nachtrag klargestellt sind, zusammen mit den anderen aus dem Hauptteil, die, wie der Leser inzwischen bemerkt haben sollte, *klar* (eindeutig) *gestellt* (gemacht, erfunden) sind.

[47] Ich lasse zunächst noch einmal das Original-Schema (O 440) folgen, danach das später veränderte Schema, wie es in den Gesammelten Werken (I 524) steht.

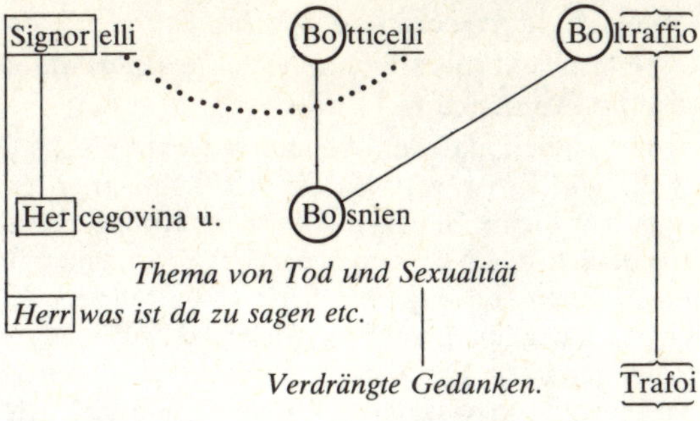


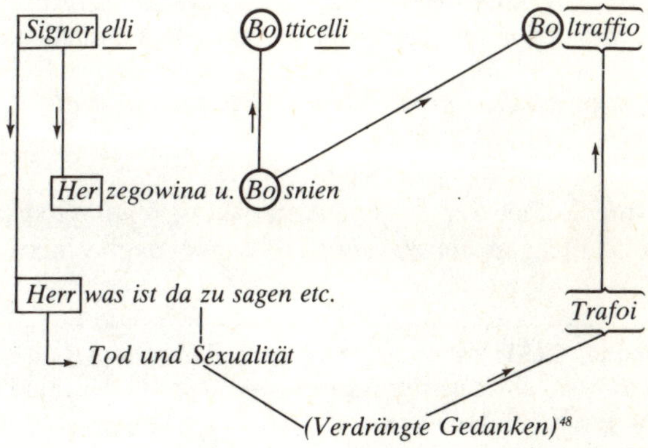


48 Im veränderten Schema ist die Zeile *Tod und Sexualität* unter die Zeile *Herr, was ist da zu sagen* gerückt und nun gleich zweimal (vorher nicht) durch Verbindungslinien mit dieser Zeile verbunden. (Jetzt fehlt keine Verbindungslinie und angeblich keine Erklärung mehr.) Tod und Sexualität ist weiter von Herzegowina und Bosnien entfernt, so daß es zwischen den beiden Zeilen nun dem Bild nach überhaupt keine Verbindung mehr gibt. Statt *Thema* von Tod und Sexualität steht allgemeiner Tod und Sexualität. Die *Verdrängten Gedanken* sind dem Bild nach ganz unwichtig geworden, in Klammern gesetzt. Die Pfeile zeigen, wie Signor und Herr in die Verdrängung nachgezogen werden, wie Signor an Herzegowina gebunden wird und wie aus Bosnien, den verdrängten Gedanken und Trafoi die Ersatznamen gebildet werden, zeigen also neben Richtigem betonter als vorher das Falsche. Jetzt ist alles kursiv gesetzt. Die Unterschiede sind verwischt.

[In der Arbeit *Zum psychischen Mechanismus* folgen hier zunächst zwei Seiten Text mit allgemeinen Aussagen; danach bringt Freud noch eine Anmerkung:]

Es wäre irrig zu glauben, daß der oben aufgedeckte Mechanismus[49] nur für seltene Fälle gilt. Er ist vielmehr ein sehr häufiger, z. B.: während ich einmal dieselbe kleine Begebenheit einem Kollegen erzählen will, entfällt mir plötzlich der Name meines Gewährsmannes für die Geschichten aus Bosnien. Lösung: Ich hatte unmittelbar vorher Karten gespielt. Der Gewährsmann heißt Pick; Pick und Herz sind zwei der vier im Spiel vorkommenden Farbennamen, überdies durch eine kleine Anekdote verbunden, in welcher der Betreffende auf sich zeigt und dann sagt: Ich heiße ja nicht Herz, ich heiße Pick. Herz findet sich wieder im Namen Herzegowina; das Herz als krankes Organ spielt selbst eine Rolle in den von mir als verdrängt bezeichneten Gedanken.[50]

### *Nachtrag zum ersten Bericht: Maria Theresia und die Herzegowina*

Man könnte es bei der letzten Anmerkung zum Text belassen, wenn Freud nicht in der *Psychopathologie* (nach einem Brief an

---

[49] Im Original heißt es am Anfang der Anmerkung: ... der oben aufgedeckte Mechanismus *des Namenvergessens* (O 442) und nicht nur *der oben aufgedeckte Mechanismus.* Die Auslassung scheint nicht ganz zufällig zu sein. Die Präzisierung *des Namenvergessens* fehlt nämlich ebenso in der englischen *Standard Edition* (SE 3, p. 296), in der, wie in den *Gesammelten Werken,* auch das spätere Schema (p. 294) eingesetzt ist. Die Auslassung entspricht einer Tendenz, die Betonung von einer Erklärung des Namenvergessens auf die der Ersatznamenbildung zu verlegen, wie sie in der *Psychopathologie* deutlich wird. Freud erklärt dort, er habe zur Erklärung des Namenvergessens nur ein Motiv hinzugefügt, überdies (und eigentlich aber) den Mechanismus des Fehlerinnerns (Ersatznamenbildung) klargelegt (s.u., IV 10; s.o.: die klargestellten Beziehungen und die angefügten zufälligen Motive).

[50] Freud bringt hier zwar erstmals in dieser Arbeit im offenen Text Persönlicheres: das Herz als krankes Organ. Aber er benutzt es nur, um die falsche Deutung zu stützen. Daß sich Herz in Herzegowina wiederfindet, mag für «Herz» schön sein (s.u.!), besagt aber für unseren Zusammenhang, soweit es um die unmittelbare Erklärung des Namenvergessens geht, nichts, da der Name Signorelli und nicht der Name Herzegowina verdrängt wurde.

Fließ vom 27.8.99, Anm. 1 der Herausgeber) ganz ausdrücklich erklärt hätte, daß es tatsächlich *nichts Willkürliches, Undeterminiertes im Psychischen gibt* (IV 270 f), und wenn er damit nicht noch speziell eine Feststellung eines anderen Autors, R.M. Meyer, bestätigt hätte, daß es nämlich *unmöglich sei, absichtlich und willkürlich,* das heißt unbeeinflußt durch eine hinzukommende Determinierung aus dem Unbewußten, *einen Unsinn zu komponieren* (IV 268). Also kann oder muß auch die falsche Deutung, speziell die Ablenkung auf den Namen Herzegowina, einen unbewußten oder auch Freud durchaus bewußten Hintersinn gehabt haben. Der liegt hier gar nicht so fern:

Freud kann im Zusammenhang mit dem Namen Herzegowina ein Wortspiel gemacht und bezogen auf Frau, Schwägerin oder Mutter oder alle in einem von der Herze-govina (vgl. Original-Schema) als der Herzens-Königin (Regentin) gesprochen haben, oder es kann unbewußt oder vorbewußt zu einer entsprechenden Umformung gekommen sein. Es läge eine Abwendung vom Vater (Hercegovina heißt richtig übersetzt: Herzogsland) und eine Hinwendung zur Mutter darin, nun aber nicht zur gefährlichen Richterin, sondern zur geliebten und bewunderten Königin und Kaiserin. – Es gibt auch dafür Anhaltspunkte in der *Traumdeutung.* Sie finden sich im Traum vom *Stuhlrichter,* den Freud nach Grinstein (p. 375) wohl im März 1899 gehabt hat. Der Traum (T 430 f, 449 f) läge also etwas später als das Namenvergessen, kann thematisch aber noch darauf bezogen werden.

Freud hatte von seinem Vater geträumt, der habe *nach seinem Tode eine politische Rolle bei den Magyaren gespielt, sie politisch geeinigt.* Freud hatte dazu im Traum ein kleines Bild, nicht in Lebensgröße, sondern wie eine Abbildung, gesehen: «Eine Menschenmenge wie im Reichstag; eine Person, die auf einem oder auf zwei Stühlen steht; andere um ihn herum.» (Ref.: Mir fällt dazu – natürlich – der predigende Antichrist ein; eine oder zwei Personen – Teufel und Antichrist wie ineinandergewachsen – die auf einem Sockel stehen, andere um sie herum. Aber das muß nichts besagen.) Im Traum, sagt Freud, sei es der Vater gewesen, der auf einem oder zwei Stühlen stand, also ein *Stuhlrichter* war (Stuhlrichter ./. Richterstuhl!). Ihm fällt dazu ein: «Er hat sie geeinigt ... Wir werden keinen Richter brauchen» (Richter und Gericht sind nun ganz überflüssig).

Abb. 16: Maria Theresia auf dem Reichstag zu Preßburg (1741)

Freud erklärt dazu außerdem, und zwar mit eigenartiger Bestimmtheit: «mein Traumbild ist aber die Reproduktion eines in den Text einer illustrierten Geschichte Österreichs eingeschobenen Holzschnittes, der Maria Theresia auf dem Reichstage von Preßburg darstellt, die berühmte Szene des *Moriamur pro rege nostro*. Wie dort Maria Theresia, so steht im Traume der Vater von der Menge umringt ...» (T 430f).
Freud erklärt nicht, woher er so sicher weiß, daß das Bild vom Vater die Reproduktion eines Bildes von Maria Theresia ist, und wozu er Maria Theresia überhaupt erwähnt hat. Er macht nämlich weiter keinen Gebrauch von ihr bzw. dem Bild, kommt nicht darauf zurück. Man könnte fast meinen (Wilden, p. 339: *curiously enough* – merkwürdigerweise – *his father also represents Maria Theresa),* er habe es nur der Vollständigkeit halber erwähnt, sollte sich dessen bei Freud aber (s. die Aussage vom *heiligen Text)* nie zu sicher sein, sich also besser die Szene genauer ansehen (Abb. 16).
Maria Theresia, Königin von Ungarn und Böhmen, Erzherzogin von Österreich, war nach ihrem Regierungsantritt (1740) im Österreichischen Erbfolgekrieg und im ersten Schlesischen Krieg

sehr in Not geraten. Sie erschien in der Tracht der ungarischen Könige auf dem Reichstag zu Preßburg und empfing eine begeisterte Huldigung der sonst nicht immer für Habsburg so begeisterten Magnaten Ungarns: Moriamur – oder, in einer anderen Version: Vitam et sanguinem (Blut und Leben) – pro rege nostro, für unseren König Maria Theresia! (vgl. Kugler-Menzel, p. 186). Der Legende nach trug sie dabei einen Säugling auf dem Arm: ihren Erstgeborenen, den späteren Kaiser Joseph II. Die Huldigung galt beiden. (Aber es ist nicht sicher bekannt, ob die Szene *ein oder zwei* Hauptpersonen hatte. Vielleicht hat sie den kleinen Joseph gar nicht dabeigehabt.)

Josef aber, das ist Freud! «Hinter den Personen, die so heißen, kann sich mein Ich im Traume besonders leicht verbergen, denn Josef hieß auch der aus der Bibel bekannte Traumdeuter» (T 488).

Es ist ein hinreißendes Bild von der Mutter, die ihren Erstgeborenen präsentiert. Es hebt als Wunschbild in seinem strahlenden (aber auch trügerischen) Glanz alle anderen Mutterbilder auf (und nimmt einen Teil der Bilder, die Analytiker später von der frühen Mutter-Kind-Symbiose entworfen haben, vorweg). Es verweist also auf eine in der Phantasie erhaltene innige, «intime» Beziehung zwischen der Mutter (Freuds) und ihrem Erstgeborenen, von dem sie noch im Alter, als er längst erwachsen und ein berühmter Mann geworden war, als ihrem *goldenen Sigi* sprach (J I 19 f).

Der Traumzusammenhang zeigt deutlich, wie dieses Bild vom Vaterbild überlagert, aber dahinter erhalten geblieben ist. Dabei ergibt sich auch aus der Szene in Preßburg eine Vermischung beider Bilder: Die Ungarn huldigten Maria Theresia nicht als ihrer Königin, sondern als ihrem König: pro rege nostro! Und Freud, der die Formel zitiert, hat es gewiß bemerkt. Hinter dem scheinbar so beiläufig erwähnten und mit keinem Wort kommentierten Bild steckt eine ganze Geschichte! Ob dieselbe Geschichte hinter der vordergründig ganz falschen Beziehung auf den Namen Herzegowina in der Signorelli-Analyse (bewußt oder unbewußt) stand, kann ich nicht sagen. Ich halte es für möglich.

Das Bild würde sich nicht nur auf die Mutter, sondern auch auf die Frau – s.o.: «Prinzeßchen» – bezogen haben. Wie sehr es der Frau gegenüber ambivalent besetzt war, zeigt der Traum von

*Frau Doni* (T 448 f). Freud erlebt im Traum *eine Art Vorwurf gegen seine Frau. Frau Doni war aber,* wie Freud am Tag vor dem Traum in der Zeitung gelesen hatte, *im Kindbett gestorben,* und Freud hatte den Traum in der Nacht vor dem Geburtstag seines ältesten Sohnes (Martin Freud, geb. 7.12.1889), wahrscheinlich am 6.12.1898 (vgl. Grinstein, p. 354). Damit ergibt sich eine Rückbeziehung auf die Thematik der Reiseangst, zumal da Freud später auf den Traum zurückkommt und dann vage darauf bezogen äußert: «Ich setze folgenden Fall: Es gäbe in meiner Nähe eine Person, die ich hasse, so daß in mir eine lebhafte Regung zustande kommt, mich zu freuen, wenn ihr etwas widerfährt. Dieser Regung gibt aber das Moralische in meinem Wesen nicht nach; ich wage es nicht, den Unglückswunsch [z. B., sie, Martha, möge wie die Frau Doni im Kindbett sterben] zu äußern ...» (T 482).

Für die Gesamtsituation zur Zeit der Signorelli-Analyse ergibt sich zunächst allgemein ein Bild, in dem Freud (s.a.o: die Ausgangssituation) sowohl in der heterosexuellen als auch in der homosexuellen Beziehung – die eine durch Martha und Minna, die andere durch Fließ und Fleischl (auf dem Ausflug Freyhau) repräsentiert – in einer schweren Ambivalenz stand und erheblich gefährdet war *(Weltuntergang!)*. Er griff kompensatorisch wohl einerseits auf das Bild einer strahlend schönen Mutter-Kind-Beziehung zurück, projizierte andrerseits aber, wie ich hier ergänze, gegenüber Gedanken an Schuld, Tod und Gericht eine Entsühnung und Erhöhung in Gedanken an die Unsterblichkeit: *Die Krönung der Auserwählten* (s.T 491, vgl. T 456: ... *die eigenen unsterblichen Werke noch nicht geschrieben)*. Er bezog sich dabei übrigens in besonderer Weise auf seine Kinder mit der Idee, daß vielleicht die Kinder erreichen würden, was dem Vater versagt geblieben (T 457), und der Hoffnung (Kontext zum Stuhlrichtertraum:), *nach seinem Tode rein und groß vor seinen Kindern dazustehen* (T 431, 450).

## *Kronos*

Es scheint, als wären die Kinder für Freuds Problematik noch wichtiger gewesen, als bisher angenommen wurde. Die Reiseangst dauerte (vgl. o.) etwa so lange, wie Freuds Frau immer wieder schwanger wurde; die Frau Doni war im Kindbett gestorben, und Freud hatte den Traum von ihr vor einem späteren Geburtstag seines ältesten Sohnes. Auch seine Frau hätte im Kindbett sterben können (oder sollen!). Aber warum dann *vor seinen Kindern* rein und groß dastehen? Hatte er auch gegen sie böse Wünsche? Man kann sich dazu auf Freuds Geschwisterproblematik und den *Neffen John,* der in der *Traumdeutung* mehrfach erwähnt wird, beziehen (vgl. o.p. 18) und sich vorstellen, auch die eigenen Kinder seien für Freud unter anderem feindliche *Revenants* der Geschwister und Johns gewesen und wären so unter den Einfluß einer Ambivalenz geraten, wie er sie für seine späteren Beziehungen zu *intimen Freunden und gehaßten Feinden* beschrieben hat (T 427, 487). Es würde sich um die auch in anderen Fällen oft festgestellte Aktualisierung einer früheren Geschwisterrivalität in bezug auf die eigenen Kinder handeln. Damit verbunden ist ebenso oft eine Aktualisierung einer frühen Inzestproblematik, übertragen auf die eigene Frau. Die Inzestproblematik kann bei Freud noch besonders betont gewesen sein, da Freuds Mutter (geb. 1835) um 20 Jahre jünger war als sein Vater (geb. 1815) und damit vom Alter her ziemlich genau auf der Mitte zwischen dem Mann und dem Sohn (geb. 1856) stand. Aber mir fällt dazu dann nicht die übliche ödipale Inzestgeschichte ein, sondern eine andere, die von Kronos, der, von seiner Mutter Gaia dazu angestiftet, seinen Vater Uranos entmannte, sich der Weltherrschaft bemächtigte und vorsichtshalber die eigenen Kinder verschlang, damit ihm von ihnen nicht dasselbe widerführe, wie seinem Vater von ihm. Aber sein jüngster Sohn, Zeus, entrann dem, entmachtete ihn *später,* ent*mannte* ihn aber nicht. – Die Kinder (nicht nur die Geschwister) sind so gefährlich!

Bei Roazen klingt auf Freud und seine Schüler bezogen manches davon an, besonders da, wo er Freuds Beziehung zu Tausk beschreibt: *Freud fand es leichter, Tausk einfach abzuschieben, als das Risiko einzugehen, von ihm verschlungen zu werden* (Roazen, 1976, p. 316). Eine Kronos-Phantasie, die Kinder zu verschlingen, würde damit in der Umkehrung, in der Projektion erscheinen: von ihnen – s. a. die «infantile Gefräßigkeit» – verschlungen zu werden.

Zu den in der *Traumdeutung* auftauchenden *Flüchtigkeiten, die keine sind* (vgl. o.p. 92), gehört, zur Kronos-Problematik passend, eine Fehlleistung, in der Freud den Zeus auch die *Kastration* am Kronos wiederholen läßt (T 262f, 624; O 177, 370; zu Kronos vgl. a. 1913d, 1918b). Freud hat später zu der Fehlleistung erklärt, es sei doch *kein voller Irrtum* gewesen: In einer anderen Version des Mythos werde die Entmannung an Kronos vom Zeus wiederholt (IV 243, dort bezogen auf T-O 177, 370; aber Freud sagt nicht dazu, ob er die andere Version schon kannte, als er die *Traumdeutung* schrieb). Freud hat *die andere Version* in späteren Arbeiten dann kommentarlos als die richtige eingesetzt (1926e, 1940e). Mir scheint, er ließ den Zeus den Ödipus spielen und blieb in seiner Grundaussage damit auf den Ödipus, den Sohn, bezogen, obwohl er doch (s. anfangs: die Verführung durch den Vater) selbst längst Vater war.
Vermutlich hat er mit all dem ein archaisches Kronos-Bild, das er in sich trug, abgewehrt. Das zu wissen, mag zum besseren Verständnis der Reiseangst in bezug auf Frau und Kinder dienlich sein, aber es geht mir im Grunde um etwas anderes: Der Kronos ist viel umfassender gefährlich als der Ödipus und muß vom Ich entsprechend stärker abgewehrt werden. Es geht, anders als in der quasi privaten, auf die nächsten Angehörigen bezogenen Inzestproblematik, um ein viel weiterreichendes Bild, und nicht um persönliche Liebe (oder Ambivalenz), sondern um umgreifende Macht, um Weltherrschaft. Der Ödipus wirkt in seinem Wunsch, mit der Mutter zu schlafen und den bösen Vater zu beseitigen, gemessen am Bild der Weltherrschaft (hier betont: sich an *Gottes* Stelle setzen), banal. (Vgl. auch o.p. 39 Roazens Bemerkung über den *«Zeus»: Er verglich sich mit einem unsterblichen Gott.)*
Wenn wir aber das Kronos-Motiv ernstnehmen und als Hintergrund einsetzen, erhält die Konfrontation mit *dem Herrn* im *Weltgericht von Orvieto* eine ganz andere Dimension: Die Auseinandersetzung mit einer archaischen, genetisch sehr frühen Allmachtsphantasie, aus der das Ich auf seine Ohnmacht zurückgeworfen wird.

## *Über Entstellungen*

Ich komme auf Irdischeres zurück: Der oben gezeigte Holzschnitt stammt, wenn man so will, aus einer *illustrierten Geschichte Österreichs,* die hier aber ein Kapitel aus einer *illustrierten Geschichte Preußens* ist, aus der seinerzeit sehr bekannten *Geschichte Friedrichs des Großen* von Kugler und Menzel. Es gab und gibt, wie Grinstein in seinem Kommentar zum Stuhlrichtertraum (p. 378) erklärt, eine ganze Reihe von Darstellungen der Szene auf dem Reichstag zu Preßburg (eine schöne, aber wohl erst 1901 entstandene, bei Grinstein Abb. 11). Es ist gut möglich, daß Freud gerade die oben von mir gezeigte gekannt und in seinem Kommentar auch gemeint hat, eben weil sie damals weithin bekannt war. Daß er dabei von einer Geschichte Österreichs und nicht von einer Geschichte Preußens gesprochen hat, spricht nicht dagegen. Es wäre eher typisch für ihn. Er hat, wenn er von sich sprach, immer gern kleine Verschiebungen und Vertauschungen vorgenommen, berichtet zum Beispiel in der *Traumdeutung* von einem Traum aus der Nacht *vor* dem Begräbnis seines Vaters (T 322), den er in Wirklichkeit nach dem Begräbnis hatte (BF 2.11.96); oder er berichtet von einer Frau, die ihm im Traum auf einer Treppe *entgegen*kommt (T 244), die ihm aber im Traum, wie er ihn wirklich hatte, *nach*gekommen war (BF 31.5.97; vgl. Krüll, S. 58 f, 69 f).

Er hat gleich im Vorwort zur Traumdeutung offen auf solche Entstellungen und ihre Problematik verwiesen: «Mit der Mitteilung meiner eigenen Träume aber erwies sich als untrennbar verbunden, daß ich von den Intimitäten meines psychischen Lebens fremden Einblicken mehr eröffnete, als mir lieb sein konnte und als sonst einem Autor, der nicht Poet, sondern Naturforscher ist, zur Aufgabe fällt. Das war peinlich aber unvermeidlich; ich habe mich also darein gefügt, um nicht auf die Beweisführung für meine psychologischen Ergebnisse überhaupt verzichten zu müssen. Natürlich habe ich doch der Versuchung nicht widerstehen können, durch Auslassungen und Ersetzungen manchen Indiskretionen die Spitze abzubrechen; so oft dies geschah, gereichte es dem Werte der von mir verwendeten Beispiele zum entschiedensten Nachteile. Ich kann nur die Erwartung aussprechen, daß die Leser dieser Arbeit sich in meine

schwierige Lage versetzen werden, um Nachsicht mit mir zu üben» (T, Vorwort p. VIII).
Er hat auch später im Text der *Traumdeutung* (z.B. T 213, 425, 456, 489, 653) oder in der *Psychopathologie* (z.B. IV 244) über die sich für ihn ergebende Notwendigkeit von Entstellungen und daraus resultierende Schwierigkeiten gesprochen. Aber relativ viele Leser scheinen über solche Hinweise wegzulesen oder, wenn sie auf sie stoßen, sich nicht darüber im klaren zu sein, daß Freud *wirklich* Entstellungen meint. Jones: Freuds «Selbstenthüllungen waren viel sorgfältiger ausgewählt und zensuriert, als man allgemein annimmt» (J I 85).
Jones hat dann selbst auf seine Weise *ent*hüllt und *ver*hüllt. Er hat zum Beispiel mit seinem Hinweis auf *jenen Ausflug nach Cattaro* (s.o.p. 90) (Freud spricht immer nur von einem Ausflug in die Herzegowina) indirekt eine Beziehung zum Parzentraum, in dem Cattaro erwähnt ist, festgestellt und dabei noch eine Kleinigkeit für sich behalten, die ihm wahrscheinlich aufgefallen ist: Cattaro (Kotor) liegt gar nicht in der Herzegowina, sondern in Montenegro, gehörte 1898 auch nicht zur Herzegowina, sondern zum dalmatinischen Küstenstreifen Österreich-Ungarns. (Und wenn Jones seinerzeit sogar beinahe in derselben Postkutsche gereist ist wie Freud – s.o. –, wird er wohl Bescheid gewußt haben.) Wenn Freud damals von Ragusa (Dubrovnik) aus nach einer benachbarten Stadt (I 520) oder Station (IV 7) in der Herzegowina fahren wollte, mußte er landeinwärts in die Berge nach Trebinje fahren, wäre aber nicht nach Cattaro gekommen. Wenn er andrerseits nach Cattaro gefahren wäre, wäre er zwar zunächst nach Castelnuovo (Hercegnovi) gekommen und dahin durch die Suttorina, eine ehemals türkisch-herzegowinische Enklave, gefahren, aber es wäre keine Stadt (oder Station) in der Herzegowina gewesen: Castelnuovo/Hercegnovi war zwar früher einmal Hauptstadt der Herzegowina, war aber 1699 an Venedig und 1814 an Österreich-Ungarn gefallen. Wenn mich nicht alles täuscht, hat Freud mit der Angabe über die Fahrt nach einer benachbarten Stadt in der Herzegowina «einen Türken gebaut». Sonst hätte er einfach gesagt: Ich fuhr von dem schönen Ragusa nach Trebinje in der Herzegowina. Das Eigenartige ist, daß er ruhig hätte sagen können, er wäre auf dem Weg nach Cattaro gewesen, ohne daß es seiner Geschichte Abbruch getan hätte.

Auch wenn er nach Hercegnovi oder zurück nach Wien gefahren wäre, hätte er sich über Bosnien und die Herzegowina unterhalten können. Es ist im Grunde gleichgültig gewesen, wohin er fuhr. Er hätte sich überall darüber unterhalten können. «Also, warum lügt er?» (vgl. o. p. 70).
Ich glaube, er tut es auch einfach vorsichtshalber. Man sagt besser nicht alles so genau. Und wozu sollten die Leute gleich merken, daß der Parzentraum und die Signorelli-Analyse zusammengehören! – Da er aber den Namen der Stadt, die er besuchte, ganz betont ausgelassen hat, so daß man es bei einiger Aufmerksamkeit merken mußte, wird auch irgendein Vergnügen, etwas wie ein Spiel dabeigewesen sein: Verstecken, sich suchen lassen, gefunden werden.

### *Der Witz und das Gesindel*

Die Lösung, die Freud zum Schutz seiner persönlichen Daten in der Arbeit *Zum psychischen Mechanismus* gefunden hatte, war sehr viel origineller als die eben gezeigten, eher simplen Entstellungen, aber auch sehr viel problematischer. Es war, was die Lösung anbelangt, auf eine kurze Formel gebracht, ein gelungener Witz an der falschen Stelle, ein geistreicher Unsinn.
Ich trage hier noch eine Erklärung nach, die Freud später für die Interpretation solcher Witze gegeben hat, weil sie noch einmal treffend beschreibt, wie die Arbeit *Zum psychischen Mechanismus* zu lesen ist: «Erinnern wir uns daran, daß der Witz dem Hörer ein Doppelgesicht zeigt, ihn zu zwei verschiedenen Auffassungen zwingt. Bei den Unsinnswitzen ... lautet die eine Auffassung, die nur den Wortlaut berücksichtigt, er sei ein Unsinn; die andere, die den Andeutungen folgend beim Hörer den Weg durch das Unbewußte zurücklegt, findet den ausgezeichneten Sinn» (VI 244 f).
Freud hat in seinem Buch *über den Witz* noch etwas anderes, hier Wichtiges erklärt. Er erwähnt «die allgemein bekannte Erfahrung, daß niemand sich begnügen kann, einen Witz für sich allein gemacht zu haben. Mit der Witzarbeit ist der Drang zur Mitteilung des Witzes unabtrennbar verbunden; ja dieser Drang ist so stark, daß er sich oft genug mit Hinwegsetzung über wichtige Bedenken verwirklicht» (VI 160). Man kann sich darüber strei-

ten, ob es sich um eine so allgemein bekannte Erfahrung handelt oder nicht. Für Freud jedenfalls scheint es selbstverständlich und dann auch wohl aus eigener Erfahrung bekannt gewesen zu sein.
Als Freud die Signorelli-Arbeit geschrieben hatte, kann er nicht erwartet haben, daß alle Welt von seiner Namenspielerei entzückt sein würde. Die Arbeit war vielmehr so recht geschaffen, *ein Ärgernis zu geben,* und Breuer hätte diesmal ganz gewiß gesagt, Freud hätte sich mal wieder *sehr geschadet* (vgl. BF 9.2.98). Es sieht so aus, als habe ihn damals, als er die Arbeit schrieb und veröffentlichte, in gewissem Sinne passend zur Thematik – s.o.: Die Verführung! – buchstäblich «der Teufel geritten». Falls er Bedenken hatte, hat er sich nicht viel Zeit für sie gelassen. Er hatte das Namenvergessen am 22.9. erstmals erwähnt und schon eine Woche später, am 27.9.98, seinen «kleinen Aufsatz» daraus gemacht und «das Ding» abgeschickt. Es klingt fast, als hätte er es etwas eilig gehabt, es loszuwerden, ehe er sich eines Besseren besann. Es wäre schade um den Witz gewesen, auch – von ihm aus gesehen! – wohl schade um das Ärgernis.
Vielen Lesern Freuds war und ist kaum klar, mit welchem Ausmaß an Geringschätzung und Verachtung er sein Publikum, um das er gleichwohl mit jeder Arbeit, die er schrieb, warb, betrachtete. Er äußerte zum Beispiel 1922: «Etwas sträubt sich in mir gegen den Zwang, immer noch viel Geld zu verdienen, was doch nie genug werden kann, und dieselben psychologischen Künste fortzusetzen, die mich seit 30 Jahren gegen die Menschenverachtung und den Weltekel aufrecht gehalten haben» (an Ferenczi, 30.3.22, J III 106). Er mag ein gütiger und zutiefst humaner Mann gewesen sein, aber «die Menschen», die hat er durchweg als «Gesindel» betrachtet (vgl. J III 391), zumal dann, wenn sie ihm dumm erschienen. Das sagt er als junger Mann: «Das Gesindel lebt sich aus, wir entbehren» (an Martha, BS 29.8.83, J I 228). «Ich kann einen Menschen aus intellektuellen Gründen hassen, bloß weil er ein Narr ist» (an Martha, BS 22.8.83). Das sagt er als alter Mann: «Im tiefsten Inneren bin ich ja doch überzeugt, daß meine lieben Mitmenschen – mit einzelnen Ausnahmen – Gesindel sind» (an Lou Andreas-Salomé, BS 28.7.29; J III 519). Und er sagt es zwischendurch: «Die Nichtswürdigkeit der Menschen, auch der Analytiker, hat uns immer

großen Eindruck gemacht» (an Putnam, 7.6.1915; J II 219). Und er mißtraute seinen Lesern: «Übelwollenden Leuten kann man keine Erklärungen geben; somit habe ich manches, was über Grenzen der Therapie und Mechanismus derselben zu sagen wäre, für mich behalten, oder so dargestellt, daß nur der Kundige es erkennt» (an C. G. Jung, BFJ 6.12.06, J II 509).

Man muß all dem hinzufügen, daß Freud, als er die Signorelli-Arbeit so *(daß nur der Kundige es erkennt)* schrieb, recht verzweifelt war: «Es ist ein Elend, hier zu leben, und keine Atmosphäre, in der die Hoffnung, etwas Schweres zu Ende zu bringen, sich erhalten kann» (BF 22.9.98). Ich erinnere auch an die Beschreibung von Jones: «Seine Stimmung schwankte zwischen Perioden des Hochgefühls, der Erregung und des Selbstvertrauens und solchen schwerer Niedergeschlagenheit voller Zweifel und Hemmungen» (J I 357 f). Auch in dem Brief vom 27.9.98, den er bei der Absendung der Arbeit schrieb, kam etwas von diesem Gegensatz zum Ausdruck: *«Zwar* bin ich gescheiter als alle die Laffen, *aber* auch der traurige Nachsatz bleibt mir nicht aus: ... und seh', daß wir nichts wissen können!»

Vom Sachlichen und vom eben ausgelassenen Zwischensatz her – Führe meine Leute an der Nase herum – ist noch eine bestimmte Frage offen: Wie denn, wenn er seine Leute an der Nase herumgeführt hat, der eingangs wiedergegebene Brief an Fließ, in dem er dem Freunde sein Namenvergessen erklärt hat, einzuordnen ist. Der Brief paßt im Grunde genau zu dem, was nachher in der Signorelli-Arbeit steht. Danach müßte Freud die Erklärung in der Arbeit so gemeint haben, wie sie dasteht. Er wird doch Fließ nicht an der Nase herumgeführt haben!

Wenn man sich den Brief daraufhin noch einmal ansieht, findet man: Genaugenommen ist ihm nicht viel zu entnehmen. Aber immerhin: Die Ersatznamen sind eindeutig auf Bosnien bezogen und «das Herr», wenn auch etwas vage, auf die Herzegowina: «Es ist klar, warum sich Botticelli vorgeschoben, das Verdrängte war nur Signor, das doppelte B in den beiden Ersatznamen findet seine Aufklärung in der zur Verdrängung wirksamen Erinnerung, deren Inhalt in *Bosnien* spielt und mit einer Rede, *Herr,* was läßt sich da machen? anfängt. Ich verlor den Namen Signorelli auf einem kleinen Ausflug in der *Herzegowina* ...» (BF 22.9.98)

Also hat Freud «seine» Deutung doch für richtig gehalten? Kaum, er war ja kein Schwachkopf! – Ich nehme an, der Brief war eine Art Vorentwurf für die Arbeit, halb bestimmt, halb unbestimmt, und Freud hätte probehalber zunächst auch Fließ etwas *an der Nase herumgeführt.* Aber ich weiß es nicht.
Man kann unter Bezug auf den Brief also sagen, ich müsse mich in der Gesamtinterpretation irren. Man kommt dann nur in die Verlegenheit, gleich mit erklären zu müssen, daß Freud, als er die Signorelli-Arbeit schrieb, praktisch alles, was er vorher über die Psychoanalyse erarbeitet hatte, vergessen gehabt haben müsse.

### *Lipps*

Der «Teufel», der Freud bei der Abfassung und Veröffentlichung der Arbeit «geritten» oder ihm «eingeflüstert» hat, nannte sich damals wahrscheinlich Lipps, Professor Dr. Theodor (Gottesgeschenk) Lipps (1851–1914). Freud war richtig begeistert von ihm, nannte ihn Fließ gegenüber *den klarsten Kopf, den ich unter den heutigen philosophischen Schriftstellern ahne* (BF 26.8.98) und schrieb: «Bei Lipps habe ich die Grundzüge meiner Einsicht ganz klar wiedergefunden, vielleicht etwas mehr, als mir recht ist. ‹Der Sucher fand oft mehr, als er zu finden wünschte!›» (BF 31.8.98). Am 27.9.98 heißt es unmittelbar im Anschluß an das *Führe meine Leute an der Nase herum:* «Wer Lipps ist? Professor in München und in seinem Dialekt sagt er gerade das, was ich mir ausspekuliert über Bewußtsein, Qualität u. dgl. Ich studierte [seine] ‹Grundtatsachen des Seelenlebens›, bis die Reise kam; muß jetzt wieder die Anknüpfung suchen.»
Dabei hatte er wahrscheinlich gerade eine «Anknüpfung» gehabt, wenn auch nicht an die 1883 erschienen *Grundtatsachen,* sondern an das 1898 von Lipps erschienene Buch *Komik und Humor,* das er im Juli 98 gelesen hatte (J II 396; Jones verweist dazu auf die Briefe an Fließ, in deren veröffentlichtem Teil sich aber nichts darüber findet). Er nennt *Komik und Humor* gleich auf der ersten Textseite seines eigenen Buches *über den Witz:* «Ein Buch, dem ich den Mut und die Möglichkeit verdanke, diesen Versuch [besonders den Witz wissenschaftlich zu untersuchen] zu unternehmen» (VI 5).

*Komik und Humor* liest sich stellenweise wie eine Art erklärende Einführung in die Signorelli-Arbeit, verbunden mit einer Anleitung, so eine Arbeit zu schreiben:

«Auf der Gewohnheit, mit Worten überhaupt einen Sinn zu verbinden, beruht die Möglichkeit der ‹witzigen Scheinbegriffe›. Ich antworte etwa auf [eine] Frage ... mit einem Worte, das es nirgends gibt und das für niemand einen Sinn hat; lediglich vertrauend auf den Glauben des Hörers, es müsse sich, wenn er nur Worte hört, dabei doch etwas denken lassen» (p. 172 f).

«Man betont den Widersinn, spricht ihn mit Emphase aus. Je größer der Applomb und die Unverfrorenheit, desto eher wird das Vertrauen sich rechtfertigen, daß man wenigstens für einen Augenblick den Eindruck der Wahrheit mache» (p. 188).

«Vexierwitze ..., die aufgrund der falschen Analogie einen bestehenden Sachverhalt völlig auf den Kopf stellen ... Unsinn im Gewande der Wahrheit ... Wahrheit im Gewande des Unsinns» (p. 189).

« ... es folgt ... aus der Annahme des einen Gedankens ... die Annahme des anderen ..., nicht mit logischer, aber mit einer gewissen psychologischen Notwendigkeit» (p. 190).

«Witzige Urteilsverbindung ..., in der der Schein der logischen Zusammengehörigkeit von Urteilsinhalten erzeugt wird durch äußere Sprachmittel, die sonst erfahrungsgemäß die Zusammengehörigkeit bezeichnen» (p. 192).

«Die Möglichkeit dieser Witzart beruht darauf, daß wir auch in unserem Glauben und Nichtglauben einem Gesetze der Trägheit unterliegen. Sind wir einmal im Zuge, für wahr oder für nichtig zu halten, Beifall zu spenden oder zu verurteilen, so lassen wir uns so leicht nicht irre machen» (p. 193).

Von Lipps hat Freud wahrscheinlich auch den Begriff der *äußerlichen Assoziation* übernommen, der in Freuds Arbeiten, soweit ich sehe, erstmals in der Signorelli-Analyse auftaucht. Der Witz, sagt Lipps, bedient sich der *Ähnlichkeit bzw. der Gleichheit von Worten* oder des *Gleichklangs,* also *äußerer* Momente oder einer *äußerlichen* Beziehung, und macht daraus den *Schein der Inhaltsgleichheit.* «Dem äußeren Zusammenhange haben wir den inhaltlichen oder sachlichen gegenübergestellt» (pp. 172–177).

## Der zweite Bericht: Wiederholung und weitere Erörterungen

### *Spätere Besprechungen und Erwähnungen der Signorelli-Analyse*

Lipps hatte erklärt (s.o.), «... dass wir auch in unserem Glauben und Nichtglauben einem Gesetze der Trägheit unterliegen. Sind wir einmal im Zuge; für wahr oder nichtig zu halten, Beifall zu spenden oder zu verurteilen, so lassen wir uns so leicht nicht irre machen».

Ich weiß nicht, ob sich damals überhaupt jemand an der Arbeit *Zum psychischen Mechanismus* hat irremachen lassen. Bekannt geworden ist mir darüber nichts.

Später, als zunächst der Bericht aus der *Psychopathologie*, sehr viel später auch das Original bekannt geworden war, hat Lacan das Signorelli-Beispiel in seinen Seminaren mehrfach (z. B. 3.2.54, 10.2.54, 22.1.64) erwähnt. Wilden hat danach, 1966, eine auch auf Lacan bezogene, ausführliche Darstellung mit vielen Details (s.o.: Stuhlrichtertraum) gegeben. 1969 ist Rosen noch einmal auf das Beispiel eingegangen. Allen dreien gemeinsam ist ein linguistisches Interesse, von dem her sie Freuds Texte analytisch interpretieren. Sie setzen dabei als im Grunde selbstverständlich voraus, daß in Freuds Darstellung wesentliche Punkte noch verhüllt geblieben waren (Wilden p. 337). Die Interpretation geht dann weit über das, was Freud im Oberflächentext angeboten hat, hinaus: Der Herr ist der Herr Gott, und der Sohn, der kleine Herr, der Signor-elli, sitzt zu seiner Rechten (Wilden p. 348). Es bestehen Todeswünsche gegenüber dem Vater (Wilden p. 347). «Signorelli» steht für das Unausweichliche des Todes und die grundsätzlich gegebene Unfähigkeit des Arztes, ihn für mehr als eine kurze Zeitspanne hinauszuschieben (Rosen p. 203). Die Interpretationen zweifeln aber, soweit ich sehe, die vorgeschobene falsche Deutung (Beziehung auf Bosnien und die Herzegowina) nicht als vorgeschoben an, lassen sich also daran nicht irremachen, gehen auch auf die besondere Bedeutung des Bildes von den Taten des Antichrist nicht ein, das heißt, es wird zwar vom manifesten auf einen latenten Inhalt geschlossen, aber keine von Freud bewußt eingesetzte «falsche Verknüpfung» angenommen.

In einem Bericht über eine Diskussion mit Lacan gibt es dann aber doch eine Stelle (Lacan et al., 1957), in der es um ein Irremachen geht. (Ich referiere die betreffenden Äußerungen frei übersetzt und zusammengefaßt.) Lacan hatte auf die wichtige Funktion des Bezeichnenden (signifiant), sogar auf dem Niveau eines Kalauers, hingewiesen, war unmittelbar danach auf das Signorelli-Beispiel zu sprechen gekommen (p. 75). In der Diskussion bemerkte Maurice Merleau-Ponty, er finde denn doch nicht, daß bei Freud immer alles so klar sei und daß jeder Ausdruck, den er seinen Gedanken verliehen habe, zufriedenstellend sei. Er müsse gestehen, daß ihn die Signorelli-Geschichte immer störe, weil es bei der Erklärung der Blockade des Wortes Signorelli offenbar um einen puren und simplen Kalauer (s. o.: Herr in Herzegowina) gehe. Unsere Sprache beschränke sich aber nicht auf Kalauer, und Freud selbst habe sonst eine andere Sprache angestrebt, die sich auf Geist gründe; und man werde zugeben müssen, daß ein ziemlicher Unterschied zwischen einer solchen Sprache und einem Kalauer bestehe (p. 98). Lacan hat darauf geantwortet, ausgehend von der Art der Darstellung des Phänomens setze Merleau-Ponty den Akzent gerade auf die Defizit-Seite der Angelegenheit. Das Eigentliche liege hier aber nicht in dem, was Freud direkt zum Vergessen des Namens gesagt habe, sondern in dem, was er nicht in Worte gefaßt, aber unausgesprochen doch mitgeteilt habe (p. 99 f). – Wilden hat sich später ähnlich zu dieser Stelle geäußert (p. 334).
Jones erwähnt das Signorelli-Beispiel im Zusammenhang mit der *Psychopathologie.* Es nehme im ersten Kapitel des Buches einen wichtigen Platz ein. Er hoffe, später, in einer verbesserten Auflage seiner Freud-Biographie, zeigen zu können, daß das Beispiel mit einer bedeutungsvollen Episode am Beginn von Freuds Selbstanalyse verbunden gewesen sei. (Er ist nicht mehr dazu gekommen. Mir ist nicht bekannt, welche Episode er gemeint hat.) Freud habe das Beispiel sechs Jahre vorher (Jones geht vom Erscheinungsdatum der *Psychopathologie* als Buch, 1904, aus) schon einmal in einfacherer Form (in a simpler form) dargestellt. «Er wollte damit seine Theorie der ‹Verdrängung› in leicht faßlicher Form dem Publikum näherbringen» (J II 394; O 334: It had the function of popularizing in an easily recognizable form his theory of ‹repression›).

In der englischen *Standard Edition* von Freuds Werken findet sich zur Wiedergabe der Arbeit *Zum psychischen Mechanismus* eine Vorbemerkung der Herausgeber: Nach Freuds Bemerkungen am Anfang der *Psychopathologie* (s.u.) sei allgemein angenommen worden (it had been generally assumed), daß es sich bei der ersten Fassung um nicht mehr als um eine Art Rohentwurf, eine flüchtige Skizze (no more than a rough draft) der zweiten Fassung gehandelt habe. Ein Vergleich beider Texte zeige jetzt, daß nur die Grundzüge (the main lines of the topic) dieselben seien, daß aber die Beweisführung verschieden (the chain of argument is differently arranged) und der Stoff in ein oder zwei Punkten erweitert (at one or two points amplified) sei (SE 3, p. 288). – Von einem «Verwirrspiel» oder bemerkenswerten Entstellungen ist weder hier noch bei Jones die Rede.

*Ansatz für den zweiten Bericht*

Freud hatte einiges getan, um den analytisch orientierten Leser auf den Hintersinn seiner Arbeit aufmerksam zu machen. Die Arbeit war dann im Dezember 1898 herausgekommen. Falls, wie es scheint, in der Folgezeit, etwa im Laufe eines Jahres, tatsächlich niemand etwas gemerkt und reagiert hatte, konnte Freud sich zwar sagen, daß er hinsichtlich seiner Einschätzung der «Laffen» rechtbehalten hatte, aber er konnte nie wissen, ob nicht eines Tages doch noch einer von den «Übelwollenden» oder auch nur ein zu begeisterter Bewunderer, der partout alles von ihm lesen mußte, auf die Arbeit stoßen und stutzig werden würde. Mit einiger Wahrscheinlichkeit saß er nach einer Weile auf seinem «Witz» wie auf einer Zeitbombe, die eigentlich hochgehen mußte, aber nicht hochging. Er mußte sie entschärfen.
Soweit ich den weiteren Verlauf recht verstehe, hat er dann versucht, aus dem analytischen Rätsel eine halbwegs normal erscheinende wissenschaftliche Arbeit zu machen. Er mußte den Bericht dazu umschreiben. Die neue Fassung sollte, wie man aus dem dann vorgelegten Text rückschließen kann, verschiedenen Anforderungen genügen:
Sie sollte das Original unauffällig so ersetzen, daß möglichst niemand auf den Gedanken kam, es noch einmal lesen zu wollen und es dazu irgendwann irgendwo zu suchen.

Aus der neuen Fassung sollten Hinweise auf ein Rätsel oder gar «einen Unsinn» oder eine Darstellung nach Art der Patienten mit Doppelsinn, falschen Verknüpfungen, Verschiebungen und «gemachten» Fehlformulierungen weitgehend verschwinden. Das heißt speziell, daß die *offenkundig* falsche Deutung zu einer *einigermaßen glaubhaft* richtigen umgeformt werden mußte. Dazu mußten Teile der vorher verdeckten, *wirklich* richtigen Deutung unverschlüsselt erscheinen. Es mußte auf einen *inhaltlichen Zusammenhang* hingewiesen werden (allein mit der *äußerlichen Assoziation* ging es nicht), und es mußten persönliche Daten hereingenommen werden, weil ganz ohne sie eine analytische Deutung nicht auskommt. Es sollte aber nur ein möglichst kleiner Teil des persönlichen Hintergrundes freigegeben werden: der Inhalt der Nachricht von Trafoi, mit anderen Worten *humana und humaniora, nichts von wirklich Intimem* (BF 1.8.99), was über Trafoi hinausging, also möglichst nichts vom Thema der Fresken mit Hinweisen auf die Prophetenthematik und das Gericht oder Hinweise auf eine mögliche persönlichere Beziehung zum Thema von Tod und Sexualität. Freud hatte nämlich bei Lichte besehen im ersten Bericht viel mehr von sich preisgegeben, *für jeden Wissenden herausgesagt* (BF 21.9.99), als ihm lieb sein konnte.

Es kam von Anfang an ein unlösbarer Widerspruch herein: Die neue Fassung sollte zwar die alte ersetzen, und es sollte alles ganz anders sein, aber es sollte trotzdem alles ganz ähnlich sein, weil man ja nie sicher sein konnte, ob nicht doch noch jemand den ersten Bericht zum Vergleich heranzog.

Das Original durch eine neue Fassung so unauffällig und verläßlich wie möglich zu ersetzen, war dann sogar relativ einfach: Freud ließ die zweite Fassung wie die erste in der *Monatsschrift für Psychiatrie und Neurologie* erscheinen, jetzt aber nicht als eine in sich abgeschlossene Arbeit, sondern als eine Art Vorspann zur Einführung in eine viel umfangreichere Untersuchung zum selben Thema, als Einführung in die *Psychopathologie des Alltagslebens*. Der Text begann 1901: «Im Jahrgange 1898 dieser Zeitschrift habe ich unter dem Titel ‹Zum psychischen Mechanismus der Vergeßlichkeit› einen kleinen Aufsatz veröffentlicht, dessen Inhalt ich hier wiederholen und zum Ausgang für weitere Erörterungen nehmen werde» (vgl. IV 5).

Es war ganz natürlich, den *kleinen Aufsatz* hier zu wiederholen; und wenn er hier wiederholt worden war, brauchte niemand mehr nach dem Original zu suchen. Es war ein ausgezeichnetes Beispiel für eine Variante der Kunst, etwas dadurch zu verstekken, daß man es oder, noch besser, ein Double, offen hinlegt. Das Original blieb dann tatsächlich für die Öffentlichkeit zu Freuds Lebzeiten so gut wie verschwunden, während die neue Fassung mit der *Psychopathologie* in die Welt ging.
So gut sich der Austausch bewerkstelligen ließ, so schlecht die Umformung. Von dem Widerspruch abgesehen, daß alles ganz anders und doch ganz ähnlich sein sollte, war die Umformung der falschen in eine richtig erscheinende Deutung aus einem bestimmten Grunde im Prinzip unmöglich:
Für die richtige Deutung müssen drei inhaltliche, «intime» Zusammenhänge beschrieben werden: Geschichte von Trafoi – Geschichte aus Bosnien; Thema der Geschichten – Thema der Fresken; Name des Richters – Name des Malers. Freud hatte stattdessen eine äußerliche Assoziation zwischen Namen und Namen und dem unterdrückten Thema eingesetzt: Signor – Herr – Herzegowina – Bosnien – Geschichte aus Bosnien – Thema der Geschichte. Man kann nun zwar allgemein sagen, zu einer vollständigen analytischen Interpretation gehöre neben der Erklärung einer äußerlichen Assoziation die eines inhaltlichen Zusammenhanges. Man müsse also, um vollständig zu sein, lediglich der einen Erklärung die andere anfügen. So hat Freud nachher (s.u.) auch argumentiert. Diese allgemeine Argumentation läßt sich aber auf den speziellen Fall nicht anwenden, weil sich hier die infragestehenden inhaltlichen Zusammenhänge und die vorgegebene äußerliche Assoziation nicht aufeinander beziehen lassen und weil sich *dieser* äußerlichen Assoziation auch generell kein inhaltlicher Zusammenhang oder unbewußter Sinn unterlegen läßt. Die Namen von Maler und Richter können unbewußt gleichgesetzt werden, die von Bosnien, Herzegowina und Signorelli nicht. Da geht der Sinn verloren. Es war tatsächlich eine Assoziation wie sie schnellen Dichtern *beim Reimeschmieden* (Freuds Text: 31) unterläuft, wohlklingend, aber ohne Sinn und Verstand. Das war für den ersten Bericht auch wohl so vorgesehen: so schön oberflächlich und un-sinnig, daß eigentlich jeder, der mitdachte, darüber stutzig werden und nach einer

besseren Erklärung suchen mußte. Aber das, was für den ersten Bericht eine ausgezeichnete Lösung war, ergab für den zweiten ein unlösbares Problem. Aus *dieser* falschen Verknüpfung ließ sich beim besten Willen keine richtige machen, auch keine, die neben einer anderen richtigen zur Not hätte bestehen können.
Also hat Freud versucht, an der ursprünglich gegebenen falschen Deutung *auch im Prinzip* festzuhalten, sie weiterhin als richtig zu behaupten. Er hat dem dann wie im ersten Bericht wieder Hinweise auf die wirklich richtige Deutung angefügt, die jetzt aber weiterreichen als vorher (das sind denn wohl die im Anfangssatz genannten *weiteren Erörterungen):* Es wird, wenn auch sehr widersprüchlich, bestätigt, daß ein inhaltlicher Zusammenhang bestand, aber er wird nicht erklärt.
*Wiederholt* hat Freud den Inhalt des ersten Berichts im wesentlichen so, wie Patienten einen Bericht über einen Traum wiederholen. Er hat in der *Traumdeutung* dazu beschrieben: «Ich pflege bei den Traumanalysen ... folgende Probe ... nie ohne Erfolg anzustellen. Wenn mir der Bericht eines Traums zuerst schwer verständlich erscheint, so bitte ich den Erzähler, ihn zu wiederholen. Das geschieht dann selten mit den nämlichen Worten. Die Stellen aber, an denen er den Ausdruck verändert hat, die sind mir als die schwachen Stellen der Traumverkleidung kenntlich gemacht worden, die dienen mir wie *Hagen* das gestickte Zeichen an Siegfrieds [O 302: Sigfried's] Gewand. Dort kann die Traumdeutung ansetzen. Der Erzähler ist durch meine Aufforderung gewarnt worden, daß ich besondere Mühe zur Lösung des Traumes anzuwenden gedenke; er schützt also rasch, unter dem Drange des Widerstands, die schwachen Stellen der Traumverkleidung, indem er einen verräterischen Ausdruck durch einen ferner abliegenden ersetzt. Er macht mich so auf den von ihm fallen gelassenen Ausdruck aufmerksam. Aus der Mühe, mit der die Traumlösung verteidigt wird, darf ich auch auf die Sorgfalt schließen, die dem Traum sein Gewand gewebt hat» (T 519 f; O 301 f).
Es ist nach allem wieder ein Verwirrspiel daraus geworden, und die genauere Darstellung – bis Seite 171 – ist wieder schwer lesbar.

Mit dem zweiten Bericht wird einerseits eine Menge verwischt, andrerseits wird gerade durch die Veränderungen das Veränderte als schwache

Stelle *von Freud selbst* kenntlich gemacht; und wir dürfen aus dem Bericht auf die Sorgfalt schließen, mit der Freud dem Signorelli sein neues Gewand gewebt hat.
Ich gehe zunächst auf die *Wiederholungen,* dann auf die *weiteren Erörterungen* ein. Ich gebe dabei den zweiten Bericht (IV 5–12 mit einem Nachtrag IV 18 f) so wieder, daß ich

- Erklärungen zur Ersatznamenbildung weitgehend auslasse,
- sonst alles Wesentliche zitiere oder referiere, aber in der Reihenfolge umstelle, nämlich nach Wiederholungen und weiteren Erörterungen gliedere, dabei für die Wiederholungen noch zwei Untergruppen einrichte:
  - *verkürzt Wiederholtes oder fallengelassene Ausdrücke:* vorher *überflüssiges Beiwerk,* das Freud nun gestrichen oder stark reduziert hat;
  - *Wiederholungen und Korrekturen:* Freud hat schwache Stellen nachgebessert und verräterische Ausdrücke (zu offenkundig Falsches) teils korrigiert, teils unverändert wiederholt, teils auch zunächst abgewandelt und dann doch in der früheren Formulierung wiederholt.

Ich beziehe die Aussagen des zweiten Berichts auf die Aussagen des ersten, die «wiederholt» werden. Um den Vergleich mit dem ersten Bericht zu erleichtern, gebe ich für diese Stellen die dort eingefügten laufenden Nummern an, die ich mit einem A kennzeichne. Für die Stellen aus dem zweiten Bericht gebe ich die Seitenzahl nach GW IV an.

*Verkürzte Wiederholungen*

Die Fresken und die Hypermnesie (A 5–13)
Die *dringende Empfehlung,* der *Weltuntergang* und das *letzte Gericht* sind gestrichen. Die Fresken handeln nur noch *von den letzten Dingen* (IV 6). Die Hypermnesie ist für den Hauptteil gestrichen, wird im Nachtrag im Kleingedruckten erwähnt und (Korrektur!) als *Ersatzbildung* erklärt: «Diese Ersatzbildung bestände auch dort, wo das Auftauchen unrichtiger Ersatznamen ausbleibt, in der Verstärkung eines Elementes, welches dem vergessenen benachbart ist. Im Falle ‹Signorelli› war z.B., solange mir der Name des Malers unzugänglich blieb, die visuelle Erinnerung an den Zyklus von Fresken und an sein in der Ecke eines Bildes angebrachtes Selbstporträt *überdeutlich,* jedenfalls weit intensiver, als visuelle Erinnerungsspuren sonst bei mir auftreten» (IV 18).
*Ecke eines Bildes* (A 8) wiederholt, *Fra Angelico* gestrichen.

Die erste Geschichte aus Bosnien (nach A 14)
In karger Abwandlung wiederholt: «Ich hatte erzählt, was ich von einem unter diesen Leuten praktizierenden Kollegen gehört hatte, daß sie sich voll Vertrauen in den Arzt und voll Ergebung in das Schicksal zu zeigen pflegen. Wenn man ihnen ankündigen muß, daß es für den Kranken keine Hilfe gibt, so antworten sie: ‹*Herr,* was ist da zu sagen? Ich weiß, wenn er zu retten wäre, hättest du ihn gerettet!›» (IV 7).
Gestrichen: der *liebe* Kollege, die *besondere Achtung,* der *Gegensatz zu unserer Bevölkerung,* die *Fügungen* des Schicksals, der *Familienvater,* der *dem Tode verfallene Angehörige.*
Wilden verweist darauf, daß die beiden Berichte verschieden sind und spricht hier von einer *Regression von Wort- auf Sach- oder Ding-Vorstellungen* (p. 341 f).

*Wiederholungen und Korrekturen*

Die zweite Geschichte aus Bosnien
Abgewandelt wiederholt. Freud hat dabei *die beiden Charakterzüge* (A 15) *«erläutert»* (die anderen *gemachten Fehlformulierungen* sind ersatzlos gestrichen): «Diese Türken schätzen den Sexualgenuß über alles und verfallen bei sexuellen Störungen in eine Verzweiflung, welche seltsam gegen ihre Resignation bei Todesgefahr absticht. Einer der Patienten meines Kollegen hatte ihm einmal gesagt: «Du weißt ja, *Herr,* wenn *das* nicht mehr geht, dann hat das Leben keinen Wert» (IV 8).

Die Assoziation Herr-Herzegowina-Bosnien-Geschichte
Die Assoziationskette war für einen nachvollziehbaren unbewußten Zusammenhang unter anderem zu lang. Sie wird jetzt dadurch um ein Glied kürzer (aber nicht besser), daß die Geschichten nun von *den in Bosnien und in der Herzegowina lebenden Türken,* den *Türken in Bosnien usw.* (IV 7) oder den *Sitten der Türken usw.* (IV 8) handeln. – Bei Rosen fällt diesbezüglich Bosnien der Einfachheit halber ganz weg. Die Geschichten handeln bei ihm *von den kranken Türken in der Herzegowina* oder den *herzegowinischen* Türken (S. 202, 203, 205).

Geschichte unterdrückt, in der das Thema der Sexualität berührt war (A 17)
Freud sagt jetzt auch im Wortlaut: *Ich unterdrückte* (die Geschichte), *weil ich das Thema (O 3: das heikle Thema) nicht in einem Gespräch mit einem Fremden berühren wollte.* Darauf folgt eine Korrektur (nach dem Falschen das Richtige), die aber als Ergänzung deklariert wird und zudem wieder vom Wesentlichen ablenkt, dabei Wiederholung des letzten Teils des ersten Berichts: «Ich tat aber noch mehr; ich lenkte

meine Aufmerksamkeit auch von der Fortsetzung der Gedanken ab, die sich bei mir an das Thema ‹Tod und Sexualität› hätten knüpfen können. Ich stand damals unter der Nachwirkung einer Nachricht, die ich wenige Wochen vorher während eines kurzen Aufenthaltes in *Trafoi,* erhalten hatte. Ein Patient, mit dem ich mir viele Mühe gegeben, hatte wegen einer unheilbaren sexuellen Störung seinem Leben ein Ende gemacht. Ich weiß bestimmt, daß mir auf jener Reise in die Herzegowina dieses traurige Ereignis und alles, was damit zusammenhängt, nicht zur bewußten Erinnerung kam. Aber die Übereinstimmung *Trafoi–Boltraffio* nötigt mich anzunehmen, daß damals diese Reminiszenz trotz der absichtlichen Ablenkung meiner Aufmerksamkeit in mir zur Wirksamkeit gebracht worden ist» (IV 8). Es ist wieder eine Verschiebung von Beanstandetem auf Harmloses, von Inhaltlichem auf eine äußere Assoziation. Nicht die Übereinstimmung Trafoi-Boltraffio, sondern die Übereinstimmung zwischen dem Inhalt der Nachricht und dem der unterdrückten Geschichte nötigt (primär) anzunehmen, daß die Reminiszenz doch zur Wirksamkeit gebracht worden ist.

Zufällige Motive (A 42)
Freud ist im zweiten Bericht anfangs (s.u.) davon ausgegangen, daß der Name, wie es zunächst aussah, ohne faßbaren Zusammenhang mit anderem vergessen worden wäre. Darauf rückbezogen folgt hier, unmittelbar an das letzte Zitat anschließend: «Ich kann das Vergessen des Namens Signorelli nicht mehr als ein zufälliges Ereignis auffassen. Ich muß den Einfluß eines *Motivs* bei diesem Vorgang anerkennen. Es waren Motive, die mich veranlaßten, mich in der Mitteilung meiner Gedanken (über die Sitten der Türken usw.) zu unterbrechen, und die mich ferner beeinflußten, die daran sich knüpfenden Gedanken, die bis zur Nachricht in Trafoi geführt hätten, in mir vom Bewußtwerden auszuschließen. Ich wollte also etwas vergessen, ich hatte etwas *verdrängt.* Ich wollte allerdings etwas anderes vergessen als den Namen des Meisters von Orvieto; aber dieses andere brachte es zustande, sich mit dessen Namen in assoziative Verbindung zu setzen, so daß mein Willensakt das Ziel verfehlte und ich *das eine wider Willen* vergaß, während ich *das andere mit Absicht* vergessen wollte. Die Abneigung, zu erinnern, richtete sich gegen den einen Inhalt; die Unfähigkeit, zu erinnern, trat an einem anderen hervor. Es wäre offenbar ein einfacherer Fall, wenn Abneigung und Unfähigkeit, zu erinnern, denselben Inhalt beträfen» (IV 8 f).
Freud hat jetzt auf die Verbindung zwischen der Geschichte und der Nachricht hingewiesen und dann wieder ein sophistisches Spiel gemacht. Das Motiv bei *diesem Vorgang* des Vergessens war: er wollte etwas vergessen. Er lenkt dann von der Erklärung des Motivs ab und sagt

richtig und doppelsinnig: er wollte *etwas anderes* vergessen, als den Namen des Meisters von Orvieto, nämlich (im Doppelsinn) den Namen des Meisters (des Herrn) von Orvieto. *Dieses andere* (nicht er, vgl. A 31) brachte es dann zustande, sich mit dem Namen in Verbindung zu setzen. Sein Willensakt, der *das andere* vergessen wollte, hat aber nicht das Ziel verfehlt *(das andere* wurde ja «vergessen»), sondern ist über das Ziel hinausgegangen, hat das eine in das andere einbezogen und mitverdrängt. – Freud hat dabei zusätzlich dadurch Verwirrung gestiftet, daß er nicht dazugesagt hat, was als bewußt und was als unbewußt gelten soll. Ein *unbewußter* Willensakt richtete sich gegen den *bewußten* Willen, der etwas erinnern wollte, das mit *unbewußter* Absicht verdrängt wurde. Die *unbewußte* Abneigung, zu erinnern, richtete sich gegen beide Inhalte (sonst wäre nichts verdrängt worden). Die Unfähigkeit zu erinnern, betraf auch beide, trat aber an dem einen, dem gesuchten Namen, hervor: wurde daran deutlich.

Die Namen im verdrängten Thema (A 33 und 39)
Nachdem Freud die erste Geschichte von den Türken in Bosnien und der Herzegowina erzählt hat, erklärt er – als habe er lange darauf gewartet – richtig: *Erst in diesen Sätzen* finden sich die Namen Bosnien und Herzegowina vor (IV 7). Da finden sie sich wie vorher «das Herr» im Namen Herzegowina (A 23), aber es besagt wieder nichts. Es soll wohl darauf vorbereiten, daß sie nachher wieder falsch im verdrängten Thema vorkommen dürfen: «Sehr auffällig ist die Art der Verknüpfung, die sich zwischen dem gesuchten Namen und dem verdrängten Thema (von Tod und Sexualität usw., in dem die Namen Bosnien, Herzegowina, Trafoi vorkommen) hergestellt hat. Das hier eingeschaltete, aus der Abhandlung des Jahres 1898 wiederholte Schema sucht diese Verknüpfung anschaulich darzustellen» (IV 9).

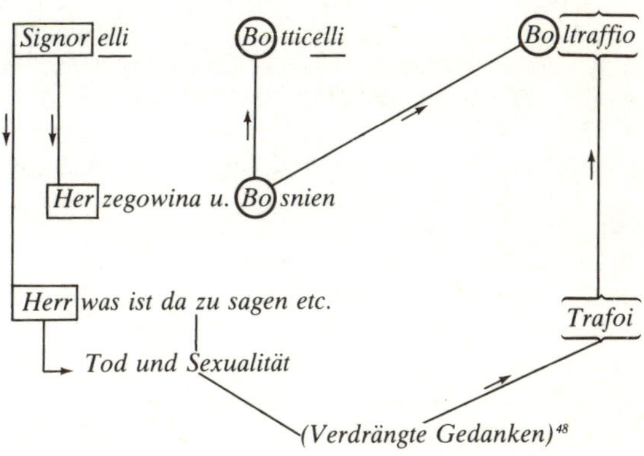

*Sehr auffällig* ist, daß in dem jetzt gezeigten Schema, das gar nicht aus der Abhandlung des Jahres 1898 stammt, die Verknüpfung eindeutig über das Wort, die Anrede (den Namen) Herr läuft und daß die Namen Herzegowina und Bosnien dem Bild nach zu (dem Thema von) Tod und Sexualität keine Beziehung haben.

«Das Herr» in Herzegowina (A 23)
Die Formel ist gestrichen, ebenso die Auskunft, daß es gewiß nicht ohne Belang war, daß beide Geschichten ein Herr als Anrede an den Arzt enthielten (A 26). Stattdessen erscheint unmittelbar nach der Wiedergabe des Schemas eine darauf rückbezogene Formulierung, die in ihrer Unbestimmtheit alles sagt und alles offen läßt (auch danach nicht weiter erklärt worden ist): «Der Name Signorelli ist dabei in zwei Stücke zerlegt worden. Das eine Silbenpaar ist in einem der Ersatznamen unverändert wiedergekehrt *(elli),* das andere hat durch die Übersetzung *Signor–Herr* mehrfache und verschiedenartige Beziehungen zu den im verdrängten Thema enthaltenen Namen gewonnen, ist aber dadurch für die Reproduktion verloren gegangen» (IV 10).

Die Zwangslage wie beim Reimeschmieden (A 31)
Die Formulierung ist abgewandelt wiederholt worden: «Die Namen sind also bei diesem Vorgang ähnlich behandelt worden wie die Schriftbilder eines Satzes, der in ein Bilderrätsel (Rebus) umgewandelt werden soll» (IV 10).
Die neue Formulierung erscheint jetzt nach der Wiedergabe des Schemas und der über mehrfache und verschiedenartige Beziehungen. Sie läßt in ihrem Doppelsinn noch einmal etwas von Freuds Witz in der sonst quälend hingezogenen «Wiederholung» aufleuchten: Freud hat seine Aussage mit Falschem und Richtigem in eine Art Bilderrätsel, das Schema, verkleidet.

Der oben aufgedeckte Mechanismus des Namenvergessens (A 49)
Schon erwähnt: «Wir haben nur für gewisse Fälle zu all den längst anerkannten Momenten, die das Vergessen eines Namens bewirken können, noch ein *Motiv* hinzugefügt und überdies den Mechanismus des Fehlerinnerns klargelegt» (IV 10).

Die unterdrückte Geschichte hat den Namen in die Verdrängung nachgezogen (A 28); das unterdrückte Thema strebt, die Verbindung mit dem nicht unterdrückten herzustellen, und verschmäht auch nicht den Weg der äußerlichen Assoziation (A 31)
Freud erklärt dazu hier: [Gewisse] «Dispositionen sind ... unentbehrlich, um die Möglichkeit zu schaffen, daß das verdrängte Element sich

assoziativ des gesuchten Namens bemächtige und es mit sich in die Verdrängung nehme ... Es ist ja wahrscheinlich, daß ein unterdrücktes Element allemal bestrebt ist, sich irgendwo anders zur Geltung zu bringen, diesen Erfolg aber nur dort erreicht, wo ihm geeignete Bedingungen entgegenkommen.»
Zu den Bedingungen gehört «die Möglichkeit, eine *äußerliche* Assoziation zwischen dem betreffenden Namen und dem vorher unterdrückten Element herzustellen» (IV 10 f).

Die inhaltliche Verwandtschaft: scheint geringfügig (A 21)
Nach einer allgemeinen Schilderung des Namenvergessens hat Freud am Anfang des zweiten Berichts erklärt: «Die Untersuchung ... führte zu folgenden Ergebnissen:
a) Der Grund für das Entfallen des Namens *Signorelli* ist weder in einer Besonderheit dieses Namens selbst, noch in einem psychologischen Charakter des Zusammenhanges zu suchen, in welchen derselbe eingefügt war ... Der Zusammenhang aber, in dem sich das Namenvergessen ereignete, erscheint mir harmlos und führt zu keiner weiteren Aufklärung: Ich machte mit einem Fremden eine Wagenfahrt von Ragusa in Dalmatien nach einer Station der Herzegowina; wir kamen auf das Reisen in Italien zu sprechen, und ich fragte meinen Reisegefährten, ob er schon in Orvieto gewesen und dort die berühmten Fresken des *** besichtigt habe.
b) Das Namenvergessen erklärt sich erst, wenn ich mich an das in jener Unterhaltung unmittelbar vorhergehende Thema erinnere, und gibt sich als eine *Störung des neu auftauchenden Themas durch das vorhergehende* zu erkennen.»
Im Text folgt hier die erste Geschichte aus Bosnien. Danach erklärt Freud:
«c) Ich nehme an, daß der Gedankenreihe von den Sitten der Türken in Bosnien usw. die Fähigkeit, einen nächsten Gedanken zu stören, darum zukam, weil ich ihr meine Aufmerksamkeit entzogen hatte, ehe sie noch zu Ende gebracht war.»
Es folgt die zweite Geschichte mit der Erklärung der Unterdrückung, dann (schon wiedergegeben):
«d) Ich kann das Vergessen des Namens Signorelli nicht mehr als ein zufälliges Ereignis auffassen.»
Es folgen das Schema, die Aussage über verschiedenartige Beziehungen und über Bilderrätsel. Schließlich: «Eine Beziehung zwischen dem Thema, in dem der Name Signorelli vorkam, und dem zeitlich ihm vorangehenden verdrängten Thema, welche über diese Wiederkehr gleicher Silben (oder vielmehr Buchstabenfolgen) hinausginge, scheint *zunächst* [sic!] nicht auffindbar zu sein» (IV 10).

Im Text folgen noch die Aussagen über das klargelegte Fehlerinnern und über die Möglichkeit, eine äußerliche Assoziation herzustellen. Damit sind die *Wiederholungen* abgeschlossen.

*Weitere Erörterungen*

Freud hat zum Schluß erklärt, daß bei den *geringen Ansprüchen* [!] an eine äußerliche Assoziation dieselbe in den allermeisten Fällen *durchzusetzen* sein dürfe. Er fährt fort und hebt damit im Grunde alles vorher Gesagte auf: «Eine andere und tiefer reichende Frage ist es, ob eine solche äußerliche Assoziation wirklich die genügende Bedingung dafür sein kann, daß das verdrängte Element die Reproduktion des gesuchten Namens störe, ob nicht doch notwendig ein intimerer Zusammenhang der beiden Themata erforderlich wird. Bei oberflächlicher Betrachtung würde man letztere Forderung abweisen wollen und das zeitliche Aneinanderstoßen bei völlig disparatem Inhalt für genügend halten. Bei eingehender Untersuchung findet man aber immer häufiger, daß die beiden durch eine äußerliche Assoziation verknüpften Elemente (das verdrängte und das neue) außerdem einen inhaltlichen Zusammenhang besitzen, und auch in dem Beispiel *Signorelli* läßt sich ein solcher erweisen» (IV 11).
Freud hat hier (wie auch schon vorher) nebeneinander von *Themen* und von *Elementen* gesprochen, als sei beides dasselbe. Er dürfte mit den Elementen aber etwas anderes gemeint haben: *das verdrängte Element* war der Name des Herrn. Wenn man die Aussage so liest, ist sie richtig. Freud erklärt das nicht, erklärt auch nicht, wie sich der nun behauptete Zusammenhang erweisen läßt (vgl. den ersten Bericht: *dafür habe ich mehrfache Beweise aus meiner Selbsterforschung, die ich hier nicht anzuführen brauche)* oder worin der Zusammenhang bestand. Er bricht die «Analyse» ab und wendet sich Allgemeinem zu.
Er bespricht dann (2. Kapitel der *Psychopathologie)* das sogenannte Beispiel «aliquis» mit dem Blutwunder des heiligen Januarius (das Blutwunder von Bolsena erwähnt er nicht, schon gar nicht, daß er, wie Swales vermutet, im Beispiel «aliquis» im Sinne einer Fremdschilderung von sich selbst und der Schwägerin Minna und von einem auf sie bezogenen «Blutwunder» – ob die Periode kommt oder nicht – spräche). Er erklärt zum Beispiel «aliquis», es habe sich um ein Wortvergessen *ohne* Ersatzerinnern gehandelt, und kommt dann vergleichend auf das Signorelli-Beispiel zurück, aber so, als er habe er inzwischen ganz vergessen, daß er gerade eben festgestellt hatte, ein inhaltlicher Zusammenhang lasse sich dort erweisen: «Der Hauptwert des Beispiels *aliquis* ist aber in einem anderen seiner Unterschiede von dem Falle ‹Signorelli› gelegen. Im letzteren Beispiel wird die Reproduktion des Namens

gestört durch die Nachwirkung eines Gedankenganges, der kurz vorher begonnen und abgebrochen wurde, dessen Inhalt aber in keinem deutlichen[!] Zusammenhang mit dem neuen Thema stand, in dem der Name Signorelli enthalten war. Zwischen dem verdrängten und dem Thema des vergessenen Namens bestand bloß die Beziehung der zeitlichen Kontiguität; dieselbe reichte hin, damit sich die beiden durch eine äußerliche Assoziation in Verbindung setzen konnten» (IV 18 f).
Es folgt noch eine Anmerkung: «Ich möchte für das Fehlen eines inneren Zusammenhanges zwischen den beiden Gedankenkreisen im Falle Signorelli nicht mit voller Überzeugung einstehen. Bei sorgfältiger Verfolgung der verdrängten Gedanken über das Thema von Tod und Sexualleben stößt man doch auf eine Idee, die sich mit dem Thema der Fresken von Orvieto nahe berührt.»
Auf welche Idee man stößt, bleibt ungesagt.
Freud wendet sich *endgültig* anderem zu.

*Aber mein Name HERR ist ihnen nicht offenbart worden. (2 Mos 6,3)*

## Schlußbemerkungen

Herr, was ist da zu sagen?
Zunächst: Es war für Freud praktisch von Anfang seiner analytischen Arbeit an, spätestens seit 1895 mit den *Studien über Hysterie,* selbstverständlich, daß Symptome mit dem veranlassenden Trauma in *stringentem* (und nicht oberflächlichem) Zusammenhang stehen (I 82) und daß immer eine *inhaltliche* Beziehung zur Erklärung unbewußter Verknüpfungen anzunehmen ist (I 429). Er hat dann *nach* dem Erscheinen der Arbeit *Zum psychischen Mechanismus,* aber *vor* dem Erscheinen der *Psychopathologie* im Original der Traumdeutung noch einmal ausdrücklich erklärt: «Das freie Spiel der Vorstellungen nach beliebiger Assoziationsverkettung kommt vielleicht bei destruktiven organischen Gehirnprozessen zum Vorschein; was bei den Psychoneurosen für solches gehalten wird, läßt sich allemal durch Einwirkung der Zensur auf eine Gedankenreihe aufklären, welche von verborgen gebliebenen Zielvorstellungen in den Vordergrund geschoben wird. Als ein untrügliches Zeichen der von Zielvorstellungen freien Assoziation hat man es betrachtet, wenn die auftauchenden Vorstellungen (oder Bilder) untereinander

durch die Bande der sogenannten oberflächlichen Assoziation verknüpft erscheinen, also durch Assonanz, Wortzweideutigkeit, zeitliches Zusammentreffen ohne innere Sinnbeziehung, durch alle die Assoziationen, die wir im Witz und beim Wortspiel zu verwerten uns gestatten. Dieses Kennzeichen trifft für die Gedankenverbindungen, die uns von den Elementen des Trauminhalts zu den Zwischengedanken und von diesen zu den eigentlichen Traumgedanken führen, zu; wir haben bei vielen Traumanalysen Beispiele davon gefunden, die unser Befremden wekken mußten. Keine Anknüpfung war da zu locker, kein Witz zu verwerflich, als daß er nicht die Brücke von einem Gedanken zum andern hätte bilden dürfen. Aber das richtige Verständnis solcher Nachsichtigkeit liegt nicht ferne. *Jedesmal, wenn ein psychisches Element mit einem anderen durch eine anstößige und oberflächliche Assoziation verbunden ist, existiert auch eine korrekte und tiefergehende Verknüpfung zwischen den beiden, welche dem Widerstande der Zensur unterliegt»* (T 535, O 310).
Daran ist nichts zu deuteln, nichts wegzuerklären. Freud hat es genau gewußt, und der Leser, der im Zweifelsfall die *Traumdeutung* kannte, wird in der *Psychopathologie* behandelt wie ein Hilfsschüler, der nicht bis drei zählen kann.
Es hätte aber nicht des Hinweises auf die *Traumdeutung* oder irgendeine andere Arbeit bedurft, um das festzustellen. Es geht aus dem zweiten Bericht selbst eindeutig hervor, daß ein inhaltlicher Zusammenhang bestand (sich erweisen ließ). Das hat Freud, als er den ersten Satz des Berichts schrieb, ebenso gut gewußt wie beim Abfassen des letzten. Er tut aber so, als sei es ihm erst nachträglich aufgegangen, und als sei etwas, was völlig klar war, unklar und zweifelhaft gewesen.
Der eigentliche Fehler der Arbeit *Zum psychischen Mechanismus* lag nicht darin, daß Freud Einzelheiten verhüllt oder entstellt wiedergegeben hat, sondern darin, daß er eine wissenschaftlich falsche Deutung als eine richtige präsentiert und als für eine analytische Erklärung ausreichend ausgegeben hat.
Es war kein guter Einfall, aber nun einmal so geschehen. Die bedachte *«Wiederholung» und die «weiteren Erörterungen»* in der *Psychopathologie* sind viel unangenehmer, haben wahrscheinlich auch Freuds Schülern mehr Kopfzerbrechen gemacht. Es war eine bewußte *und bedachte* Täuschung, und es lag ein Stück

Hohn darin (s.a. *Motive),* zugleich Hilflosigkeit: daß ihm keine andere Lösung möglich war als diese, in der weder das Falsche noch das Richtige erklärt, sondern das Ganze vertuscht wird.

Ich habe viel von Freud gesprochen, könnte auch sagen: im Umgang mit ihm *mit* ihm gesprochen. Die Frage ist: Wozu denn? Ich lasse zunächst Freud antworten. Er hat 1930, als ihm der Goethe-Preis verliehen wurde, zur Motivation des Umgangs mit der Arbeit und der Geschichte großer Männer geschrieben: «Man sagt allgemein, es sei das Verlangen, uns einen solchen Mann auch menschlich näherzubringen. Lassen wir das gelten; es ist also das Bedürfnis, affektive Beziehungen zu solchen Menschen zu gewinnen, sie den Vätern, Lehrern, Vorbildern anzureihen, die wir gekannt oder deren Einfluß wir bereits erfahren haben, unter der Erwartung, daß ihre Persönlichkeiten ebenso großartig und bewundernswert sein werden wie die Werke, die wir von ihnen besitzen.
Immerhin wollen wir zugestehen, daß noch ein anderes Motiv im Spiele ist. Die Rechtfertigung des Biographen enthält auch ein Bekenntnis. Nicht herabsetzen zwar will der Biograph den Heros, sondern ihn uns näherbringen. Aber das heißt doch die Distanz, die uns von ihm trennt, verringern, wirkt doch in der Richtung einer Erniedrigung. Und es ist unvermeidlich, wenn wir vom Leben eines Großen mehr erfahren, werden wir auch von Gelegenheiten hören, in denen er es wirklich nicht besser gemacht hat als wir, uns menschlich wirklich nahe gekommen ist. Dennoch meine ich, wir erklären die Bemühungen der Biographik für legitim. Unsere Einstellung zu Vätern und Lehrern ist nun einmal eine ambivalente, denn unsere Verehrung für sie deckt regelmäßig eine Komponente von feindseliger Auflehnung. Das ist ein psychologisches Verhängnis, läßt sich ohne gewaltsame Unterdrückung der Wahrheit nicht ändern und muß sich auf unser Verhältnis zu den großen Männern, deren Lebensgeschichte wir erforschen wollen, fortsetzen» (1930e).
Ich sehe es noch anders. Es geht im Grunde nicht mehr um den großen Mann (auch nicht, wenn ich *«mit* ihm gesprochen» habe), sondern um das Bild, das wir von ihm in uns tragen, also um etwas, dem wir in uns und den anderen, mit denen wir leben, begegnen und das wir in ihnen und uns lieben oder hassen,

erträglich oder unerträglich finden, wahrhaben oder nicht wahrhaben wollen.

Mich hat anfangs – ich weiß noch, wie ich über die *«Wertschätzung* von Tod und Sexualgenuß» gestolpert bin – das Rätsel gereizt, und, das gilt fürs Ganze, es hat mich gereizt zu zeigen, daß ich darauf gekommen bin und eine Lösung gefunden habe. Nachher, als ich die Darstellung in der *Psychopathologie* las, fühlte ich mich betrogen. Es ging immer darum, Verstecktes herauszufinden, dann aber auch deutlich um die Frage, was wir an Wirklichkeit und Wahrhaftigkeit nicht nur in unseren Analysen vertreten, sondern im Leben wahrnehmen und tragen können, die Wirklichkeit der Verstellung und Lüge darin inbegriffen. Das *war* auch Freuds Problem. Es *ist* aber unser Problem.

## Nachwort

In den Jahren, in denen ich am Signorelli-Thema gearbeitet habe, habe ich gelegentlich gedacht, teils gefürchtet, teils gehofft, irgendwann werde ein anderer mit dem gleichen Thema herauskommen. Der andere kam fast synchron mit mir: Peter J. Swales hat in New York im Nov. 81 über «Freud, Minna Bernays, and the Conquest of Rome» zum aliquis-Beispiel und im Mai 82 über «Freud, Minna Bernays, and the Imitation of Christ» zum Signorelli-Beispiel gesprochen. Der erste Vortrag (1982a) ist inzwischen im Druck. Ich konnte noch zwei Hinweise auf ihn in meinem laufenden Text unterbringen. Vom zweiten Vortrag (1982b) konnte ich noch eben rechtzeitig zur Umbruch-Korrektur dieses Buches das Manuskript einsehen: Es ist eine beeindruckende Darstellung der Freud-Christ-Antichrist-Thematik im Zusammenhang mit den Bildern Signorellis und der Verführungstheorie, in der Akzentuierung etwas anders als bei mir, in der Ausarbeitung sehr viel weitreichender und umfassender als das von mir dazu Gebrachte, z.B. das Antichrist-Thema auf die Hannibal-Identifizierung und den Rom-Komplex Freuds bezogen und mit der Beziehung zu Minna Bernays verbunden: Rom fällt an den, der «zuerst die Mutter küßt». – Das «Verwirrspiel» ist dagegen weitgehend unberücksichtigt geblieben. Es ist für jemanden, der das Deutsche nicht als Muttersprache hat, in der sprachlichen Nuancierung (s. z.B. «Wertschätzung», «zufällige Motive maßgebend») wohl auch schwerer zugänglich. Selbst von Hause aus Deutschsprachige könnten da ihre Probleme haben.

# PSYCHOANALYSE
# UND ANALYTISCHE PSYCHOLOGIE

# Wertungen unter Analytikern

*Dieser Streit ist giftig, gewalttätig und voll gegenseitiger Entwertung ... Denn der Wert des einen ist der Unwert des anderen.*
*Jung (JS 172)*

*Der subjektive Faktor*

Stile und Regeln der bewußten analytischen Interaktion hängen von Faktoren ab, die man als Überlegung, Planung oder Lernen aus Erfahrung bezeichnen kann. Aber man sollte den Einfluß solcher Faktoren nicht überschätzen. Jung hat einmal gesagt: «Unsere Psychologie ist ein mehr oder weniger glücklich gestaltetes Bekenntnis einiger einzelner», günstigenfalls «wahrer Ausdruck», das heißt «ein Bekenntnis und eine ausführliche Darstellung des subjektiv Vorgefundenen». Er betont also den subjektiven Charakter unserer psychologischen Aussage, der natürlich auch Überlegung, Planung und Lernen aus Erfahrung beeinflußt. «Ist nicht jede Erfahrung», fragt Jung, «auch im besten Falle mindestens zur Hälfte subjektive Deutung?» (JS 84).

*Wertungen: subjektiv und kollektiv*

Jung hat die Aussage über den giftigen und gewalttätigen Streit auf die Auseinandersetzung zwischen Introvertierten und Extravertierten bezogen. Sie läßt sich verallgemeinern und auf all die Auseinandersetzungen beziehen, die Leute miteinander führen, die, abhängig von ihrer Typologie oder Struktur einerseits, ihrer Gruppenzugehörigkeit andrerseits, «eine verschiedene Sprache sprechen». Es geht dabei in der Gruppenauseinandersetzung besonders um *Wertungen,* die der einzelne zwar für sich allein oder innerhalb der Gruppe kritisieren mag, mit denen er sich aber über eine eher unbewußte Loyalitätsbindung verstärkt identifiziert, sobald andere Gruppen die Werte der eigenen in Frage stellen. Die Wertungen sind also sowohl *subjektiv,* nämlich vom Typ oder der Struktur abhängig, als auch *kollektiv:* durch die Gruppenbindung bestimmt; sie sind, soweit ich eine Gruppe als «Subjekt im (größeren) Kollektiv» beschreiben kann, «gruppensubjektiv». – Ich komme damit auf unsere analytischen *Spiele* zurück.

### *Die Grundregel und die Wahrheitsliebe*

Zu unseren vermeintlich wirklich «ganz objektiven» Erfahrungen gehört, daß die Analyse «läuft», wenn der Patient uns die Wahrheit sagen kann, und daß sie nicht läuft; wenn er uns etwas verschweigt; siehe die sogenannte Grundregel und ihre Varianten.

Ich «lobe» aber manchmal einen Patienten (was man bei mir so «loben» nennt), wenn ich merke, daß er mir etwas verschwiegen hat. Kinder, die keine Geheimnisse vor ihren Eltern haben, die sie doch so lieben, sind krank. «Eltern, die sie doch so lieben», kann man so oder anders herum lesen: daß die Kinder die Eltern so lieben oder daß die Eltern die Kinder so lieben. Beides ist gemeint und mit Vorsicht zu genießen, jedenfalls wenn die uneingeschränkte Mitteilung zum Maßstab der Liebe gemacht wird.

*Freuds* Grundregel geht nicht nur auf Überlegung und Erfahrung zurück. Sie entspricht ebenso einer spezifischen, für Freud in hohem Maße typischen Einschätzung (Wertung) der Wahrheit als besonderem Gut. Diese (introvertierte) Wertung bestand bei Freud schon lange bevor es die Psychoanalyse gab. Er hat schon damals etwas versucht, was auch später für ihn typisch war: aus der Introversion, seiner «abgeschlossenen Welt» heraus (Freud an Jung, 2.9.07, BS, BFJ), in die Extraversion zu kommen, Introvertiertes in der Extraversion wirksam werden zu lassen, es extravertiert umzuformen. Er versuchte gegenüber der Introversion eine kompensatorische Extraversion. Den Ansatz habe ich schon beschrieben: Freud hatte, wie Jones (vgl. o., p. 38) berichtet, beschlossen, «seine natürliche Neigung zur Aufrichtigkeit und Ehrlichkeit (his native tendency to uprightness and honesty) auszunützen und aus ihr eine ‹Manier› (mannerism) zu machen.

Die verschiedenen Leute würden sich daran gewöhnen müssen, und wenn er damit keinen Erfolg haben sollte, so hätte er sich wenigstens nicht erniedrigt».

Erfolglos ist er damit nicht gewesen. Aber es fällt auf, wie sehr er den Mut und die Liebe zur Wahrheit für sich selbst betont (vgl. o., p. 37), und dann, wie er Wert auf die Feststellung legt, daß es sich eben nicht um etwas Gemachtes, Kompensatorisches, zu Analysierendes, sondern um etwas Ursprüngliches (s.o.: natürliche Neigung) handele. In einer der Sitzungen der Wiener Psychoanalytischen Vereinigung (7.4.09; s. Nunberg und Federn 1977) erklärte *Rank* einmal «Zur Psychologie des Lügens»: «... daß der Zwang zur Lüge sich ins Gegenteil verkehrt, so daß also eine auffällige Wahrheitsliebe, ein Hang zur Aufrichtigkeit resultiert». Damit verbunden, aber ihm entgegenstehend, sei häufig eine «Heimlichkeitskrämerei, die dazu führt, alles in der lächerlichsten Weise geheimzuhalten», und Schüchternheit. Rank hatte damit (ob bewußt, unbewußt oder halbbewußt, weiß ich nicht) eins der Grundprobleme Freuds berührt: den Widerspruch zwischen Wahrheitsliebe und Geheimhaltungstendenz (vgl. o., l.c.). Freud war so irritiert, daß er strikte erklärte, er wünsche nicht, daß der Vortrag der Öffentlichkeit übergeben würde. «Trotz aller Wahrscheinlichkeit, welche die Dinge für sich (hätten), wäre es direkt methodisch unrichtig, sie anderen mitzuteilen. Denkmöglichkeiten wie die Vorgebrachte (seien für die Psychoanalyse) wertlos ...

Was die Lügen der Kinder betreffe, so seien sie für das Kind keineswegs selbstverständlich, fürs Kind sei es selbstverständlich, die Wahrheit zu sagen». – Natürlich ist es das, soweit es nicht einfach um naives Plappern geht, nicht. Die auffällige, betonte Aufrichtigkeit und Wahrheitsliebe entspricht psychoanalytisch gesehen einer Reaktionsbildung. Dieser Reaktionsbildung entspricht und entspringt die Institutionalisierung der Wahrheitsliebe in der Psychoanalyse, die mit der Einführung der Grundregel und der Verpflichtung der Analysanden auf sie – «daß sie volle Aufrichtigkeit versprochen haben» (F 1913c) – erfolgt ist. Mit der Einführung der Grundregel ist ein schwerwiegender Widerspruch verbunden: *Freud* wußte schon 1895, also praktisch von den Anfängen der Psychoanalyse an: «Sie haben versprochen, alles zu sagen, was ... ihnen einfällt ... Sie halten sich aber nicht

an dieses Versprechen, es geht offenbar über ihre Kräfte» (1895d, p. 280 f). Er betonte auch später: «Unter der Herrschaft der Widerstände versagt der Gehorsam (gegen die Grundregel) ... Von der geringen Wirksamkeit solcher Verträge, wie man sie durch Aufstellung der psychoanalytischen Grundregel mit dem Patienten schließt, kann man sich regelmäßig überzeugen» (1913c). Diese Erfahrung hat ihn und die Psychoanalytiker nicht gehindert, an der Grundregel festzuhalten. Das ist in gewisser Weise widersinnig oder hintersinnig. Der Analysand nimmt nämlich an, muß annehmen, daß ihm ein Vertrag angeboten wird, den er einhalten kann; daß die Aufrichtigkeit, die von ihm gefordert wird, auch von ihm geleistet werden kann; vor allem: daß auch der Analytiker (selbstverständlich) aufrichtig sei. Der ist es aber nicht, da er weiß, daß die Grundregel niemals eingehalten werden kann. Er ist genau in dem Augenblick, in dem er mit betonter Ernsthaftigkeit Aufrichtigkeit fordert, unaufrichtig. Das Problem wird auch im Bereich der orthodoxen Psychoanalyse gesehen. Flader und Grodzicki haben dazu erklärt: «Es entsteht so etwas ähnliches wie eine Double-Bind-Situation.» Es liegt auch ein Stück verdeckter Sadismus darin: Der Analytiker läßt den Patienten in eine Falle gehen. Frei nach Goethe («Wer nie sein Brot mit Tränen aß ...»): Er läßt den Armen schuldig werden, dann überläßt er ihn der Pein.
Das ist die Geschichte einer extravertierten Verfälschung eines introvertierten Fühldenkens.

## *Introversion und Extraversion*

Wenn jemand ein guter Chirurg werden soll, schickt man ihn an eine möglichst gute Klinik, und er geht nachher noch an ein oder zwei andere Kliniken, damit er eine möglichst vielseitige Ausbildung bekommt. Ob er am Ende nach Sauerbruch oder Süßkitt schneidet, ist der chirurgischen Gesellschaft, deren Mitglied er dann wird, ziemlich gleichgültig. Hauptsache, er schneidet gut. In der Analyse ist es anders. Wenn ein Ausbildungskandidat seine ersten analytischen Vokabeln gelernt hat, erfährt er bald, daß er nun ein – sagen wir – Sauerbruchianer geworden ist und ist und bleibt, und wehe, er geht zu Süßkitt! Das tut man nicht. – Selbst an einem sogenannten gemischten Institut, an dem ich

arbeite, hört man sonst ernsthafte Leute sagen, daß Ausbildungskandidaten – die offenbar intelligent genug waren, ein Hochschulstudium zu absolvieren – im Grunde doch nur verwirrt werden, wenn sie zwei verschiedene Ansichten vorgetragen bekommen. Nicht: aus Erfahrung lernen wir, sondern: durch Vermeidung fremder Einflüsse vermeiden wir, vermeiden Verwirrung, Verwässerung, Abweichung. Ob gut oder schlecht, es ist so. Und nicht nur die Freudianer suchen die «reine Substanz».
Im Gegensatz zu den Chirurgen, die fremde Einflüsse erst einmal für nützlich halten und damit einen extravertierten Standpunkt einnehmen, vertreten wir einen introvertierten (und manchmal fast etwas ins Paranoide gehenden) Standpunkt. Wir sind gern und gegenüber jedermann und durchaus ernstgemeint weltoffen. Aber nur bis zu einer kritischen Grenze und auf eine uns absichernde Weise, eben mit einem introvertierten Vorbehalt. Bezogen auf *Melanie Kleins* Lehre von der guten und der bösen Brust scheint es so, als seien bis zum Erweis des Gegenteils für den Extravertierten alle Brüste gut, für den Introverierten aber alle mit Vorsicht zu genießen. Sie könnten giftig sein.
Ich tue hier so, als wären alle Analytiker Introvertierte. Das sind sie sicher nicht. Aber ich gehe davon aus, daß sowohl Freud als auch Jung eine introvertiert akzentuierte Struktur hatten und daß diese introvertierte Akzentuierung die Regeln und Haltungen in beiden analytischen Schulen, in der Psychoanalyse und der Analytischen Psychologie, beeinflußt hat. Bei Freud fiel im täglichen Umgang der introvertierte Akzent wahrscheinlich mehr auf als bei Jung. Dieser introvertierte Akzent ist auch in die Regeln über die Beziehungnahme zum Patienten stärker eingegangen, während in der allgemein analytischen Theorie und besonders in der Zielsetzung (Liebes- und Arbeitsfähigkeit) die schon erwähnte kompensatorische Extraversion betonter ist. Bei Jung kam über seine sogenannte «Nr. 1» mit ihrem «Ja zur Welt» (vgl. o., p. 27) im täglichen Umgang offenbar mehr Extraversion herein. Auch die analytische Beziehungnahme scheint zum Teil extravertierter zu sein. Dagegen ist die analytisch-theoretische Aussage insgesamt und wieder besonders die Zielsetzung (Sinnfindung, Ganzheit) mehr zum Introvertierten hin orientiert.
Entsprechend der kompensatorischen Extraversion in der orthodoxen Psychoanalyse scheint es bei Jungianern stellenweise eine

kompensatorisch überbetonte Introversion zu geben. Unsere «Archetypen-Suppe mit Mandala-Knödeln» schmeckt dann ein bißchen zu dick. Ein scharfzüngiger Freud-Schüler hat gemeint: «Sie werden dann so numinös.» Andererseits gibt es ein etwas mechanisiert und starr wirkendes extravertiertes Denken und Empfinden, das speziell im Umgang mit der Typendiagnostik auffallen kann. Es sieht dann so aus, als hätte jemand die Ausführung einer guten Idee einer Strickmaschine überlassen: zwei rechts, zwei links, und was nachher nicht paßt, wird abgeschnitten.

Das mechanisiert Starre und Einseitige kann alle Analysenbereiche in allen analytischen Schulen befallen. Wir finden es in der Projektion besonders gut bei den anderen. Sie haben dann angeblich nur eine Ansicht, nur eine Methode und nur eine «Therapiemaschine», in die alle Patienten, die ihnen ins Gehege kommen, einigermaßen unterschiedslos gesteckt werden.

*Freud und Jung, Wiener und Zürcher, Juden und Christen*
(vgl. o., p. 15)

Jede ausgeprägte Introversion scheint einen narzißtischen Akzent zu haben. Das Eigenwert-Gefühl wird erhöht, das «fremde» Objekt abgewertet. Das hindert nicht, daß das fremde Objekt zwischenzeitlich oder anhaltend faszinieren kann, wahrscheinlich den Introvertierten heftiger als den Extravertierten. Der Introvertierte ist dann am Ende auch heftiger und nachhaltiger enttäuscht. Die sich mit fast ermüdender Monotonie wiederholenden Gruppenauseinandersetzungen in und zwischen analytischen Schulen scheinen von solchen introvertiert akzentuierten Erlebnisweisen gegenüber dem «fremden» Objekt mitbestimmt zu sein. Das war von Anfang an so:

Freud war von Jung, als er ihn kennenlernte, begeistert. Als er ihn «endlich los» war, fühlte er sich befreit. Die Auseinandersetzung ging vordergründig um wissenschaftliche Fragen, in denen *Freud* den extravertierten, aufs Konkrete zielenden, *Jung* den introvertierten, ins Symbolische gehenden Standpunkt einnahm. Es ging aber im Grunde sofort und deutlich um die Gruppenauseinandersetzung zwischen Eigenen und Fremden. Wienern und Zürchern und – unangenehm akzentuiert – Juden und Christen.

Schon als Jung zusammen mit Binswanger das erste (und einzige) Mal an einer der wöchentlichen Sitzungen der Wiener Psychoanalytischen Vereinigung teilnahm (Vortragsabend 6. März 1907, s. Nunberg und Federn 1976), kam das Thema auf den jüdisch-christlichen Konflikt. Adler referierte über einen jüdischen Patienten an einem antisemitischen Gymnasium mit einer Tauffantasie. *Freud* hat wenig später die Äußerung über Jungs Auftreten, das die Psychoanalyse der Gefahr entzogen habe, eine jüdisch-nationale Angelegenheit zu werden, gemacht. Er hatte, mit anderen Worten, eine Fantasie, «seine» «jüdische» Analyse christlich zu taufen. (Dem entsprach im Persönlichen die Konversionsfantasie.) Freud schloß die Diskussion im März 1907 laut Protokoll mit einem Hinweis auf die Kompromißnatur im Inhalt der Symptome. Der Patient drücke aus: «Ich will mich taufen – aber der jüdische Penis ist doch größer (also bleib ich Jude).» – Wahrscheinlich hat damals niemand daran gedacht, die Aussage in der Übertragung auf die Gruppenauseinandersetzung zu lesen. Aber es könnte unbewußt gewirkt haben: Der nächste Vortragsabend «entfiel wegen Unwohlseins von Prof. Freud» (Nunberg und Federn, p. 138). Wie *Jung* zumute war, ist nicht überliefert.

Das Rassenproblem taucht auch in Freuds Briefwechsel mit Abraham auf. Freud schrieb: «Vergessen Sie nicht, daß sie es eigentlich leichter als Jung haben, meinen Gedanken zu folgen, denn ... (Sie) stehen meiner intellektuellen Konstitution durch Rassenverwandtschaft näher, während er als Christ und Pastorensohn nur gegen große innere Widerstände den Weg zu mir findet. Umso wertvoller ist dann sein Anschluß» (BA; 3. Mai 1908). – Oder, zu einer Arbeit von Abraham: «Darf ich sagen, daß es verwandte, jüdische Züge sind, die mich an Ihnen anziehen? Wir verstehen einander doch» (BA; 23. Juli 1908). – Oder, bei einem Versuch, zwischen Jung und Abraham zu vermitteln: «Gerade, daß ich mich mit Ihnen (und ebenso mit Kollege Ferenczi aus Budapest) am leichtesten verständige, mahnt mich, der Rassenvorliebe nicht zuviel einzuräumen und den mir im Grunde fremderen Arier darob nicht zu vernachläßigen» (BA; 11. Okt. 1908). – Oder Abraham an Freud: «Ich habe diese intellektuelle Verwandtschaft auch immer gefühlt. Die talmudische Denkweise kann ja nicht plötzlich aus uns verschwunden sein» (BA; 11. Mai 1908). – Und noch einmal Freud: «Die Totemarbeit ist fertig ... Vor dem Kongreß, im Augustheft der Imago, soll die Sache erscheinen und dazu dienen, alles, was arisch-religiös ist, reinlich abzuscheiden ...» (BA; 13. Mai 1913). *Jung* hat in einer introvertierten Verkennung der äußeren Situation das Thema später, 1933/34, an der falschen Stelle, zum falschen Zeitpunkt und mit «giftigen» Worten wieder aufgegriffen (JS 113, 118, 119; vgl. Jaffé 1968). Das ist eine alte Geschichte, die aber noch heute unter Analytikern Emotionen weckt, also noch hergehört. Sie zeigt, wie schlimm und nachhaltig Wertungen unter Analytikern wirken können.

*Das introvertiert orientierte Setting*

Das orthodoxe analytische Setting, aus dem das jungianische mit abgeleitet ist, ist eindeutig introvertiert bestimmt. Was macht der Introvertierte mit dem so gefährlichen und schädlichen Objekt, das die Mutter verführen und den Vater umbringen will? Er hält es auf Distanz und versucht, möglichst viel von ihm in Erfahrung zu bringen, damit er es sicher beherrschen kann. Umgekehrt sucht er sich selbst im Verborgenen zu halten. Das Objekt soll ihn nicht sehen und nichts von ihm wissen, damit es nicht seinerseits ihn beherrschen kann. Am sichersten ist es, das Objekt nicht nur auf Distanz, sondern auch ganz unbeweglich zu halten. Es darf alle möglichen und unmöglichen Gedanken haben und äußern unter der Voraussetzung, daß es sich «nicht bewegt», nichts tut, nichts in die Tat umsetzt, jedenfalls nicht in der Analyse. Agieren, handeln, statt reden, ist verboten, ist viel zu gefährlich, ausgenommen, der Patient bringt das Geld. Das fördert den Realitätsbezug. Und die Unterwerfung.
Das «beim Analytiker bar bezahlen» gehört stellenweise zum festen Ritual, das heißt zu den Teilen der Analyse, auf die man unbedingt achten muß, und auf die man auf keinen Fall verzichten darf. Sie sind dann zweifellos sehr wichtig, aber nicht mehr in der ursprünglichen Bedeutung, sondern als Teil eines Rituals, das sowohl den Analysanden als auch den Analytiker sichert, als symbolische Handlung. Die Einhaltung des Rituals erscheint von der Fühlfunktion her äußerst wichtig, von der (extravertierten) Empfindung her bedeutungslos. Soweit ein Standpunkt außer-

halb möglich ist, wird man sagen, daß ein Mindestmaß an Ritualen eingehalten werden muß, da eine einigermaßen verläßliche Kommunikation sonst nicht möglich ist. Aber es muß auch ein Mindestmaß an Freiheit eingehalten werden, da sonst die Beziehung hinter dem Ritual verschwindet.

*Denken und Intuition, Empathie*

Die Zielsetzung der analytischen Arbeit ist bei Freud von der extravertierten Empfindung her formuliert: Liebes- und Arbeitsfähigkeit. Als ausgesprochene «Hilfsfunktion» – die Sache, ohne die nichts geht – erscheint nun die Intuition, und zwar im Gegensatz zum sonst bevorzugten Denken: Der Patient soll gerade nicht denken, sondern sich ganz seinen Einfällen überlassen. Die werden unfehlbar das Richtige treffen und bringen.
Hier gibt es ein amüsantes Detail: Bekanntlich sind die Freudianer stolz darauf, daß sie so gut denken können, und die Jungianer haben ihre Leidenschaft fürs Intuitive. In der «Hilfsfunktion» setzen beide umgekehrt: Die Freudianer auf die Intuition, die Jungianer – die hier erklären, das führe doch ins Uferlose und oft genau am Richtigen vorbei – auf das gerichtete, zentrierende Denken, auf die Amplifikation.
Bei beiden Gruppen besonders angesehen ist die sogenannte Empathie oder Partizipation, die unbewußte Teilhabe. Sie scheint ein Abkömmling des coenästhetischen Erlebens und eine Spielart der Intuition zu sein. Wichtig ist vom oben beschriebenen introvertierten Erleben her, daß es sich um eine «Einbahn-Partizipation» handelt. Sie soll dem Analytiker ermöglichen, Vorgänge im Analysanden zu erfassen. Die Umkehrung ist ganz unerwünscht. Sie würde, erklären wir, den Patienten nur belasten. Und schließlich ist es ein Patient und kein Teilhaber.

*Trennung und Vereinigung, Kastration und Individuation*

Soweit Trennung archetypisch ein marsisches und männliches Prinzip ist und Vereinigung ein der Venus zugeordnetes weibliches, ist in der Akzentuierung die Psychoanalyse eher männlich (und väterlich), die Analytische Psychologie eher weiblich (und mütterlich) orientiert. Der in vielem so scheue und zurückhaltende Freud war in der Phantasie – und denn auch in Wirklichkeit – ein Welteroberer. Er war als Kind nicht nur mit Moses, sondern auch mit Hannibal identifiziert (J I, p. 43; J II, p. 33; J III p. 428) und blieb es im Grunde als Mann. Aber immer als Introvertierter, das heißt, er projizierte Aggression nach außen und fühlte sich, oft unabhängig von Erfolg oder Mißerfolg, isoliert, verlassen und angefeindet. Er schrieb schon 1883, als von der Psychoanalyse noch nicht die Rede war: «... Ich habe dann nichts zu tun, als meine Pflicht auf einem verlorenen Posten ..., (aber) ich bin stark genug, einsam zu kämpfen» (J I 157), und 1927, als inzwischen weltberühmter Mann: «Wenn man alt genug wird, hat man endlich alle gegen sich» (J III 164). Er nannte die Psychoanalyse eine «Bewegung» und ihre Anfangsjahre «eine schöne heroische Zeit» (1914d, p. 60), als gehe es um ein Heldenepos. Er benutzte gern Begriffe, wie sie auch in der militärischen Sprache vorkommen: Abwehr, Widerstand, Besetzung, Gegenbesetzung (vgl. bei Brandt). Und stellenweise drückte er sich aus wie ein regierender Fürst: Er nannte psychoanalytische Kongresse «Reichstage» (z.B. J II 93), und er ernannte für das Reich einen «Kronprinzen», eben Jung, und er bedauerte es, wenn dieser zu lange «außer Landes» war (J II 173). «Außer Landes» konnte «in Amerika» bedeuten, aber auch «in der Mythologie». Freud bat ihn dann, «doch rechtzeitig zu den Neurosen zurückzukehren. Dort ist das Mutterland, in dem wir unsere Herrschaft zuerst gegen alle und alles sicherstellen müssen» (J II 172).

Der Unterschied zwischen der trennenden und verbindenden Haltung kommt besonders gut in den Schlagworten Kastration (Psychoanalyse) und Individuation (Streben nach Ganzheit, Coniunctio; Analytische Psychologie) zum Ausdruck. Mit dem Kastrationskomplex und dem Streben nach Ganzheit werden aber zwei Aspekte desselben Problems beschrieben. Wenn nichts abgetrennt wäre, würden wir nicht nach Ganzheit streben. Wenn Vollständigkeit nicht als so eminent wertvoll erlebt würde, würden wir die Abtrennung nicht so fürchten.

Zu den in der Psychoanalyse am häufigsten gebrauchten Begriffen gehört der oben erwähnte Begriff Widerstand. Der Widerstand muß aufgedeckt und, falls er nicht genügend sichtbar ist, provoziert werden. Da sind die Jungianer sanfter und verbindlicher. Sie reden entsprechend gern von der Coniunctio, die aber –

introvertiert – symbolisch, in der Retorte, im Vas hermeticum, intrapsychisch, stattfinden soll. An Encounter-Groups mit Rippenbruch und Freiverkehr haben weder Freud noch Jung gedacht.
Da ich mit Ausbildungskandidaten beider Gruppen arbeite, sehe ich immer wieder den Unterschied im therapeutischen Ansatz. Für die Psychoanalytiker ist es ein Erfolgserlebnis, wenn der Patient aggressiv wird, das heißt, sich aggressiv äußert (und dabei brav auf der Couch liegt). Die Ausbildungskandidaten berichten dann fast stolz, daß es dem Patienten jetzt endlich möglich war, seine Aggression zu äußern, und zwar auch direkt, nämlich ihm, dem Analytiker gegenüber. Wenn der Patient oder die Patientin dagegen sexuelle Gefühle äußern, und auch direkt, ist das kein Erfolg, sondern ein Widerstand, dem man mit der nötigen Vorsicht begegnen muß. Der Patient versucht, die Analyse zu sexualisieren und damit der ernsthaften Arbeit auszuweichen. Das höre ich von Ausbildungskandidaten in der Analytischen Psychologie seltener. Da ist es umgekehrt: Wenn der Patient immer so aggressiv ist, weicht er damit wahrscheinlich der Beziehungnahme aus. Wenn er dagegen Sexuelles träumt und auch äußert, ist das gut. Entweder er nimmt auf der Objektstufe Beziehung auf, oder es geht um das Mysterium coniunctionis, das sich ihm in solchen sexuellen Bildern darstellt. – Das Wort Aggression kommt bei Jung selbst kaum vor. Er setzt sich allgemeiner ausführlich mit dem Bösen, dem «Schatten», auseinander.

### *Das Strenge und das Bedeutsame: das Werk*

Von der Fühlfunktion her kommt in Verbindung mit dem männlich-aggressiven Denken in der Psychoanalyse in den analytischen Umgang teilweise ein sehr strenger Zug, der anfangs bei Freud sogar ins Inquisitorische ging. In frühen Arbeiten Freuds gibt es noch Stellen wie: «Ein scharfes Verhör deckte jetzt die Quelle auf ...», und «sie gestand sofort weinend ihr lange verborgenes eheliches Elend ein» (1894a, pp. 69, 71) oder «sie leugnete entschieden» und dann: «Sie leugnete auch nicht mehr, obwohl sie noch nichts erinnerte» (1905e).
In der Analytischen Psychologie geht es weniger um «Aufdekken» als um «einen Zugang vermitteln». Anstelle der Strenge,

einer ganz spezifischen Mischung aus annehmender und abweisender Strenge, vermittelt der Analytiker hier in typischen Fällen offenbar ein Gefühl, daß es um etwas sehr Bedeutsames gehe. Der gemeinsame Nenner ist, daß etwas sehr wichtig genommen wird. Nur die Art, in der wichtig genommen wird, ist verschieden. In beiden Fällen wird dieses Wichtignehmen – das ist eine über die Fühlfunktion beigesteuerte allgemeine Wertung der Analyse – neben Katharsis und Verstehen und der Notwendigkeit, sich den eigenen Problemen zu stellen, als ein entscheidender Faktor für die Heilung im analytischen Prozeß angesehen. Es ist allerdings auch ein Faktor, der unsere «Glaubenskriege» wesentlich mitverursacht und unterhält. Wenn es nicht um etwas sehr Wichtiges ginge, wozu sollten wir uns so streiten!?
Zum Wichtignehmen als Wesentlichem in der Heilung der Neurose wird gern gesagt: Der Patient kranke sehr häufig oder gar regelmäßig daran, daß er sich selbst nicht wichtig nehmen könne, daß er in seinem Selbstwertgefühl tief gekränkt sei, sich als minderwertig erlebe. Das Wesentliche sei nun, daß er hier, in der Analyse, erlebe, daß er als «je einzelner» ernst- und wichtiggenommen werde. Ich habe oben vermieden, das zu sagen. Es würde nämlich wahrscheinlich so nicht stimmen:
Sowohl die Strenge als auch das Gefühl, es gehe um sehr Bedeutsames, schließen zwar vom Analytiker her gesehen das äußere Objekt, den Patienten, ein, registrieren eventuell auch eine Fülle von Einzelheiten, nehmen den Patienten selbst aber letztlich oft nicht wirklich wahr. Es geht nämlich eigentlich um die Kastration oder die Individuation oder darum, die Wahrheit zu finden oder etwas sehr Bedeutsames zu tun oder, nach Jung, um das Opus oder, nach Freud, um «das Werk, ... gegen dessen Größe wir alle mitsammen klein sind».
Es ist auch die Frage, was damit gemeint ist, daß es wirklich oder nicht wirklich um den Patienten gehe. Wahrscheinlich stecken – auch vom Therapeuten her – eine Sehnsucht und ein Anspruch darin, die unerfüllbar sind. Sie beziehen sich auf etwas Absolutes, Umfassendes, eine vollkommene persönliche Beziehung, die nicht mehr auf der Ich-Ebene, sondern über die Selbst-Ebene läuft, also auf eine Paradies-Fantasie, eine Utopie.

Wertungen, bewußte oder unbewußte, sind wahrscheinlich für die Analyse äußerst wichtig: für die endlosen Querelen, die uns aus ihnen entstehen, für die zum Teil fragwürdigen Theorien und analytischen Spielregeln, die von ihnen her bestimmt sind, aber auch für das Gute, das wir trotz allem, und von all dem unbeirrt, tun.

Das Eigenartige ist, daß dabei weder die Wahrheit noch die Individuation wirklich zu haben sind, und daß wir das auch wissen.

*Freud* (der Realist mit dem natürlichen Hang zur Aufrichtigkeit) schrieb 1910 an Ferenczi: «Es scheint mir, daß wir bei der Beeinflussung der Sexualtriebe nichts anderes zu Stande bringen können, als Vertauschung, Verschiebung, nie Verzicht, Abgewöhnung, die Auflösung eines Komplexes (strengstes Geheimnis!)» (J II 522).

*Marie-Louise von Franz* hat einmal die Stufen der Individuation am typologischen Modell beschrieben. Als sie nach praktischen Beispielen gefragt wurde, meinte sie, es sei verflucht schwierig (hellishly difficult), so einen Zustand zu erreichen und zu halten. Am dichtesten und überzeugendsten kämen der Beschreibung nach wohl einige Zen-Meister da heran (pp. 94, 96). – Nun ja, «der Beschreibung nach». Begegnet ist mir noch keiner. Sie leben auch ziemlich entfernt von uns. Allgemein scheint der Grad der Individuation mit dem Quadrat der Entfernung vom Beobachter zu wachsen. Es hat ja, soweit bekannt, auch hierzulande nie ein Alchemist wirklich Gold gemacht.

Es ist wohl so wie in Kafkas Parabel von der Kaiserlichen Botschaft: «Der Kaiser», so heißt es, «hat dir, dem einzelnen, dem jämmerlichen Untertanen ... von seinem Sterbebett aus eine Botschaft gesendet ...» Die Geschichte geht dann dahin, daß zahllose Hindernisse den Boten – «ein unermüdlicher Mann», aber: «wie nutzlos müht er sich ab» – auf dem unendlich weiten und beschwerlichen Weg vom Kaiser zu dir aufhalten. Er kann unmöglich ans Ziel gelangen. «Niemand dringt hier durch und gar mit der Botschaft eines Toten.» Kafka schließt: «Du aber sitzt an deinem Fenster und erträumst sie dir, wenn der Abend kommt.»

Die auf die Individuation bezogenen letzten Aussagen können unter Jungianern eine Irritation auslösen, obwohl nur, mit anderen Worten, gesagt ist, daß die Individuation und die Lehre von der Individuation Ausdruck und Folge einer wirksamen Idee, das heißt eines lebendigen Symbols sind, nicht mehr und nicht weniger, und daß, so verstanden, der, der dem Symbol begegnet, zwar nachhaltig gewandelt werden mag, aber «ein Mensch in seinem Widerspruch» bleibt, so wie Brot und Wein im christlichen Abendmahl Brot und Wein bleiben, auch wenn sie für den Gläubigen Fleisch und Blut Christi bedeuten. So kann man es von einem introvertierten Standpunkt her sehen, der aber für den Extravertierten unbefriedigend ist. Man muß bedenken, daß auch die Individuation und die Lehre von der Individuation sowohl introvertiert als auch extravertiert verstanden werden können. Für den Extravertierten muß sich die Wandlung «vere, realiter et substantialiter» vollziehen und gilt als so vollzogen, auch wenn «Brot und Wein ihr Aussehen» (JS 65, p. 23) und die Menschen ihre schlimmen oder kläglichen und banalen Widersprüche behalten. – So mag denn auch für die Lehre von der Individuation gelten, was *Jung* zum Dogma von der Transsubstantiation (und allgemein) gesagt hat: «Wir dürfen aus diesem Fall aber lernen, daß der Gedanke des Introvertierten inkommensurabel ist dem Gedanken des Extravertierten, da die beiden Denkformen hinsichtlich ihrer Bestimmungen gänzlich und gründlichst verschieden sind. Man dürfte vielleicht sagen: das Denken des Introvertierten sei vernünftig, das des Extravertierten aber programmatisch» (l.c., p. 42 f).
Unheil scheinen beide Einstellungen vor allem dann anrichten zu können, wenn sie bei ausgeprägter Grundeinstellung kompensatorisch sehr engagiert in die Gegeneinstellung gehen. Die Introvertierten behandeln dann Fakten wie Ideen, die Extravertierten Ideen als Fakten. Am Ende leiden die Fakten wie die Ideen. Anstelle der Ideen erscheinen Dogmen, anstelle der Fakten Attrappen, und beide werden gegebenenfalls zu «heiligen Kühen».

# Träume deuten

Ein Mann, Mitte dreißig, träumt zu Beginn einer Analyse: Es wuchs ein Baum. – Das Bild hat ihn beeindruckt. Es war «irgendwie faszinierend». Er spürte im Traum eine leichte Beunruhigung.
Was bedeutet der Traum? Da gehen die Meinungen auseinander.
Gesagt wird:

Ein sexuelles Symbol.
Eine Erektion.
Den frühkindlichen Wunsch, eine so große Erektion (einen so großen Baum) wie Vater zu haben.

Die Kompensation eines Kastrationskomplexes über Leugnung (der Kastration) und Verkehrung (des Mangels) ins Gegenteil: Ich bin kein Kastrierter. Ich habe ja einen so großen Baum.
(Entsprechend:) Die Kompensation eines Unterlegenheitsgefühls.
Die Kompensation einer Impotenz.

Ausdruck einer phallisch-narzißtischen Komponente: Welch einen schönen, großen Baum ich doch habe!
Ausdruck einer exhibitionistischen Komponente: Seht, welch einen schönen, großen Baum ich habe!

Ausdruck einer voyeuristischen Komponente: Der Träumer gerät in Erregung beim Zusehen.
Ausdruck einer homosexuellen Komponente: Er gerät in Erregung, wie er (bei einem anderen) einen Baum wachsen sieht.

Ausdruck einer heterosexuellen Begehrlichkeit: Hinter dem Baum verbirgt sich das Bild einer Frau. Er hat dem Baum gegenüber Gefühle wie einer Frau gegenüber. (Faust: Einst hatt' ich einen schönen Traum, / da sah ich einen Apfelbaum. / Zwei schöne Äpfel glänzten dran. / Sie reizten mich, ich stieg hinan.)

Ausdruck einer Onanieproblematik. Faszination und Beunruhigung entsprechen Gefühlen, die er als Junge hatte, wenn ihm ein «Baum» wuchs und er onanierte.

Ausdruck eines im Wacherleben gehemmten Strebens nach Macht und Geltung (s. o.: Kompensation).
Ausdruck eines Wunsches nach Lebenkraft und Entfaltung gegenüber Furcht vor dem Tod.

Ein Wandlungssymbol.
Ein Symbol der Beständigkeit.
Ein phallisches Symbol.
Ein Fruchtbarkeitssymbol.
Ein weibliches Symbol.
Ein mütterliches Symbol.
Ein Symbol der Vereinigung zwischen Erde und Himmel.

Der Träumer träumt sich als Wachsender. Also scheint etwas in ihm zu stagnieren.
Etwas scheint in ihm zu stagnieren. Aber das Unbewußte zeigt, eine wie große Entfaltungsmöglichkeit er hat. Das ist ein günstiger Aspekt. Der Traum bedeutet Lebens-, Zeugungs- und Heilungskraft.
Anstatt seine Schwierigkeiten anzugehen, träumt er sich einen großen Baum. Er regrediert auf frühkindliches Verhalten. Das ist ein ungünstiger Ansatz. Er fühlt sich minderwertig und hat Riesenerwartungen.
Er ist in Gefahr, einen Größenwahn zu bekommen wie weiland Nebukadnezar (Dan 4; die Bäume, die in den Himmel wachsen).

Er zeigt dem Analytiker mit dem Eingangstraum seine Problematik als ...
Er wünscht sich den Analytiker als ...
Aus seinem Unbewußten werden Kräfte von ... geweckt.
In seinem Bewußten wehrt sich alles gegen die Wahrnehmung von ...
Statt dessen träumt er sich als ...

In seinem träumenden In-der-Welt-Sein entbirgt sich ihm die ursprüngliche Tatsächlichkeit des Baumes in ihren Verweisungszusammenhängen als je Wachsendem, sich Entfaltendem, Fruchtbarem ... Er ist «bei» dem Baum.

Der Traum kann also alles und jedes bedeuten!? Also ist nichts mit ihm anzufangen! – Nein, so doch nicht.

Alle oben gegebenen Interpretationen waren Assoziationen zum Thema «wachsender Baum, Faszination und Beunruhigung», aber nicht z. B. zum Thema «Vogelnest» oder «Eichhörnchen» oder «Fensterscheibe» oder «brennendes Haus» oder «Sumpf». Auch zu diesen Themen können einzelne von den zu «Baum» gegebenen Interpretationen passen, z. B. zu «Vogelnest» und «Sumpf»: «mütterliches Symbol», oder zu «Eichhörnchen» mit dem schönen, buschigen Schwanz: «phallisches Symbol», oder zur Fensterscheibe und zum brennenden Haus (gerät in Erregung beim Zusehen): Voyeur. Aber ein Baum ist keine Fensterscheibe, und ein Vogelnest ist kein Sumpf. Es gibt zwar austauschbare Interpretationsmöglichkeiten zwischen den einzelnen Symbolen, aber die Bilder selbst sind spezifisch, sind unverwechselbare «Individuen» wie Melodien oder Menschen, die unabhängig von zum Teil austauschbaren Einzelfaktoren eine nicht austauschbare Gesamt-Konfiguration oder Gestalt haben. Die Interpretationen sind auch nicht alle und nicht wahllos austauschbar. «Phallisches Symbol» z. B. paßt nicht zu «Vogelnest», «Sumpf» oder «Fensterscheibe». Das Vogelnest und der Sumpf lassen sich als mütterliche Symbole einordnen, sind aber in sich unterschieden: Das Vogelnest ist bergend, der Sumpf verschlingend.

Sowohl die Symbole als auch die Interpretationen lassen sich unter verschiedenen Aspekten in verschiedene Klassen und Gruppen mit Ober- und Unterbegriffen einordnen. Das Baumsymbol läßt dabei, verglichen mit anderen Symbolen, relativ viele Interpretationen zu. (Deshalb wurde es gewählt.) Es ist sehr allgemein und wenig ausdifferenziert, kann z. B., wenn es nicht näher bezeichnet wird, als männlich oder als weiblich verstanden werden. Das Nest und der Sumpf sind dagegen (geschlechtsbezogen interpretiert) eindeutig weiblich-mütterlich, dabei noch gegensätzlich: Das Nest steht für die gute, bergende Mutter, der Sumpf für die böse, verschlingende.

Unspezifisch und fast wahllos austauschbar sind lediglich «Deutungen» wie: Das ist ein Wandlungssymbol *(Jung),* oder: ein sexuelles Symbol *(Freud),* oder: Dieser Traum kompensiert gehemmt Expansives *(Schultz-Hencke).* Solche «Deutungen» besagen nichts über den Traum, sondern nur etwas über die Einstellung des Analytikers: Er will diesen Traum unter dem Aspekt der

Wandlung oder dem der Sexualität interpretieren oder unter dem des gehemmten Expansiven.
Vom Thema her unterscheiden sich *Freud* und *Jung* übrigens nicht. «Thema 1» ist – wie auch anderswo, nur auf einer ganz anderen Ebene – für Freud die Sexualität, für Jung (auf wieder anderer Ebene) die «Vereinigung der Gegensätze», das «Mysterium Coniunctionis». Freud nimmt es im ganzen konkreter, Jung symbolischer. Aber auch Freud hat seine «Triebmythologie», wenn er von «Eros und Thanatos», vom Lebens- und vom Todestrieb spricht. (Parallel bei Jung: Coniunctio und Disiunctio, Vereinigung und Trennung.) Freud fragt dann (kausal-reduktiv): Warum geht es nicht? Er untersucht die Ursachen von Fixierungen. – Jung fragt (final-prospektiv): Wie könnte es geh'n? Er untersucht die Möglichkeiten der Wandlung. *(Schultz-Hencke* versucht, die Hemmung des Expansiven aufzuheben.)

«Träume deuten» heißt: Neben dem Allgemeinen das Besondere, Individuelle eines Traumes herausfinden, zugänglicher machen, erlebbarer machen, damit umgehen, darüber sprechen. Der Begriff «deuten» ist aus dieser Sicht falsch, zumindest mißverständlich. Man kann Träume nicht «deuten». Man kann nur Einfälle zu ihnen bringen, die die in ihnen liegenden Inhalte und Tendenzen verdeutlichen. Oder man kann beschreiben, welche Arten von Erleben sich in dem Geträumten ausdrücken. Jeder Einfall und jede beschriebene Art von Erleben sind dann eine «richtige Deutung» des Traumes. – Man kann in diesem Zusammenhang nicht prüfen und feststellen, ob das Eingefallene oder Beschriebene «richtiger» oder «falscher» war, sondern nur, ob es besser oder schlechter auf den Traum bezogen bzw. von ihm abgeleitet war. Anders: ob es zum Traum gehörte oder vom Träumer oder vom Analytiker in ihn hineinprojiziert worden war.

Hineinprojiziert aber wird immer. Verschiedene analytische Schulen bevorzugen verschiedene Interpretationsweisen. Wir betonen zwar, daß nur der Einfall des Träumers zur Kenntnis der «wirklichen» Bedeutung eines Bildes führe, lassen aber gern außer acht, daß wir schon durch ein so oder so betontes «Hm!» die Richtung der Einfälle beeinflussen und dem Träumer mit jeder angefügten eigenen Interpretation beibringen, welche Einfälle akzeptabel sind und welche nicht. – Die Neigung zu einer bestimmten Interpretationsweise hängt von meist wenig reflektierten Lern- und Identifikationsvorgängen und einem Entgegenkommen in der Struktur, der Sichtweise des Deutenden ab. Es lohnt nicht, über Interpretationsweisen zu streiten.

Die wesentlichen Interpretationsweisen sind:
- Konkret, kausal-reduktiv auf Triebe oder Antriebe und deren Fixierung oder Hemmung bezogen.
- Symbolisch, final-prospektiv auf Konflikte, an denen Trieb und Geist beteiligt sind, und Wandlungsmöglichkeiten bezogen.
- Phänomenologisch, die Art des In-der-Welt-Seins beschreibend. (Natürlich sind auch Beschreibungen Interpretationen.)

Damit verbunden:
- Auf der «Objektstufe»: das Traumbild – Baum – steht für ein Objekt: Penis.
- Auf der «Subjektstufe»: das Traumbild steht für Subjektives im Träumer: für den Wunsch z. B., so groß zu sein wie Vater.
- In einer kollektiv-archetypischen (von altersher geprägten) Bedeutung: das Traumbild steht für Objektives und Subjektives, für Individuelles und Kollektives, betont aber den kollektiven Aspekt.
- Phänomenologisch: der Träumer ek-sistiert als träumende Beziehung zum Objekt.

Auf die angenommene Beziehung zwischen Bewußtem und Unbewußtem und die entsprechende Aussageform im Traum bezogen:
- Das Unbewußte enthält wesentlich Verdrängtes, vom Bewußtsein nicht Zugelassenes, z. B. infantile Wünsche, die als erfüllt dargestellt werden: Mein Penis ist (sogar noch) größer als Vaters! Die Wunscherfüllung darf aber nicht offen, sondern nur verdeckt gezeigt werden. Also wird der Traumtext chiffriert: statt Penis Baum. Die Deutung dechiffriert: statt Baum Penis. So wird hinter dem «manifesten» Trauminhalt der «latente» (eigentliche) gefunden.
- Der Traum erscheint als kompensatorische Phantasie gegen-

über der unbefriedigenden Realität: Ich bin nicht schwach, sondern stark, nicht klein, sondern groß.

– Die Psyche ist ein «selbstregulierendes System». Neben Konflikten bildet der Traum aus dem Unbewußten auftauchende Lösungsmöglichkeiten ab. Gegenüber dem stagnierenden oder fehlgesteuerten Bewußten werden positive, heilende Kräfte (der wachsende Baum) konstelliert. Sie werden nicht verdeckt, sondern – in der Bildersprache des Unbewußten – offen dargestellt. Man muß Symbole nicht dechiffrieren, sondern ihren Sinn finden. Man vergleicht z. B., in welchen Zusammenhängen der Baum als Symbol in Märchen, Mythen und Kulten erscheint. – Der Baum steht nicht als Chiffre für den Penis, sondern Penis und Baum können als Symbole für Fruchtbarkeit usw. stehen.

Als unsichtbarer, bewegender Hintergrund für Körperliches und Seelisches werden von *Freud* Triebe, von *Jung* Archetypen (Trieb und Geist) angenommen. Es sind «dunkle Mächte», die uns beeinflussen, ohne daß wir sie beeinflussen können. Wir können uns nur besser oder schlechter auf sie einstellen. Sie bilden sich im Traum als «Triebrepräsentanzen» bzw. als «archetypische Bilder» ab. Wir lesen und verstehen Träume entsprechend immer auch als Äußerungsformen des unsichtbaren, uns bewegenden Hintergrundes, der «dunklen Mächte». Darin – nicht nur darin (s.u.) – stimmen wir mit den Traumdeutern früherer Zeiten überein, nur daß sie die «dunklen Mächte» nicht Triebe oder Archetypen, sondern Götter und Dämonen nannten. Träume sind Botschaften von «Göttern und Dämonen». Und als solche sorgfältig zu beachten!

Irdisches war schon damals inbegriffen. Schon *Artemidoros* (ca. 135 bis 200 n. Chr.) wußte: «Wenn eine Frau oder ein Knabe träumt, sie wären zur Brücke geworden, so geben sie sich der Buhlerei hin und lassen viele über sich gehen.» – Schon das älteste Traumbuch, von dem wir wissen, das sogenannte ägyptische Traumbuch, niedergeschrieben um 1150 v. Chr., kennt auch die einfachsten Deutungsregeln nach Gedankenverbindung, symbolischer Ausdrucksweise, Wortspiel und – z. B. – Verkehrung ins Gegenteil: «Wenn einer sich im Traum tot sieht – gut! Er wird lange leben!» (Autor:) Und wenn er nicht lange lebt, auch gut, so hatte der Traum recht, ihn früh tot zu sehn.

Man muß sich von dem Gedanken freimachen, daß Träume Feststellungen von Sachverhalten sein müßten. Träume sind Abbildungen von dem Wachbewußtsein teils bekannten, teils ganz unbekannten Wahrnehmungen und Phantasien mit begleitenden Gefühlsregungen. Die Phantasien – Traum- wie Wachphantasien – gehen von Wahrnehmungen aus, umspielen und überspielen sie und formen das Wahrgenommene um, in Gedanken, im Sandkasten, am Reißbrett, im Kernkraftlabor ... Die Traumphantasien können, wie Überlegungen, die wir im Wachen anstellen, banal oder hochdifferenziert sein, sinnlos oder sinnvoll, schöpferisch oder zerstörerisch. Sie können sehr dicht am Wahrgenommenen liegen oder sich sehr weit von ihm entfernt haben. Das Wahrgenommene selbst kann für uns wichtig oder unwichtig sein, auf uns bezogen sein oder nicht auf uns bezogen wie das Klappen einer Tür im Nachbarhaus. Die Abbildungen schließlich können naturalistisch-direkt und eindeutig oder bildhaft und mehrdeutig sein. Sie müssen oft «mehrdeutig» sein, weil das Abgebildete vielschichtig, komplex ist. Ein bestimmtes Bild kann eine komplexe Situation oder Idee oft treffender bezeichnen, als es mit vielen Worten möglich wäre.
So vieldeutig ein Bild hinsichtlich möglicher Einzelaussagen sein kann, so spezifisch ist es in seiner «Melodie», in der Ausformung eines bestimmten Themas. – Mit dem Bild wird ein Eindruck vermittelt. Bild und Eindruck sind in ihrer allgemeinen Bedeutung kollektiv verständlich. Die Traumsprache ist eine Kollektiv-Sprache. Im Einzelfall ergeben sich aber regelmäßig über Einfälle des Träumers wichtige individuelle Akzentuierungen.
Über die spezifische Gestalt des Traumbildes ergibt sich dann (positivenfalls) ein Zugang zu einer spezifischen Problematik des Träumers. Der Zugang ist theoretisch und praktisch auch auf anderen Wegen möglich. De facto findet er sich häufig über den Traum. Wichtig ist nicht die «Deutung» des Traumes, sondern das Aufgreifen des Themas, der Zugang zur Problematik.
Das Gefundene kann eine eng umschriebene oder eine weitreichende Bedeutung haben. Es kann über die Umgangssprache relativ leicht ausdrückbar oder als Idee im Traum so treffend formuliert sein, daß «Deutungen» wie mangelhafte Umschreibungen wirken. – Drei Beispiele:
A träumt, er bringt mir auf einem Objektträger ein Stück Kot.

Ich soll es untersuchen. Wie er über den Traum nachdenkt, findet er: Er bringt mir immer nur «Ausscheidungen» von sich, die ich untersuchen soll. Er hat Angst, eine direktere Beziehung zu mir einzugehen. – Aber Kot ist auch das erste «Geschenk», das das Kind der Mutter macht. Und gelegentlich «verscheißert» er mich.

B träumt: Es wuchs ein Baum. Ihm fällt dazu ein anderer Baum ein, nicht ein wachsender, sondern ein «ruhender», ein Affenbrotbaum, den er als Kind abgebildet gesehen hat. Es sollte der älteste Baum der Welt sein. Er scheint ihm wie ein Stück verlorenes Paradies. Oder ein nicht verlorenes? Die «Affen» haben ewig ihr «Brot». – Wie auch immer man im einzelnen «deuten» mag: Im Erleben bildet sich ein Konflikt ab zwischen Sehnsucht nach Geborgensein und dem Wunsch und der Lust, sich aktiv zu entfalten, zwischen Oralem und Phallischem, zwischen Unselbständigem und Selbständigem, zwischen «Affe» und «Mensch», zwischen Kind-Sein und Mann-Sein.

C träumte ein Bild: Er sah einen Schäfer und Schafe. Der Schäfer sah aus wie der Tod auf alten Bildern, aber eben wie ein Schäfer, nicht wie der Sensemann. Das Bild hieß: «Mors pastor vitae». Der Tod als Hüter des Lebens. Daran war nichts zu deuten.

(Zur Literatur s. Battegay und Trenkel, Boss, Freud 1900a und 1901a, Jung 79.2 und 183, Pongracz und Santer, Schubert, Schultz-Hencke.)

# Aktualkonflikt und frühkindlicher Konflikt

Nach landläufiger Meinung legt Freud besonderen Wert auf die Bearbeitung des frühkindlichen Konflikts, *Jung* auf die des Aktualkonflikts. Ich formuliere zunächst Freuds und Jungs Positionen etwas genauer. Ich zitiere dabei nicht, sondern ich referiere und benutze eigene Formulierungen, die, hoffe ich, sinngemäß nach Freud und Jung richtig sind.

Freuds Theorie besagt in etwa: Die Neurose des Erwachsenen hat, wie die psychische Entwicklung überhaupt, einen zweizeitigen Ansatz. Der in der Kindheit erlebte «frühkindliche» Konflikt wird zunächst ganz oder teilweise wieder verdrängt. Er wird später im Rahmen einer sogenannten Versuchungs- und Versagungssituation, wie sie besonders *Schultz-Hencke* beschrieben hat, aktualisiert. Der Erwachsene (oder Jugendliche) wird dann (manifest) neurotisch krank. Um die Neurose wirksam und wirklich auflösen zu können, muß logischerweise der zugrundeliegende frühkindliche Konflikt gelöst werden. Das geschieht durch Erinnern, Wiederholen, Durcharbeiten.

Besonders wichtig ist hier der zweizeitige Ansatz und darauf bezogen die Aussage, daß der frühkindliche Konflikt – als Ur-Sache – allem Späteren zugrundeliegt. Der Aktualkonflikt ist «nur» eine Neuauflage des frühkindlichen Konflikts.

Das Jungsche Konzept besagt dagegen: So wichtig ist der frühkindliche Konflikt nicht. Soweit er wichtig ist, wird er in der aktuellen Situation, in der der Erwachsene sich befindet, aktualisiert. Er geht in den Aktualkonflikt – das, was den Erwachsenen hier und jetzt beschäftigt – ein. Ich kann ihn in den aktuellen Beziehungen, in denen er sich innerhalb und außerhalb der Behandlung (z. B. in der Übertragung und in der Partnerbeziehung) äußert, wirksam mitbehandeln, ohne ihn (das ist für den Unterschied wesentlich) *expressis verbis* auf frühkindliche Ereignisse, Phantasien oder Impulse – die ich doch nie sicher rekonstruieren kann – rückbeziehen zu müssen. Die frühkindlichen

Ereignisse, Phantasien oder Impulse waren im übrigen nur Äußerungsformen einer damals wie heute zugrundeliegenden archetypischen Situation. Es kommt nicht auf die verschiedenen Äußerungsformen dieser Situation an, sondern darauf, daß ich sie in ihren Grundzügen richtig auffasse, sie in ihrer Zielrichtung richtig erkenne, richtig auf sie eingehe, sie sich richtig entwickeln lasse. Also nicht: Erinnern, Wiederholen, Durcharbeiten, sondern: Wahrnehmen, Auffassen, Freisetzen. Alles andere ist Umweg oder gar Holzweg: Ablenkung im Sinne eines Widerstandes. Es geht nämlich darum, daß der Patient hier und jetzt an einem in seiner Entwicklung entscheidend wichtigen Punkt versagt hat. Hier muß er Stellung nehmen und eine Entscheidung fällen, der er nur ausweicht, wenn er sich in die Kindheit zurückphantasiert und darüber nachgrübelt, wie schön oder schlimm es war, als er noch ein Säugling war. (Widerstand «ist, wenn» der Patient sich der Sicht des jeweiligen Therapeuten nicht anschließt.)
Im Rahmen der eben gebrachten Argumentation wird man übrigens doch nicht einfach sagen, die jetzt wirksame archetypische Situation und der damit zusammenhängende Konflikt seien dieselben wie in der Kindheit. Es kann sich nur um ähnliche Situationen auf verschiedenen Ebenen handeln, vielleicht aber auch um entscheidend andere. Der Erwachsene hat nicht nur an der Oberfläche, sondern sehr tiefreichend andere Probleme als ein Baby oder ein Kleinkind. Er steht nicht nur in einer individuellen, sondern auch in einer völlig anderen kollektiven Situation. Zugleich ist zuzugeben und zu bedenken, daß das berühmte Kind im Manne erhalten geblieben sein und in der veränderten individuellen und kollektiven Situation unentwegt agieren und leiden kann, als sei nichts verändert. Das Kind hat z.B., als es noch klein war, einem Drachen, seinem «Drachen», ein Nest gebaut, anstatt ihn zu töten. Der «Drache» ist nun groß geworden und frißt jeden Tag drei Jungfrauen. Und jeden Tag zieht das Kind aus, um den Drachen zu töten; ob es mit seinem Chef spricht oder mit seinem Partner oder mit seiner Sucht oder mit seiner Gruppe oder mit den Feinden seiner Gruppe oder (wie *Tilman Moser)* mit seinem Gott. Und das Schlimme ist, daß es den Drachen braucht, sonst wäre es gar kein Held, und daß der Drache in ihm selbst ist, sonst brauchte es gar keinen Helden.
Der Erwachsene ist nicht an seine äußere und innere Situation

und deren Gegebenheiten angepaßt. Wenn er angepaßt wäre, wäre er nicht krank. Was ihn an der Anpassung hindert, ist unter anderem das Kind: etwas nicht Integriertes, Abgespaltenes, aber Lebendiges, Gegenwärtiges.
Zusammengefaßt: Wenn ich mit *Freud* von der Grundannahme eines zweizeitigen Ansatzes in der psychischen Entwicklung und der Neurosenbildung ausgehe, muß ich den frühkindlichen Konflikt aufsuchen und untersuchen. Wenn ich mit *Jung* von der Wirklichkeit der (zeitlosen?) Seele spreche, begegnet sie mir unmittelbar im Hier und Jetzt. Aber es muß ja wohl dieselbe Seele sein, der Freud und Jung begegnet sind.
Was fange ich damit in der Praxis an? Zunächst – sinngemäß weiter nach Jung (JS 132) –: Ich bilde mir eine Theorie über die Theorien, eine Metatheorie. Ich gehe davon aus, daß von den beschriebenen Positionen mehrere oder alle richtig sein können, auch wenn sie sich zu widersprechen scheinen. Die widersprüchlichen Konzepte schließen sich nicht gegenseitig aus, sondern sie gehen auf verschiedene Grundannahmen zurück, die zwar konträr oder antinomisch zueinander oder komplementär nebeneinander stehen, aber jede für sich nicht richtiger oder falscher sind als die andere. Da sind allgemein die gängigen Unterscheidungen zwischen Analyse und Synthese, zwischen reduktiver und prospektiver Deutung, zwischen kausaler und finaler Betrachtungsweise, zwischen der Betonung des Allgemeinen (Kollektiven, Archetypischen) oder des Individuellen, z.B. in den Aussagen «das Individuelle bedeutet nichts gegenüber dem Allgemeinen – das Allgemeine bedeutet nichts gegenüber dem Individuellen» (l.c.). Da sind spezieller im Hinblick auf die unterschiedliche Bewertung des frühkindlichen und des Aktualkonflikts neben Einstellungen, die sich mehr auf die Vergangenheit oder mehr auf die Gegenwart (und die Zukunft) beziehen, andere, mit ihnen verbundene, die mit einem mißtrauischen Sichabkapseln oder einem vertrauensseligen Sichöffnen zusammenhängen, mit einem das Böse radikal verfolgenden Pessimismus – *Seidmann* spricht dazu von einer «herakleischen Versuchung der Psychotherapie» – und einem das Gute naiv erhoffenden Optimismus. Die eine Einstellung besagt: Man muß den Dingen auf den Grund gehen, sie an der Wurzel fassen, das Böse mit Stumpf und Stiel ausrotten. Und: Tiefenpsychologie gräbt tief! Die andere

Einstellung dagegen besagt: Man muß den Leuten das Gute nur zutrauen, dann tun sie es auch. Oder: Man muß das Eisen schmieden, solange es heiß ist. Oder: Frisch gewagt, ist halb gewonnen. Oder: *Hic Rhodus, hic salta!* Die eine Einstellung sucht die Wahrheit mehr hinter den Dingen, die andere mehr in den Dingen, und beide erscheinen bei entsprechender persönlicher Gleichung unmittelbar einleuchtend, oder sie lösen unmittelbar Widerspruch aus. Die eine kann mehr introvertiert, die andere mehr extravertiert sein, die eine mehr schizoid-depressiv, die andere mehr schizoid-hypomanisch, die eine mehr zwanghaft, die andere mehr hysterisch. Das unmittelbar Einleuchtende oder Widerspruchauslösende bleibt sich gleich.

In der Praxis versuche ich von *meiner* persönlichen Gleichung her das eine mit dem anderen zu verbinden und – wieder nach Jung – herauszufinden, welches Konzept welchem Analysanden in welcher Situation jeweils am besten bekommt, das heißt zunächst einmal: was ihm von *seiner* persönlichen Gleichung her am besten zugänglich ist. Es kommt vor, daß ich jemanden sehr lange in seiner Vergangenheit graben und einen anderen sehr lange an seinem täglichen Konflikt arbeiten lasse. Soweit ich von *meiner* persönlichen Gleichung her dann aber doch das Unmittelbare für wichtiger halte als das Mittelbare, das Wahrnehmen für wichtiger als das Erklären, das Gegenwärtige für wichtiger als das Vergangene und die gegebenen Möglichkeiten für wichtiger als die verpaßten, kann ich das nicht verbergen und versuche, auch meine Lesart dem Analysanden zugänglich zu machen. Unterschiede oder Übereinstimmung zwischen dem Aktualkonflikt oder dem frühkindlichen Konflikt interessieren mich dann gar nicht so sehr. Mich interessieren der Erwachsene *und* das in ihm lebendige Kind, und ich versuche, beide anzusprechen und aufeinander zu beziehen.

Ich versuche das hinsichtlich des Kindes im wesentlichen auf zweierlei Weise. Im einen Fall spielt *Berne* mit der Transaktionsanalyse und dem Modell vom Kindheits-Ich und Erwachsenen-Ich (und Eltern-Ich) hinein, im anderen Fall *Janov* mit dem Konzept von der Primärtherapie und dem Urschrei, an dem ich ansonsten vieles für übertrieben und einseitig halte. *Berne* scheint *Jung, Janov* aber *Freud* in der Grundhaltung etwas näher zu stehen.

Im einen Fall spreche ich das Kind direkt an, indem ich z.B. frage: was macht es, wie fühlt es sich, was sagt es dazu? Oder äußere: mir scheint, es ist jetzt ärgerlich oder traurig usw.; oder darauf hinweise: das hat jetzt das Kind gesagt. Ihre Stimme klang so, oder die Geste gehörte zu ihm. Bei manchen Analysanden kann man nach einer Weile nicht nur pauschal «das Kind», sondern «mehrere Kinder» (oder Jugendliche) nach Tonfall, Mimik oder Gestik unterscheiden. Diese «Kinder» werden nach meinem Eindruck nicht «regressiv wiederbelebt» und müssen dann, wie es so schön heißt, «nachreifen» und damit in der ursprünglichen Form «überwunden» oder «aufgelöst» werden, sondern sie werden bewußter, sie kommen deutlicher zu Wort und können und müssen weiterhin mitreden.
Im anderen Fall fordere ich den Analysanden auf, sich ungezielt («blind, im großen Bogen», sage ich z.B.) in seine Kindheit zurückzuversetzen, da herumzulaufen, mit seinen Eltern zu reden usw. Das ist dann etwas ganz anderes, als wenn er anhand von Einfällen *über* seine Kindheit oder besonders *über* seine Eltern redet. Es ist eine Art aktive Imagination, bei der offenbleibt, ob das Erlebte erinnert oder phantasiert ist. Das Erlebte dient bei diesem Vorgehen immer auch als Amplifikation zu einem gerade aktuellen Problem, und ich habe den Eindruck, daß diese Art der (selbstgefundenen) Amplifikation (die sich von der Assoziation im Sinne Freuds inhaltlich nicht unterscheidet) oft lebendiger, verständlicher und damit wirksamer ist als ein Hinweis auf eine Parallelsituation in einem Mythos. Manchmal denke ich, die Jungianer haben den frühkindlichen Konflikt durch den frühgeschichtlichen aus dem klassischen Altertum ersetzt – weiß aber natürlich, daß jedes an seinem Platz von Wert ist.
Ob ich das Kind so oder so anspreche, «analytisch arbeiten» heißt für mich grundsätzlich, neben dem Erwachsenen und im Erwachsenen das Kind berücksichtigen.
Bei dieser Art des Vorgehens und in dieser Hinsicht unterscheide ich im Prinzip nicht zwischen Kurz- und Langzeittherapie und Einzel- oder Gruppentherapie, wie es wohl andere tun, die z.B. meinen, in der Kurztherapie gehe es vor allem um den Aktualkonflikt, in der Langzeittherapie mehr um die sogenannte Aufarbeitung der frühkindlichen Konflikte. In der Kurztherapie gibt es

Sonderfälle, in denen ich nicht explizit nach dem Kind frage, sondern es nur in meiner Vorstellung berücksichtige und versuche, ein bestimmtes Problem für den Erwachsenen in seiner Sicht möglichst präzis verständlich zu machen oder, wenn das nicht geht, es durch einen einfachen Hinweis zu lösen. Soweit ich Konflikte nicht nur analytisch verstehe, sondern auch analytisch angehe, zentriere ich die Arbeit aber, insbesondere auch in der Kurztherapie, nicht auf den sogenannten Aktualkonflikt und in der Langzeittherapie *nicht* auf den sogenannten frühkindlichen Konflikt, sondern, wie schon gesagt, in beiden Fällen auf das Kind und den Erwachsenen und die Probleme, die beide untereinander und beide zusammen nach außen haben. In der Kurztherapie beschäftige ich mich damit kurz und intensiv, in der Langzeittherapie lang und (wenn es geht) auch intensiv. Der Unterschied zwischen der Kurz- und Langzeittherapie liegt dann wesentlich darin, daß ich mich – je nach Bedarf – im einen Fall mit einem Konflikt kurz, im anderen mit einer Reihe von Konflikten ausgedehnt beschäftige. «Aktual» sind sie alle. Die anderen nämlich interessieren nicht.

Das klingt wie ein Wortspiel und ist auch eins. Es wird dadurch möglich, daß der Aktualkonflikt aus einer Reihe von aktualisierten (frühkindlichen und späteren) Konflikten besteht oder entsteht, und daß wir das zeitlich Getrennte im Gegenwärtigen zusammensehen (wobei ich «zusammensehen» auch aktiv meine, etwa im Sinne von etwas zusammenstellen, auf eine Ebene bringen). Wir meinen dann, daß das Ganze mehr sei als die Summe seiner Teile und versuchen, die Situation von diesem gegenwärtigen Ganzen her zu verstehen. *Freud* – der dem wahrscheinlich gar nicht widersprochen hätte – zergliederte stärker und sah die Einzelteile dabei und dadurch akzentuierter in ihrer Vergangenheitsform: Durch das Zergliedern wird nämlich auch die Zeit zergliedert, durch das «Zusammensehen» auch die Zeitteilung aufgehoben, die Vergangenheit in die Gegenwart einbezogen. Ich halte es für möglich, daß mit dadurch (durch den Unterschied zwischen den Tendenzen zum Zergliedern und Zusammensehen) die Differenz zwischen den Ansichten über den frühkindlichen Konflikt (der den Aktualkonflikt bedingt oder mitbedingt) und den Aktualkonflikt (der den frühkindlichen einbezieht) zustandekommt. Aus der Differenz zwischen Zer-

gliedern und Zusammensehen wird auch verständlicher, wieso es schon einen Unterschied macht, ob ich vom «frühkindlichen Konflikt» oder vom «Kind» spreche. Man könnte nämlich meinen, das sei doch im Grunde dasselbe, was aber nicht der Fall ist. Wenn ich vom «frühkindlichen Konflikt» spreche, benutze ich eine höhere Abstraktionsstufe, und es bedarf einer stärkeren Abstraktionsleistung, als wenn ich vom «Kind» spreche, das mit den Erfahrungen aus dem früheren Konflikt lebt. Das «Kind» begegnet mir ganzheitlicher, unmittelbarer oder (wenn ich statt «abstrahierend Denken» «Sehen und Empfinden» setze) anschaulicher als der frühkindliche Konflikt. *Dieckmann* (1960) hat die Unterschiede zwischen Anschaulichem und Abstrahierendem ausführlich behandelt.
Durch das Zusammensehen, das auch dazu führen kann, daß ich einzelnes über-sehe, hebe ich gegebenenfalls neben dem Unterschied zwischen dem Jetzigen und dem Früheren (und dem Kind und seinen einzelnen Konflikten) auch den Unterschied zwischen dem einzelnen und vielen auf: Ich kollektiviere dann, verallgemeinere und sehe gegenüber dem Individuellen stärker das Allgemeintypische und das Archetypische des im jeweiligen Konflikt wirksamen Beziehungsmodells.
Je nachdem also, ob jemand mehr zu einem abstrahierenden Zergliedern oder einem anschauenden «Zusammen-Sehen» neigt, wird er auch den neurotischen Konflikt nach zeitlichen und anderen Faktoren zergliedern und auf Ur-Sachen zurückführen, also unter anderem zur Betonung der Wichtigkeit des sogenannten frühkindlichen Konflikts neigen, oder er wird dieselben Faktoren im Hier und Jetzt «zusammensehen» und damit zur Betonung des sogenannten Aktualkonflikts neigen. Er wird dabei auch das aktualisierte genetische Material weniger als eine Vielzahl früher wirksamer Faktoren verstehen, sondern mehr als Einheit, als das im Erwachsenen lebendige Kind mit seinen Problemen und Potenzen sehen.

# Übertragung und Gegenübertragung in der Kindertherapie

Das Thema Übertragung und Gegenübertragung steht in der Tiefenpsychologie so zentral, daß man, will man das Thema ausreichend behandeln, alle wesentlichen Positionen, die in der einen oder der anderen Schule vertreten werden, in seine Überlegungen einbeziehen muß. Die Psychoanalytiker haben es in einer Diskussion unter Vertretern verschiedener Schulen einfacher als die Jungianer. Sie können, anders als die Jungianer, ihre Grundpositionen als bekannt voraussetzen. Wir erwarten von einem Jungianer, daß er *Freud* gelesen hat (und die Freudianer finden das selbstverständlich). Daß der Freudianer auch *Jung* gelesen haben müsse, ist weniger selbstverständlich. Ich kann es nicht voraussetzen und gehe deshalb hier so vor, als wäre es den meisten Nicht-Jungianern mit Jung ergangen wie mir (bedauerlicherweise) mit Kant: Ich habe mal drei Seiten gelesen und mich dann lieber wieder mit anderem beschäftigt. – Ich werde also relativ viel Allgemeines zum Thema Übertragung und Gegenübertragung sagen und erst dann auf Spezielles, das sich auf die Kindertherapie bezieht, eingehen. Ich werde dabei den Akzent auf die Gegenübertragungsproblematik legen. Das soll besonders für die Kindertherapie gelten. Ich möchte, da ich ohnehin nicht alle Aspekte behandeln kann, insbesondere auf Probleme des *Psychagogen* in der Ausbildung eingehen.

Wir wissen noch relativ wenig über das, was im Analytiker während der Behandlung vorgeht. Es gibt ausgezeichnete theoretische Darstellungen, wie z. B. die *M. Fordham* (1957) oder *Kemper* (1953/54, 1969), aber sie bieten relativ wenig praktisches Fallmaterial. Wenn es, wie z. B. in den Vorträgen von *Racker,* auftaucht, geht es, wie der Fall, den ich hier später erwähnen werde, häufig auf Erfahrungen aus Kontrollanalysen bei Ausbildungskandidaten zurück. Es gibt außerdem Aussagen von Analytikern, die, ohne eine Kontrolle zu haben, aus ihren Behandlungen berichten. Wenn sie dabei ihre Gegenübertragungsreak-

tionen beschreiben, darf man dem skeptisch gegenüberstehen. Die Beschreibungen werden nicht falsch, aber in den meisten Fällen einseitig und unvollständig sein. Es mag Analytiker geben, die in ihrer Selbstanalyse sehr sicher und von daher in der Lage sind, die zu jeder Behandlungssituation gehörigen unbewußten Motivationen im wesentlichen ohne fremde Hilfe zu erfassen. Aber das sind wohl Ausnahmen. Halbwegs vollständig und verläßlich sind unsere Analysen eigener Gegenübertragungsreaktionen in der Regel nur, wenn sie in einer analytischen Situation erfaßt und kontrolliert worden sind. So jedenfalls lautet eine Aussage, die wir nach Versuchen zu Gegenübertragungsproblemen (vgl. *Dieckmann* 1971) machen müssen, wie wir sie seinerzeit in einer kleinen Gruppe von vier bzw. fünf Analytikern gemacht haben. Unsere Gruppe traf sich im Jahr etwa zwölfmal. Zu jeder Gruppensitzung brachte eines der Mitglieder das ausgearbeitete Protokoll einer Behandlungsstunde mit, in dem neben den Aussagen und Reaktionen des Patienten möglichst genau angegeben war, was im Analytiker vorging und was er geäußert hatte. Der Analytiker, der seinen Fall vortrug, versuchte schon vor der Gruppensitzung den Stundeninhalt möglichst gut zu verstehen. Es ist in fast vierzig Fällen aber nicht *einmal* vorgekommen, daß die Stunde vor der Besprechung in der Gruppe wirklich voll verstanden worden war. Jedesmal wurden wesentliche Motivationen des Analytikers und spezifische Konstellierungen zwischen ihm und dem Patienten erst in der Gruppe bewußt. Wir würden das nicht oder nicht in dem Ausmaß für möglich halten, wenn wir es nicht an uns selbst erfahren hätten.
Man kann dazu sagen, wir hätten eben Pech und wären eine Gruppe von relativ schlechten Analytikern. Aus Kontrollen bei Ausbildungskandidaten kenne man solche Ergebnisse, aber bei guten, «fertigen» Analytikern würden sie so nicht vorkommen. Das Argument läßt sich nicht widerlegen. Man kann nur den, der es bringt, zu Parallelversuchen anregen.
Eine zweite Überlegung bezieht sich auf die Art der Auswahl unserer Fälle. Wir haben Stunden protokolliert, in denen Träume mit sogenannten archetypischen Motiven berichtet wurden, die die Patienten besonders beeindruckt hatten. Aber immer war auch der Analytiker in irgendeiner Form besonders beeindruckt oder beteiligt, eben so, daß er den Fall für die Gruppensitzung

auswählte. Meist hatte er sogar schon in der Stunde daran gedacht, das zu tun. Die besondere Beteiligung läßt aber regelmäßig auf ein besonders starkes Einströmen von Unbewußtem schließen, und damit wird zwangsläufig neben dem Streben nach vermehrter Einsicht eine stärkere Abwehrtendenz mobilisiert. Wenn das richtig ist, konstellieren wir mit der Art der Auswahl der Fälle und dem Einbringen in die Gruppe also zugleich eine stärkere Abwehr, die dann erst in der Gruppe gelöst werden muß.

Man muß hier allgemein anfügen, daß jeder Versuch, einen höheren Bewußtseinsgrad zu erreichen, also auch unsere Versuchsreihe insgesamt, gegenläufig zu einer höheren Unbewußtheit führt. Hinter dem helleren Licht wird der Schatten umso dunkler; und vielleicht ist die Analyse unter diesem Aspekt der wirksamste Abwehrmechanismus, der je gefunden wurde. Das ist ein Problem, das nicht nur unsere Versuchsreihe und die Klärung von Gegenübertragungsreaktionen, sondern die Analyse und die Analytiker überhaupt betrifft. Jeder (der es wissen will) weiß, wie rührend oder erschreckend naiv-unbewußt gerade wir Analytiker sein und handeln können. – *A. Guggenbühl-Craig* geht in seiner Arbeit «Macht als Gefahr beim Helfer» ausführlich auf dieses Gegensatzproblem des Analytikers ein, das er in anderer Form auch für den Lehrer und den Sozialarbeiter beschreibt.

Die analytische Beziehung zwischen Analytiker und Analysand stellte sich anfangs einseitig dar: das Bewußte des Analytikers beobachtete Bewußtes und Unbewußtes des Patienten. Das Unbewußte des Analytikers schien dabei keine Rolle zu spielen. – Das Unbewußte des Patienten projizierte sich auf die analytische Situation und den Analytiker. Durch diese «Übertragung» ergab sich eine Verfälschung der Situation, zugleich aber eine unvorhergesehene Möglichkeit, die Neurose zu heilen: erst in der Übertragung und durch die Übertragung wurden die Grundlagen der Neurose sichtbar und, wenn es gut ging, einer adäquaten Verarbeitung zugänglich.

Spätestens 1910 (F 1910d) wurde deutlich, daß sich auch vom Unbewußten des Analytikers her Übertragungen bildeten. Diese Gegenübertragung schien aber, anders als die Übertragung, ein reiner Störfaktor zu sein. *Freud* meinte, man solle sie «niederhal-

ten» und «die Indifferenz, die man sich durch die Niederhaltung der Gegenübertragung erworben hat, nicht verleugnen» (1915a). Langsamer als für die Übertragung wurde deutlich, daß auch die Gegenübertragung nicht nur negativ verfälschende und störende, sondern ebenso die Erkenntnis fördernde und heilsame Möglichkeiten bot. 1929 betonte *Jung,* «daß die Behandlung das Produkt einer gegenseitigen Beeinflussung ist, an welcher das ganze Wesen des Patienten sowohl wie das des Arztes teilhat. In der Behandlung findet die Begegnung zweier irrationaler Gegebenheiten, nämlich zweier Menschen statt, die nicht abgegrenzte, bestimmbare Größen sind, sondern neben ihrem vielleicht bestimmten Bewußtsein eine unbestimmbar ausgedehnte Sphäre von Unbewußtheit mitbringen». Der Arzt kann nur einen Einfluß auf den Patienten haben, wenn er selbst vom Patienten im Unbewußten beeinflußt, «affiziert» ist, wie es «die alte Idee der Übertragung einer Krankheit auf einen Gesunden, der dann mit seiner Gesundheit den Krankheitsdämon bezwingen muß», beschreibt. Übersieht und verbirgt der Arzt sich dieses unbewußte Affiziertsein, so «versagt er sich nur die Benutzung eines höchst wesentlichen Erkenntnisorgans ... Insofern er nur unbewußt beeinflußt ist (Autor: den Einfluß sich nicht bewußt macht), entsteht in seinem Bewußtseinsfeld eine Lücke, die es ihm verunmöglicht, den Patienten richtig zu sehen» (JS 87).
Das heißt deutlich: der Arzt erfaßt das Unbewußte des Patienten wesentlich auch über sein eigenes Unbewußtes. Seine Gegenübertragungsreaktionen helfen ihm, den Patienten zu verstehen, falls er die Gegenübertragung versteht.
1946 ist Jung in seiner Arbeit über «Die Psychologie der Übertragung» (JS 191) ausführlicher auf das Thema eingegangen. Er erklärt hier noch einmal: «Damit, daß der Patient einen aktivierten Inhalt des Unbewußten an den Arzt heranbringt, wird durch Induktionswirkung auch bei diesem das entsprechende Material konstelliert. Damit befinden sich Arzt und Patient in einer auf gemeinsamer Unbewußtheit beruhenden Beziehung» (p. 187). Es entsteht eine «unbewußte Identität», eine «participation mystique» (p. 194, 269), eine «unbewußte Infektion», mit der «eine nicht zu unterschätzende therapeutische Möglichkeit gegeben (ist), indem nämlich damit die Übertragung der Krankheit auf den sie Behandelnden sich vollzieht», der dann, vorausgesetzt, er

ist ein guter Analytiker, «die bessere Möglichkeit besitzt, sich die konstellierten Inhalte bewußt zu machen, sonst ergibt sich nämlich eine beidseitige Gefangenschaft in derselben Unbewußtheit» (p. 188). «Die Übertragung kann man jenen Medikamenten vergleichen, die beim einen als Heilmittel, beim anderen als pures Gift wirken» (p. 174).
Ganz ähnliche Positionen hat Racker, der Jung aber nicht zu kennen scheint, von psychoanalytischer Seite her vertreten: das Unbewußte des Patienten wird vom Unbewußten des Therapeuten aufgenommen – «nur das Gleiche kann das Gleiche kennen» –, und nur soweit der Therapeut sein eigenes Unbewußtes versteht, kann er das des Patienten erfassen. Gegenübertragungsreaktionen, meint Racker, seien kein Orakel (Autor: oder sind eben gerade eins!); und unser Unbewußtes sei ein sehr persönlicher «Empfänger und Überträger» für das Unbewußte des Patienten, bei dem wir mit häufigen Verzerrungen der objektiven Realität rechnen müßten, aber es sei nichtsdestoweniger «das beste, was wir in dieser Art haben». Ähnlich, aber im ganzen zurückhaltender, spricht *Kemper* von einem «dank beiderseitiger projektiver Identifizierung (entstehenden) unmittelbaren Austausch vom Unbewußten zum Unbewußten», der als «normalerweise obsolet gewordene» Kommunikationsart «in der analytischen Regression (und anscheinend auch in sonstigen Grenzsituationen)» wiederauflebe (1969, p. 52 f). Kemper spricht diesbezüglich von Phänomenen, «die in das Gebiet der Parapsychologie eingeordnet zu werden pflegen» (l.c.), Racker von der «strittigen Frage außersinnlicher Wahrnehmung». Jung hat an solchen Phänomenen nie gezweifelt. Wir meinen, sie auch in unserer Arbeitsgruppe beobachtet zu haben.
Neben Standpunkten, die sich im Laufe der Zeit angeglichen haben, vertritt die Analytische Psychologie eine Reihe von Auffassungen, die zu denen der Psychoanalyse entweder im Widerspruch stehen oder sie erweitern oder sie anders akzentuieren. Das zunächst entworfene Übertragungsschema bezog sich auf die Wechselwirkungen zwischen zwei bewußten und zwei unbewußten Persönlichkeitsanteilen. (Da jede bewußt intendierte Beziehung mit unbewußten Anteilen durchsetzt ist, bezeichnen wir das Gesamt der analytischen Beziehung als Übertragung.) Zum Übertragungsschema tragen wir zwei Ergänzungen nach:

a) Wir sind viel weniger «Person» (d. h. Individuum) als wir meinen. Bewußtsein und Unbewußtes des einzelnen sind in hohem Maße von einem kollektiven Bewußten und Unbewußten geprägt. Normen und Wertvorstellungen aus dem kollektiven Bewußtsein unserer Gesellschaft oder spezifischer unserer Gruppe sind, wie auch die Psychoanalyse beschreibt, internalisiert worden und müssen bei der Untersuchung der Gegenübertragung berücksichtigt werden. Eine besondere Betonung legt die Analytische Psychologie auf Einflüsse aus dem kollektiven Unbewußten, mit den in ihm liegenden allgemeinen, für jeden Menschen vorgegebenen Strukturen und Entwicklungstendenzen, die wir als «archetypisch» bezeichnen. Auch die Psychoanalyse nimmt, z.B. mit dem Ödipus- oder dem Kastrationskomplex, solche allgemein vorgegebenen Strukturen an, versteht die daraus resultierenden Entwicklungen dann im Einzelfall aber immer als etwas sehr Individuelles, auf bestimmte Personen Bezogenes, während diese Personen nach unserer Meinung (wie nach Meinung der Psychoanalyse der Analytiker in der Übertragung) in hohem Maße immer auch Projektionsträger sind. Ebenso halten wir unsere «persönlichen» Komplexe für etwas zugleich sehr Unpersönliches, das uns zwar persönlich betrifft, im Einzelfall sehr betrifft, das wir aber mit vielen anderen teilen. Wir sollten diese Komplexe nicht auflösen, sondern bewußt machen, um die in ihnen liegenden Tendenzen zu verstehen. Wir meinen nämlich, daß das Unbewußte, und gerade das kollektive Unbewußte, wie die Gegenübertragung nicht nur ein Gift, sondern auch ein Heilmittel enthält. Wir sprechen von einer kompensatorischen Beziehung zwischen dem Bewußten und dem Unbewußten und einer Selbstregulation der Psyche. Wir versuchen, die aus dem kollektiven Unbewußten auftauchenden archetypischen Bilder als kompensatorische Lösungsvorschläge gegenüber einem zu einseitig gewordenen bewußten Standpunkt zu verstehen.
b) Wir nehmen an, daß das Unbewußte speziell einen gegengeschlechtlichen Anteil enthält, den wir als Anima bzw. Animus bezeichnen, und daß das Unbewußte häufig mit diesem Anteil identifiziert wird, so daß die Beziehung zum Unbewußten unter anderem wie die Beziehung zu einem gegengeschlechtlichen Partner, mit dem man natürlich auch verfeindet sein kann, erlebt

wird. In der Projektion (der Übertragung) konkretisiert sich diese Beziehung – und überhaupt die Beziehung zu unbewußten Inhalten – leicht als triebhaft, besonders als sexuell, wobei die dem unbewußten Inhalt geltende Faszination mitprojiziert wird, sei es auf einen Partner im Alltag, sei es auf den Analytiker, der ja seinerseits vom Unbewußten fasziniert ist und solche Projektionen dadurch erleichtert. Wenn die Psychoanalyse meint, die sexuelle Übertragung gelte nicht eigentlich dem Analytiker sondern den Eltern, meinen wir, sie gelte entweder durchaus dem Analytiker, und er müsse überlegen, ob er sie unbewußt provoziere, oder aber sie gelte, soweit es sich nicht um ein normales sexuelles Angesprochensein handelt, weder dem Analytiker noch den Eltern, sondern dem Unbewußten. Es handele sich um das (mißverstandene) archetypische Problem einer Gegensatzvereinigung, das der Übertragungsbeziehung insgesamt zugrundeliege und sich symbolisch als sexuelle Vereinigung, insbesondere als Inzest (oder z. B. als «Mutterleibsphantasie») abbilde. Das unbewußte Ziel der Übertragung wie der Gegenübertragung sei eine Integration des eigenen Unbewußten mit der Tendenz, eine Ganzheit herzustellen (oder wiederherzustellen), wie sie im Bilde des zwiegeschlechtlichen Urmenschen, des Anthropos liege, und die wir als «das Selbst» bezeichnen.
Nach Theorien, die besonders von *M. Fordham* (1971) und *E. Neumann* (1963) entwickelt wurden, hat sich das Ich ursprünglich aus dieser mit der Mutter-Kind-Beziehung verbundenen Ganzheit herausentwickelt. Darauf bezogen ist die Ganzheitstendenz regressiv. Bezogen auf die Herstellung einer neuen, höheren Einheit, in der das Ich gegenüber dem Selbst zurücktritt, aber doch von ihm unterschieden bleibt, ist sie progressiv.
Den Prozeß, in dem die Ganzheit innerhalb wie außerhalb der analytischen Beziehung angestrebt wird, bezeichnen wir als den Individuationsprozeß. Er hat nun, wie *Jung* in der «Psychologie der Übertragung» (JS 191) ausdrücklich betont, *zwei* Aspekte: «Einerseits ist er ein interner, subjektiver Integrationsvorgang, andererseits aber ein ebenso unerläßlicher, objektiver (Autor: auf das Verhältnis zum Mitmenschen gerichteter) Beziehungsvorgang. Das eine kann ohne das andere nicht sein, wennschon bald das eine, bald das andere mehr im Vordergrund steht» (p. 249); «... denn die Beziehung zum Selbst ist zugleich die Bezie-

hung zum Mitmenschen, und keiner hat einen Zusammenhang mit diesem, er habe ihn denn zuvor mit sich selbst» (p. 248). Oder: «Die Herstellung der Ganzheit ist ein intrapsychischer Vorgang, welcher essentiell vom Bezogensein des Individuums auf einen anderen Menschen abhängt. Das Bezogensein ist an sich eine Vorstufe und Möglichkeit der Individuation» (p. 260). Die Übertragung ist dann einerseits, wie Jung schon 1929 (JS 87) betont, «eine persönliche Beziehung innerhalb des unpersönlichen Rahmens der ärztlichen Behandlung». Aber andererseits handelt es sich, wie Jung 1946 sagt, «letzten Endes um eine transsubjektive Vereinigung archetypischer Gestalten ..., und es sollte nie vergessen werden, daß die Beziehung symbolischer Natur ist» (JS 191, p. 279).
Nach den Aussagen Jungs lassen die Übertragung und die Individuation wie der Traum also eine zweifache Interpretation zu: einmal auf der Objektstufe (einem Bezogensein auf den anderen) und einmal auf der Subjektstufe (einem Bezogensein auf sich selbst). Jung gibt beide Möglichkeiten als gleichwertig an, legt aber, besonders für die zweite Lebenshäfte, die Betonung deutlich auf die letztere.

Praktisch lassen sich die vorgetragenen Gesichtspunkte ohne größere Schwierigkeiten auf die *Kindertherapie* übertragen. Man muß allerdings da, wo die Ich-Entwicklung noch nicht abgeschlossen ist, einsetzen, daß das Ich sich erst nach und nach aus dem Selbst herausdifferenziert. *M. Fordham* betont als Unterschied auch, daß der Erwachsene sich in der Individuation vom Kollektiven distanziere, während das Kind erst in den Strom kollektiven Erlebens hereinwachse. Die archetypischen Bilder träten beim Kind zunächst auch in Form von Körperbildern auf und seien auf die Wahrnehmungen, Gefühle und Gedanken des Kindes über die Eltern und nicht auf das kollektive oder soziale Leben bezogen (1969). Insgesamt träten archetypische Aktivitäten bei jüngeren Patienten in einer persönlicheren Form auf, würden von daher in der Übertragung stärker projiziert, und es komme als Antwort des Analytikers leichter zu einem Zustand primitiver Identität (1957).
Von der Gegenübertragung her kann man schon theoretisch annehmen, daß es in der unbewußten Grundhaltung einen Un-

terschied zwischen der des Kinderanalytikers oder Psychagogen und der des Erwachsenen-Therapeuten geben muß. Einerseits ist die Gegenübertragung eine Antwort auf die Übertragung. Das Kind wird etwas anderes im Therapeuten konstellieren als der Erwachsene. Andererseits behandelt nicht jeder Kinder. Es gehören eine Entscheidung, eine Wahl oder eine Neigung dazu, Kinder zu behandeln, und es muß eine Motivation dafür geben, die im wesentlichen (zunächst) unbewußt sein wird.

Für den Erwachsenen scheint eine Versuchung mit der dazugehörigen Versagung darin zu liegen, sich speziell Kindern zuzuwenden. Die Versuchung ist offenbar unter anderem, im Umgang mit dem Kind selbst Kind sein zu dürfen, das heißt sich mit dem Kind zu identifizieren. *M. Fordham* sagt, daß bei einem Kind als Patienten in der Gegenübertragung das Kind im Analytiker konstelliert würde (1948). Man kann aber hinter diese Aussage zurückgehen und sagen, das Kind werde nicht erst in der Behandlung konstelliert, es sei schon vorher dagewesen. Indem sich der Erwachsene der Kinderbehandlung zuwendet, wendet er sich dem Kind in sich selbst zu, das offenbar Hilfe braucht. Die Zuwendung wird nicht durch die Behandlungssituation ausgelöst, sondern sie war schon vorher mit der Ausbildung zum Kinderanalytiker oder Psychagogen intendiert. Es entsteht aber Angst: mit dem Kind wird ein noch recht undifferenzierter, archaischer Teil des Unbewußten aktiviert, der positiv große Entwicklungsmöglichkeiten bietet, negativ aber die Gefährdung enthält, alles tatsächlich Entwickelte wieder zu zerstören, vom Unbewußten (wie in der Psychose) überflutet zu werden. Es liegt außerdem etwas darin, das sich (sonst wäre es entwickelt worden) der Entwicklung widersetzt, nicht erwachsen geworden ist und (wie der Blechtrommler) auch gar nicht erwachsen werden wollte. Der Kinderanalytiker identifiziert sich zwar mit dem Kind, wehrt die Identifizierung aber zugleich ab. Er projiziert das innere Kind auf das äußere, das Therapie-Kind, und übernimmt selbst die Rolle derer, die sich dem Kind zuwenden, die der guten Eltern. Das heißt: mit dem (positiven und negativen) Kind-Archetyp und gegenüber dem negativen Kind-Archetyp wird korrespondierend der positive Eltern-Archetyp konstelliert (der seinerseits unlösbar mit dem negativen verknüpft ist). Die Versagung: der Kinderanalytiker kann und darf nicht nur nicht

Kind sein, sondern er muß dem anderen Kind die Zuwendung und die Entwicklungsmöglichkeiten geben, die er selbst haben wollte. Er antwortet mit Abwehr: nicht ich will die Zuwendung, das Kind will sie.

Dieses Problem – daß wir Therapeut werden, weil in uns selbst etwas der Therapie bedarf, und daß wir dem Patienten geben, was wir selbst haben wollen – ist allgemeiner Art. Speziell ist nur die stärkere Akzentuierung auf das Kindhafte. Das Problem, das sich in der speziellen Berufswahl und in der Gegenübertragung konstelliert, muß beim Kinderanalytiker genetisch früher und in einer tieferen Schicht des Unbewußten liegen als beim Erwachsenen-Therapeuten.

Man kann einwenden, dies ließe sich vielleicht auf den Kinderanalytiker im allgemeinen, aber nicht auf den Psychagogen im besonderen anwenden. Der sei nämlich nicht durch innere, sondern durch äußere Bedingungen, seine Vorbildung und seine Berufsordnung, allein auf die Kinderbehandlung angewiesen. Er dürfe, von der Elternberatung abgesehen, gar keine Erwachsenen behandeln. Das ist nur vordergründig richtig. Man kann sofort zeigen, daß schon in den Vorberufen der (den Erwachsenen behandelnden) Psychotherapeuten und der Psychagogen ein Unterschied bestand, der die gleiche Akzentuierung zeigt: der Psychotherapeut war (heute in der Regel) vorher Arzt oder Psychologe, der Psychagoge dagegen Lehrer, Sozialarbeiter, Erzieher oder Kindergärtner. Beide Vorberufsgruppen wollen helfen. In der einen aber liegt der Akzent auf Verstehen und Heilen, in der anderen auf Versorgen und Erziehen. Die zweite geht deutlich auf ein genetisch früheres, allgemeineres (auch mütterlicheres) Elternbild zurück als die erste. Entsprechend scheint auch der korrespondierende Kind-Archetyp, um den es eigentlich geht, tiefer zu liegen. Der Psychagoge hat sich auch im Vorberuf schon deutlich mehr mit Kindern und Jugendlichen beschäftigt als der Arzt oder der Psychologe.

Der Ausbildungskandidat, der seine ersten Behandlungen durchführt, befindet sich ganz allgemein in einer Zwitterstellung. Er ist das Kind seines Lehranalytikers und Mutter und Vater seiner Patienten. Für den Psychagogen muß sich diese Problematik, wenn die vorgetragenen Überlegungen richtig sind, noch schärfer darstellen als für den Psychotherapeuten, zumal da der Patient wirklich ein Kind ist. (Daß Psychagogen, wie Kontrollanalytiker gelegentlich bemerken, in der Analyse «immer noch pädagogisch arbeiten wollen», liegt eventuell gar nicht so sehr an der «Gewöhnung» durch den Vorberuf, sondern an dem archetypischen Bild, dem sie primär folgen.) Im typischen Fall wird dem Kind gegenüber die positive Elternrolle eingenommen. Wir haben aber drei weitere Positionen zu beachten: die negative Elternrolle (die Hexe, den bösen Zauberer), die positive Rolle des Kindes, das alle Entwicklungsmöglichkeiten in sich trägt, und schließlich die Rolle des bösen, sich der Entwicklung widersetzenden, regredierenden Kindes, den negativen Kind-Archetyp. Alle Aspekte müssen im Therapeuten (Ausbildungskandidaten) vorhanden sein. Die positive Kindrolle kann er in der eigenen Analyse leben und/oder auf das Kind projizieren. Wenn das Unglück es will, ergibt sich zwischen Lehranalytiker, Ausbildungskandidat und Patient eine (Pseudo-)Paradiessituation oder, zumal wenn der Lehr- bzw. Kontrollanalytiker und der Ausbildungskandidat sich gegengeschlechtlich positiv identifizieren, das Bild der glücklichen Familie. Die negativen Aspekte werden auf die realen Eltern des Kindes projiziert: die sind so unverständig, widersetzen sich (wie das negative Kind) jedem Entwicklungsangebot und machen (wie Hexe und Zauberer) jeden in der Therapie erzielten Fortschritt wieder zunichte. Der negative Kindaspekt wird dann zuerst im Therapie-Kind, das nun wirklich keine Fortschritte mehr macht, wiedergefunden, ehe er in die eigene Analyse kommt und sich z. B. im Traum (hier unter dem Bild einer «Übertragung einer Krankheit auf einen Gesunden») so darstellt: Ein Ausbildungskandidat begegnet einem (ihm ganz fremden) Kind, das von Läusen bedeckt ist, die es sehr quälen. Er will dem Kind helfen, die Läuse heruntersammeln, und wird dann selbst von ihnen befallen.

Ich will mit der Schilderung einer späteren Phase anhand eines anderen Beispiels abschließen. Es geht dabei um eine Ablösungsproblematik, aber nicht um die des Patienten, sondern um die des Therapeuten. Das Beispiel zeigt außerdem, wie in der Kindertherapie (und besonders in der Ausbildung) das Übertragungsschema gegenüber der Erwachsenen-Therapie mehrpolig wird, weil eine analytische Beziehung nicht nur zwischen Therapeut und Patient, sondern darüberhinaus zu den Erziehungsper-

sonen des Patienten (und in der Ausbildung zu Lehr- und Kontrollanalytikern) besteht. Das ist ein sehr wichtiger Aspekt, der hier viel zu kurz kommt und einer eingehenderen kasuistischen Untersuchung unter Einbeziehung von gruppendynamischen Aspekten bedürfte. Das Beispiel zeigt schließlich eine Partizipation, und zwar nicht nur zwischen Therapeut und Patient, sondern eine, in die auch die Mutter des Patienten einbezogen war, bei der sich das Problem, das in der Behandlung eine Rolle spielte, ganz konkret konstellierte. Wir können dabei keinen bewußten Kausalzusammenhang finden, halten unbewußte Wechselwirkungen aber für möglich.
Der Fall: Ein zehnjähriger Junge mit Kontaktstörungen und Sprachschwierigkeiten (die allgemeine «Verständigung» war gestört) war etwa 150 Stunden behandelt worden. Es ging ihm deutlich besser, und die Therapeutin äußerte in einem Kontrollgespräch, sie habe in den letzten Stunden den Eindruck, die Therapie gehe zu Ende. Sie sagte: «Jetzt soll's mir egal sein, wie lange er noch kommt. Er kommt eigentlich gern. Er soll selber bestimmen, wann Schluß ist. Von mir aus kann er kommen, so lange er will.»
Die Äußerung klang deutlich ambivalent und war umso auffälliger, als die Therapeutin zugleich berichtete, hinsichtlich des Kontaktes sei doch noch nicht alles ganz in Ordnung: Der Junge komme öfter zu spät zur Stunde, sitze aber hinterher noch gern etwas im Warteraum. Warum, fragten wir uns, sollte dann die Therapie (äußere Gründe spielten keine Rolle) gerade jetzt zu Ende gehen?
Es handelte sich einmal um ein Problem zwischen dem Jungen und der Therapeutin, um Anziehung und Abstoßung, coniunctio und disiunctio auf einer noch praeödipalen Ebene. Das wurde in der nächsten Stunde, nachdem die Situation für die Therapeutin klarer geworden war, deutlich: der Junge war spontaner als vorher, sagte nicht mehr «ich» und «du», sondern «wir» und die beiden spielten «Mensch ärgere dich nicht» (rauswerfen, trennen) und «Fang den Hut» (vereinigen, aber auch: sich des anderen bemächtigen). Die Therapie sollte also «zu Ende gehen», weil das Kontaktproblem wohl auch der Therapeutin zu nahe gekommen war. Es hatte Angst und Abwehr ausgelöst.
Das Problem war aber vielschichtiger: Die Therapeutin hatte sich

zu dieser Zeit nach einigem Hin und Her definitiv entschlossen, ihre Lehranalyse (und damit die Ausbildung) zu beenden. Sie hatte das Problem ihrer eigenen Analyse auf die Analyse mit dem Jungen übertragen. In ihren Äußerungen über den Jungen spiegelte sich die eigene Ablösungsproblematik mit der noch (und immer wieder) darin liegenden Ambivalenz. Das Problem wurde auch umso deutlicher, als der Patient ein Kind war: um «erwachsen» zu werden, muß man wohl nicht nur (wie im Ödipus beschrieben) «die Eltern», sondern auch «das Kind» in sich «töten», sich von ihm trennen, damit es neu leben kann. Nach außen war der eine Aspekt auf den Lehranalytiker, der andere auf das Therapiekind verschoben.
Das «Töten» des Kindes hatte aber genau zu dieser Zeit in noch einer anderen Weise eine Rolle gespielt: die Mutter des Jungen hatte eine Fehlgeburt (im zweiten oder dritten Monat) gehabt und mit großem Zwiespalt erlebt. Sie hatte das in einem Elterngespräch erwähnt. Der Junge wisse aber nichts davon.
Der Junge wiederum hatte, wie der Therapeutin dann einfiel, das Thema trotzdem in die Behandlung gebracht, nämlich ein Gespräch über die Antibaby-Pille angefangen und bemerkt, er wolle später heiraten, aber erst, wenn er mit einer Ausbildung, die er machen wolle, fertig sei; weil man ja erst dann Kinder bekommen könne.
Er hatte damit nicht nur das Problem um die Fehlgeburt (vielleicht hatte er doch direkt davon gehört) erfaßt, sondern auch Gedanken geäußert, die der Therapeutin nicht fern lagen, das heißt, er hatte deren Situation unbewußt aufgenommen und dargestellt. Das ist ein besonderer Aspekt der Übertragungs- und Gegenübertragungsproblematik: so wie wir unbewußt die Situation des Patienten verstehen, versteht auch der Patient unbewußt unsere Situation. Es kommt vor, daß drei Patienten «zufällig» an einem Tage dasselbe Thema anschneiden. Wir dürfen dann sicher sein, daß sie nicht über sich, sondern über uns sprechen. Die Patienten sind unsere Therapeuten.

# Kinderzeichnungen im Erstinterview in ihrer unbewußten Bezogenheit auf den Untersucher

## Vorbemerkung

Die folgende Untersuchung bezieht sich auf Zeichnungen von Kindern und Jugendlichen aus Erstinterviews, die von Ausbildungskandidaten des Berliner Instituts für Psychotherapie – unabhängig von dieser Untersuchung, die damals noch nicht geplant war – durchgeführt wurden. Ich bezeichne die Ausbildungskandidaten hier mit chiffrierten Vornamen. Sie haben die Interviews an mehreren Untersuchungsstellen – jeder an drei Stellen – durchgeführt. Ich danke sowohl den Ausbildungskandidaten als auch den Mitarbeitern an den Untersuchungsstellen für ihre freundliche Unterstützung bei dieser Arbeit.

Ich habe die Unterlagen von 20 Untersuchern zusammengetragen. Jeder Ausbildungskandidat hatte in der Regel 15 Interviews durchgeführt, in zwei Fällen waren es 20. Es ist nicht in allen Interviews gezeichnet worden, aber in den meisten. Im Schnitt fanden sich zirka 3 Zeichnungen pro Interview. Insgesamt habe ich gut 1000 Zeichnungen aus rund 300 Interviews gesehen. Ich zeige hier nur einen ganz kleinen Teil davon.

Es ging mir um die Prüfung der Frage, ob bestimmte Untersucher unbewußt bei verschiedenen Kindern oder Jugendlichen ähnliche inhaltliche oder formale Elemente in den Zeichnungen konstellieren könnten. Bejahendenfalls mußten verschiedene Kinder bei demselben Untersucher ähnlich gezeichnet haben. Anders: In den Zeichnungen, die von verschiedenen Kindern bei demselben Untersucher angefertigt worden waren, mußten sich inhaltliche oder formale Entsprechungen finden. Danach habe ich gesucht.

Ich hatte zunächst in Zeichnungen, die bei 9 von den 20 Untersuchern entstanden waren, mehr oder weniger deutlich Entsprechungen gefunden oder zu finden gemeint. Ich habe dann unsichere Befunde immer weiter ausgeschieden. Am Ende blieben

zwei Serien von Zeichnungen – die eine bei Anke, die andere bei Gert entstanden – mit deutlichen formalen, zum Teil auch auffälligen inhaltlichen Entsprechungen zurück, zusätzlich drei besonders typische Bilder, die bei Elly gezeichnet worden waren. Diese beiden Serien und die drei Bilder zeige ich als «Befunde». Nur zum Vergleich zeige ich außerdem eine bei Ditta entstandene Serie mit wesentlich geringeren Entsprechungen und drei weitere Zeichnungen aus anderen Serien (Heinz und Ida).
Bei Anke konnte ich die Unterlagen von 20 Interviews einsehen. Entsprechungen im obigen Sinne fanden sich in den Zeichnungen von 10 Probanden, 5 Jungen und 5 Mädchen. Bei Gert lagen 15 Interviews vor. Entsprechungen fanden sich in Zeichnungen von 9 Probanden, hier 7 Jungen und 2 Mädchen. Bei Ditta zeige ich Bilder von 8 verschiedenen Probanden, 6 Jungen und 2 Mädchen. Das Durchschnittsalter der Zeichnenden lag in allen 3 Fällen bei 10 Jahren.

## Hauptteil

Man kann die Psychoanalyse als die Lehre vom Spiel zwischen bewußten und unbewußten Kräften, Motivationen und Abläufen im innerseelischen Bereich und in zwischenmenschlichen Beziehungen beschreiben. Eine wichtige Aussage über das Unbewußte in zwischenmenschlichen Beziehungen lautet: Wenn zwei Personen, A und B, sich miteinander über eine abwesende dritte, C, unterhalten, sprechen sie unbewußt fast immer auch über sich selbst. Allgemeiner: Fast jede Äußerung über außerhalb von A und B Liegendes kann unbewußt zugleich auf A und B bezogen und entsprechend durch A und B hervorgerufen worden sein. Spezieller: Fast jede Äußerung, die ein Analysand über außerhalb der Analyse Liegendes macht, kann sich unbewußt zugleich auf den Analytiker beziehen und auf eine unbewußte Provokation durch den Analytiker zurückgehen. Der Analytiker bezieht seinerseits, wenn er den Sachverhalt ernstnimmt, jede Äußerung, die der Analysand über «anderes» macht, versuchsweise auf sich. Er verhält sich da, als habe er einen sensitiven (analytischen) Beziehungswahn.
Ein Spezialfall der Analyse ist das diagnostische Interview. Auch hier gilt: Jede Äußerung, die der Patient im Interview macht,

kann, auch wenn sie vom Bewußten her nichts mit dem Analytiker zu tun hat, unbewußt auf ihn bezogen und ebenso unbewußt durch ihn konstelliert worden sein. Es kann sich um verbale oder auch um averbale Äußerungen handeln. Averbale Äußerungen sind z. B. Zeichnungen, wie sie von Kindern und Jugendlichen im Interview angefertigt werden, während der Analytiker, nachdem er mit ihnen gesprochen hat, mit ihren Angehörigen spricht. Diese Zeichnungen sind zumeist auch bewußt durch den Analytiker «konstelliert». Er fordert die Kinder oder Jugendlichen auf, etwas zu zeichnen, z. B. nach Buck, Gräser, Koch und anderen (a) einen Menschen, (b) einen Baum, (c) die sogenannte «Familie (des Patienten) in Tieren» und (d) «etwas, was gerade Spaß macht», eine sogenannte «freie Zeichnung». Das, was im Rahmen dieser Vorgabe im einzelnen gezeichnet wird, und die Art, in der gezeichnet wird, soll dann aber, so meinen manche Analytiker immer noch, vom Analytiker unabhängig und als Aussage über den Patienten und seine Angehörigen zu lesen sein. Wieder gilt trotzdem: Es kann eine unbewußte Aussage über den Analytiker darin enthalten sein, und sie kann sowohl inhaltlich als auch formal unbewußt durch ihn konstelliert worden sein.

In dieser Feststellung erscheint ein neuer Begriff: «formal». Er bezieht sich auf «die Art, in der gezeichnet wird». Auch sie soll unbewußt durch den Untersucher beeinflußbar sein. Das ist schwerer vorstellbar als eine inhaltliche Beeinflussung, aber gleichwohl (s. unten) möglich. Ich spreche zunächst über Inhaltliches.

Es liegt, sowie man nur ein wenig analytisch denkt, schon fast auf der Hand, daß, wenn in einem Interview die «Familie (des Patienten) in Tieren» gezeichnet wird, der Untersucher unbewußt mitgezeichnet werden kann. Bei einer Kollegin, Elly, hatten 3 von 15 Kindern Giraffen gezeichnet (Abb. 1). Giraffen kamen in den gut 1000 Zeichnungen, die ich gesehen habe, immer einmal vor, aber nicht gleich familienweise, wie bei Elly (Abb. 1 oben und rechts unten). Bei einem anderen Untersucher hätte ich den Befund wahrscheinlich trotzdem unbeachtet gelassen. Hier fiel er mir auf, weil er irgendwie zu Elly «paßte». Als ich sie später auf den Befund hinwies, sagte sie amüsiert «oh!» und machte unwillkürlich eine Kopf-Hals-Bewegung, die die «Giraffen» sofort erklärte.

Abb. 1. Elly. 3mal Giraffen. Oben: Michael (14). Unten, von links: Horst (9); Helmut (10).

Bei Gert hatten 5 von 15 Kindern als freie Zeichnung Schiffe gezeichnet, und zwar kräftige, «marsische Schiffe» in Aktion (Abb. 2). Gert hatte – ich habe später nachgefragt – bestimmt nicht gesagt, sie sollten Schiffe zeichnen. Bei der Nachfrage meinte er übrigens, die «vielen Schiffe» seien ihm selbst aufgefallen. Gert wirkt nicht besonders wie ein Seebär, und er hatte die Interviews in drei verschiedenen Räumen in öffentlichen Institutionen durchgeführt, in denen keine Schiffsbilder an den Wänden hingen und in denen bei anderen Untersuchern keine Schiffe gemalt wurden. Die Schiffe, die bei ihm gezeichnet wurden, waren also nicht einfach «abgemalt» worden.
Die Giraffen erscheinen als relativ äußerliche Abbildung von Charakteristischem. Mit den Schiffen ist wahrscheinlich auch Charakteristisches, aber Tieferliegendes abgebildet worden. Der Unterschied, die Besonderheit des Befundes, wird deutlicher, wenn man ihn genauer beschreibt und mit anderen Befunden vergleicht:
a) In keinem der untersuchten Fälle waren so viele Schiffe

Abb. 2. Gert. Übersicht. Von links nach rechts: Oben: Guido (12); Carsten (11); Arndt (7). Mitte: Miro (12); Daniel (10); Annick (8). Unten: Andreas (14); Annick (8); Heiko (5).

gezeichnet worden wie hier. Aber vielleicht hatte Gert statistisch gesehen einfach «Glück»:
Er hatte eine Serie von Jungen zu untersuchen, die vielleicht besonders gern Schiffe zeichneten. Man könnte ergänzen: Jungen zeichnen überhaupt gern Schiffe! Das ist richtig, aber es läßt sich so nicht verallgemeinern. Ein sehr erfahrener älterer Kollege sagte, als ich die Befunde mit ihm besprach: «Bei mir zeichnen sie Flugzeuge!» – Jungen zeichnen eventuell unter besonderen Umständen gern Schiffe; aber nicht unter allen.
b) Es waren nicht nur viele, sondern auch besondere Schiffe gezeichnet worden: Schiffe in Aktion, kräftig, «marsisch»

Abb. 3. Gert. 4 Schiffe aus Abbildung 2. Oben, von links: Daniel (10); Guido (12). Unten, von links: Carsten (11); Miro (12).
Abb. 4. Heinz. 2 Schiffe. Links: Rafael (10). Rechts: Ulrich (13).

(Abb. 3). Zum Vergleich zeige ich die beiden einzigen Schiffe, die bei Heinz entstanden sind (Abb. 4): Sie wirken gegenüber den Bildern bei Gert karg und leer, irgendwie kümmerlich. Dazu

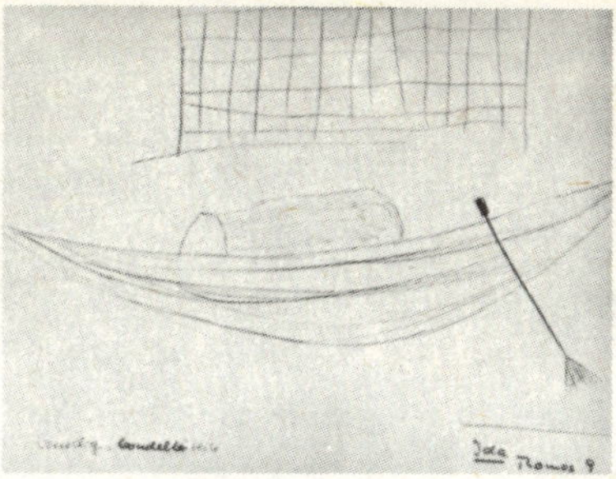

Abb. 5. Ida. Eine Gondel. Thomas (9).

(Abb. 5) ein Schiff, das bei Ida gezeichnet wurde: Eine Gondel, weich, rund, zart. – Schiffe und Schiffe sind ein Unterschied. Unter besonderen Umständen entstehen besondere Schiffe.

c) Wenn man die bei Gert entstandenen Zeichnungen «richtig» nebeneinander legt (Abb. 2), fällt etwas Verblüffendes auf: Zum Teil haben Kinder, die keine Schiffe gemalt haben, Schiffsartiges gemalt, d. h. Bilder, die an Schiffe erinnern: Ein Haus mit einem Zaun und einer «Bude» (?) davor, die wie ein Schiffsaufbau wirkt (Abb. 2 oben rechts), eine Straße mit Häusern, mit vielen Fenstern (Abb. 2 unten Mitte) und eine Ampelkreuzung (Abb. 2 unten rechts).

Ich zeige die drei letztgenannten Bilder ohne die Schiffe noch einmal etwas größer, tue ein viertes dazu (Abb. 6). Hier sind die Bilder anders gelegt. Sie wirken ohne die «richtigen» Schiffe nicht mehr sonderlich wie Schiffe, weil die unmittelbare Assoziation fehlt.

Ich habe insgesamt Zeichnungen von 9 von 15 Kindern, die bei Gert gemalt haben, zusammengestellt. Das Gemeinsame in diesen Zeichnungen ist: Die Bilder sind recht lebendig. Der zur Verfügung stehende Raum ist voll ausgenutzt. Die Zeichnungen könnten zum Teil nach rechts und links fortgesetzt werden, wirken aber nicht, wie später zum Teil bei Anke, wie abgeschnitten. Es «fehlt» nichts. Typisch ist das Querformat, das durch Querbänder mit eingezeichneten liegenden Rechtecken oder Quadraten oder Kreisen betont wird. Das Gemeinsame liegt dann aber nicht in den Schiffen, sondern in der Struktur der Bilder, in die sich die Schiffe einfügen.

Abb. 6. Gert. 3 Zeichnungen aus Abbildung 2 und eine Ergänzung. Oben, von links: Annick (8); Heiko (5). Unten, von links: Barbara (8); Arndt (7).

Es geht also nicht mehr einfach um den Inhalt, sondern um das oben erwähnte Formale, um Strukturelles und Dynamisches, um «die Art, in der gezeichnet wird». Die Aussage lautete, auch sie solle durch den Untersucher beeinflußbar sein.
Daß Formales im psychischen Bereich eine Rolle spielt, und zwar eine kaum zu unterschätzende Rolle, gehört im Zusammenhang mit der Archetypenlehre, die zwischen formalen Strukturen in Archetypen und dem Inhalt, dem Bild, unterscheidet, zu den Grundannahmen der Analytischen Psychologie (s. z. B. JS 216. 7). *Furrer,* von dem ich sehr viel gelernt habe, hat dann etwas sehr Wichtiges gezeigt: Wenn ein Patient und er möglichst «absichtslos» abstrakte Kritzeleien zu Papier brachten, ohne beobachten zu können, was der andere zeichnete, entstanden Bilder, die in der formalen Struktur so ähnlich waren, daß die gleichzeitig entstandenen Bilder, wenn sie mit anderen vermischt wurden, von Dritten richtig ausgesucht und einander zugeordnet werden konnten. Zwischen den beiden Zeichnenden mußte also eine

unbewußte Kommunikation bestanden haben. Anders waren die Entsprechungen in den formalen Strukturen nicht zu erklären. Umgekehrt ließ sich mit dieser Methode, die *Furrer* «induktives Zeichnen» nennt, unbewußte Kommunikation objektiv nachweisen. *Furrer* erklärt zusammenfassend: «Beim induktiven Zeichnen sind es nicht die Inhalte, welche ... unbewußt wahrgenommen werden, sondern die hinter solchen konkreten Inhalten befindlichen, diesen zugrundeliegenden formalen psychischen Strukturen» (Autor:) die ihrerseits in den Kritzeleien in formalen Elementen zum Ausdruck kommen.

Auf die vorliegende Untersuchung übertragen, nehme ich an, daß einzelne Untersucher die Untersuchungssituation unbewußt so stark in einer für sie spezifischen Weise «tönen», daß diese Tönung von verschiedenen Kindern unbewußt aufgenommen und über eine Art von «induktivem Zeichnen» in ihren Bildern in formalen Elementen zum Ausdruck gebracht werden kann.

Daß formale Elemente überhaupt Ausdruck von spezifischem Erleben und Verhalten sein können, ist für die Ärzte unter den Analytikern, die mehr nach den Inhalten von Äußerungen fragen, nicht ganz so selbstverständlich wie für die Psychologen, die stärker gewohnt sind, formale Ausdruckselemente zu beachten, wie in den oben erwähnten Zeichentests oder auch in der Graphologie, in der z. B. Heiss den Schriftvorgang als Bewegungs-, Raum- und Formvorgang beschrieben hat. Er sieht «... im Bewegungsbild ... die unmittelbaren und unwillkürlichen Verhaltensweisen, ... im Raumbild ... die Art und Weise, wie sich die Person ... in den Raum einfühlt, wie sie mit ihm umgeht, ihn aufgliedert, überflutet usw. Im Formbild ... das eigentlich gestaltende Verhalten, das sich zum Beispiel an gegebene Formen anlehnt, sie umprägt, zerstört, ausdehnt oder einschränkt ...».

Die Zeichentests gehören wie die Graphologie zu den sogenannten projektiven psychologisch-diagnostischen Test- und Untersuchungsverfahren. Ich sage nichts Neues, wenn ich feststelle, daß deren Ergebnisse im besonderen Maße durch den Untersucher beeinflußt werden können. Neuerlich haben *Horst und Ingrid Vogel* dazu betont: «Da projektive Verfahren mit offenen Reizangeboten und Aufgabenstellungen arbeiten, gehen spezifische Untersuchungsbedingungen, wie der Anlaß, die Institution und die Person des Untersuchers, mit in das Reizangebot ein und

bekommen Stimulusqualitäten im weiteren Sinne. D. h., daß sich der Untersucher der Tatsache bewußt sein muß, daß er sich bei einer Untersuchung mit projektiven Verfahren und deren Auswertung weit mehr selbst einbringt – ob er will oder nicht – als bei Untersuchungen mit den sogenannten objektiven Tests.»
Es kann danach in meiner Arbeit nicht einfach um die allgemeine Feststellung gehen, daß «solche Dinge eben vorkommen» und immer mitbedacht werden müssen. Das wäre eine müßige Wiederholung von Bekanntem. Es geht vielmehr um die besondere Betonung von – an sich bekannten – Befunden: daß sie *wirklich* vorkommen, daß sie viel stärker ausgeprägt sein können, als wir erwarten, und speziell: daß sich der Untersucher in vielen Fällen doch «weit mehr einbringt – ob er will oder nicht –», als ihm bewußt ist.
Psychologisch gesehen sind unsere analytisch-diagnostischen Interviews auch insgesamt als projektive Tests einzuordnen. Was ich hier über Zeichnungen sage, gilt also allgemein für Interviews. Es soll sogar in besonderem Maße für sie gelten. Ich bin bei dieser Untersuchung nämlich zunächst von einer allgemeinen, die Interviews betreffenden Frage ausgegangen. Es ist bekannt – und besonders im Berliner Zentralinstitut für psychogene Erkrankungen untersucht worden –, daß bei Interviews verschiedene Untersucher verschiedene Brillen aufhaben. Gleiche Befunde werden aufgrund verschiedener Untersucherstrukturen verschieden beurteilt. Mir war nun aufgefallen, daß verschiedene Untersucher nicht nur verschiedene Brillen aufhaben (gleiches verschieden sehen), sondern daß sie, wenn sie denselben Patienten untersuchen, zum Teil offenbar «einen ganz anderen Patienten», das heißt eine andere, eventuell grundverschiedene Seite desselben Patienten zu Gesicht bekommen. Sie sehen nicht nur gleiches verschieden, sondern sie sehen tatsächlich etwas (objektiv) anderes. Dieses andere müssen sie auf ihre Weise provoziert, konstelliert oder zur Resonanz gebracht, also irgendwie hervorgerufen haben. Einen Schritt weiter: Verschiedene Untersucher werden auf ihre Weise nicht nur allgemein verschiedene Seiten zum Vorschein bringen, sondern sie werden mehr oder weniger häufig und deutlich ganz bestimmte, für sie spezifische Antworten konstellieren.
Dieser Gedanke war mir nach einer Weile auf andere Untersu-

cher bezogen selbstverständlich, auf mich selbst bezogen aber sehr unangenehm und deshalb gar nicht selbstverständlich, sondern eigentlich unglaubwürdig. Um die Sache ein wenig von mir wegzuhalten, habe ich sie vorsichtshalber an den Ergebnissen anderer geprüft.

Da ergab sich bald ein Problem: Wenn ich deren Berichte über analytische Erstuntersuchungen las – im letzten Jahr außerhalb dieser Untersuchung etwa 400 –, stieß ich zwar auf Befunde und Interpretationen, die für Untersuchergruppen und einzelne Untersucher typisch erschienen, war aber nicht einmal bei wörtlich wiedergegebenen Aussagen von Patienten sicher, ob sie vom Patienten wirklich so gemacht oder vom Untersucher schon in seine Sprache umformuliert worden waren. Ich weiß dazu, daß in meinen eigenen Protokollen die Patienten stellenweise ganz so reden, wie *mir* der Schnabel gewachsen ist.

Auf der Suche nach objektiven Unterlagen, das heißt nach Aussagen, die zwar vom Untersucher zunächst unbewußt konstelliert, aber in der Wiedergabe nicht mehr von ihm verfälscht worden sein konnten, stieß ich dann auf die Kinderzeichnungen. Ich habe da zunächst nach inhaltlichen Entsprechungen gesucht und war erstaunt, als ich formale fand, die bei Gert und Anke immerhin so wirkten, als hätten nicht mehrere Kinder, sondern als hätte ein und derselbe «Maler» mit einer für ihn typischen «Handschrift» gezeichnet.

Dieses Phänomen war am auffälligsten bei Anke. Um das Typische deutlicher zu machen, vergleiche ich wieder mit anderen Bildern. Ich zeige dazu eine Serie, die bei Ditta entstanden ist: Vier Bäume und sieben Menschen (Abb. 7): Es kommt hier vor allem auf die Proportionen an. In der Mittelreihe finden sich links zwei Bäume und rechts ein Mädchen, die das zur Verfügung stehende Papier fast ganz ausfüllen. Sie sind ein bißchen groß geraten. Der dritte Baum in der Mittelreihe ist noch relativ groß. Der vierte Baum in der Übersicht, in der oberen Reihe oben links, ist wie alle Zeichnungen in der oberen Reihe, auf dem Papier etwas nach links gerückt. Die Krone ist gegenüber dem Stamm etwas klein, aber er ist insgesamt sicher nicht zu groß. Unter den Menschen gibt es bei Ditta kleinere und größere. Soviel zu den Proportionen, die hier in durchschnittlicher Weise wechseln.

Abb. 7. Ditta. Bäume und Menschen. 6 Jungen, 2 Mädchen. Von links nach rechts: Oben: Ilona (15); Boris (10); Ilona (15); Jochen (12). Mitte: Detlev (15); Marc (8); Ralf (9); Cordula (7). Unten: Claes (5); Marc (8); Detlev (15).

Noch eine Besonderheit: Zwei von den Bäumen, der oben links und der in der Mittelreihe halbrechts darunter, wirken in der Zeichnung glatt und besonders auch in der Krone scharf gegen den Hintergrund abgegrenzt, «phallisch» könnte man sagen (gezeichnet links oben von einem 15jährigen Mädchen, halbrechts darunter von einem 8jährigen Jungen. Die beiden haben übrigens auch ähnliche Menschen gezeichnet: den Jungen mit dem Ball in der Mitte unten und schräg darüber den zweiten von rechts oben). Bei Anke (Abb. 8) sind nicht nur die Baumstämme und zum Teil auch die Kronen «glatt» und sorgfältig ausgemalt und gegenüber dem Hintergrund scharf konturiert, sondern diese Art zu zeichnen fällt auch bei den Menschen auf, und die Zeichnungen sind nicht nur – wie in Einzelfällen bei Ditta und

Abb. 8. Anke. Übersicht. 4 Mädchen, 3 Jungen. Von links nach rechts: Oben: Anne (10); Christian (10); Petra (10). Mitte: Anja (8); Robert (9); Klaus (11). Unten: Michael (14); Christian (10); Anne (10).

vielen anderen Untersuchern – gelegentlich «ein bißchen groß geraten», sondern sie sind auffallend häufig groß und zu groß, so daß der zur Verfügung stehende Raum nicht ausreicht, oben oder unten etwas fehlt bzw. die Zeichnung «wie abgeschnitten» wirkt. Die Proportionen stimmen öfter als sonst auch innerhalb

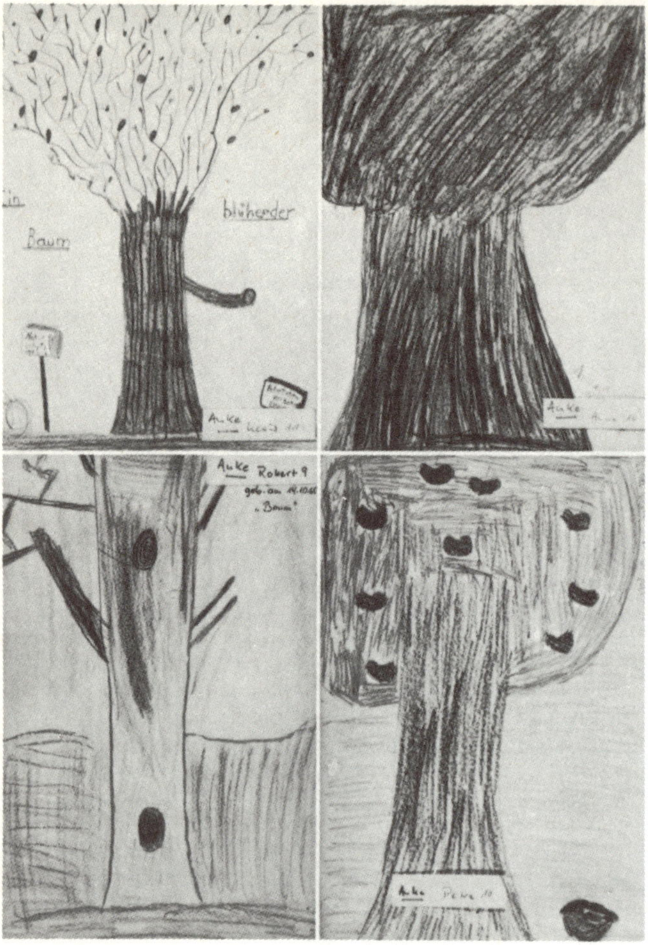


Abb. 9. Anke. 4 Bäume aus Abbildung 8. Oben, von links: Klaus (11); Anne (10); Unten, von links: Robert (9); Petra (10).

der Zeichnungen (Figuren) nicht, und gelegentlich steht dem Übergroßen ein «zu klein» gegenüber. Das Merkmal «wie abgeschnitten» fällt dann auch in den Zeichnungen selbst vergleichsweise häufig auf: abgeschnittene Äste, fehlende Ohren, fehlende Hände, keine Haare. Dazu gelegentlich etwas eigenartig Starres.

Abb. 10. Anke. 1 Baum aus Abbildung 8 und 3 Ergänzungen. Oben, von links: Sylvia (17); Christian (10). Unten, von links: Iris (7); Anja (8).

Abbildung 9 zeigt vier typisch ausgemalte Bäume, für die der Platz nicht reicht. Abbildung 10 drei relativ große Bäume, zwei mit der typisch kleinen Krone, dann unten links als Kontrast ein Bild, auf dem alles zu klein geraten ist. Die Menschlein sind gerade so groß wie die Blumen, zwischen denen sie stehen.

Abb. 11. Anke. 3 Menschen aus Abbildung 8 und eine Ergänzung. Oben, von links: Robert (9); Anne (10). Unten, von links: Anja (8); Michael (14).

Abbildung 11 zeigt vier Menschen, drei «wie abgeschnitten», Abbildung 12 noch einmal vier Menschen, bei dreien fällt eine vertikale Betonung (durch die Knopfreihe) auf. Im Gegensatz zu Gert scheint bei Anke mehr vertikal betont gezeichnet worden zu sein. Zum Schluß Abbildung 13: ein Clown, großer Kopf, kleine Beine, keine Arme. Übrigens der dritte Clown in der Reihe. Er kann hier typisch sein, muß aber nicht typisch sein.

Abb. 12. Anke. 1 Mädchen aus Abbildung 8 und 3 Ergänzungen. Oben, von links: Klaus (11); Christian (10). Unten, von links: Iris (7); Sylvia (17).

10 von 20 Kindern oder Jugendlichen haben bei Anke so gezeichnet. Das eigentlich Typische ist von den Einzelfaktoren her letztlich nicht einmal zu beschreiben, sondern ergibt sich wie auch bei Gert aus dem Gesamteindruck, den man bekommt, wenn man die Bilder eine Weile auf sich wirken läßt.
Wenn ich die Befunde gelegentlich gezeigt und besprochen habe, bin ich auf ein eigenartiges Phänomen gestoßen: In Diskussionen

Abb. 13. Anke. Ein Clown. Jorg (6).

hieß es einerseits, bei Licht besehen sei die Sache ja nun wirklich nicht neu, also uninteressant. Anderseits und im gleichen Atemzuge hieß es, das Ganze sei unglaubwürdig. Die Befunde seien statistisch zu wenig abgesichert. Man müsse ein viel umfangreicheres Material einsehen und genau ordnen. Man könne so nichts damit anfangen. Einerseits also als altbekannt längst bestätigt, anderseits so nicht zu akzeptieren.
Die Befunde haben in mir selbst ähnlich widersprüchliche Reaktionen ausgelöst. Der Grund liegt nach meinem Eindruck aber nicht darin, daß sie zu «mager» oder zu dürftig sind. Sie sind im Gegenteil zu «dick». Es darf eigentlich nicht wahr sein, daß 9 von 15 Kindern bei Gert und 10 von 20 Kindern bei Anke in jeweils derselben typischen Art gezeichnet haben und daß das auf von den Untersuchern ausgehende spezifische «Tönungen» zurückzuführen sein soll. Vielleicht, so wird gefragt, hat nur irgendeine besondere, seltene, zufällige Konstellation bestanden, in der sich die Befunde hier so ergeben haben. In anderen Konstellationen und in der Mehrzahl der Fälle werden sie sich so nicht finden.

Der Einwand ist nicht ganz unberechtigt. Es hat schon eine spezielle Konstellation bestanden, aber keine seltene. Eine Besonderheit gegenüber der allgemeinen Interviewsituation lag darin, daß Ausbildungskandidaten untersucht und daß Kinder gezeichnet haben. Wenn man davon ausgeht, daß unbewußte Tönungen um so stärker zum Ausdruck kommen können, je höher die emotionale Spannung und je ausgeprägter die Sensibilität für solche Spannungen ist, kann man sagen:

a) Ausbildungskandidaten, die mit dem Interview eine besondere Leistung zeigen sollen, stehen während der Untersuchung wahrscheinlich unter stärkerer emotionaler Spannung als fertig ausgebildete Analytiker, die solche Untersuchungen routinemäßig durchführen.

b) Kinder können solchen Spannungen gegenüber noch sensibler sein als Erwachsene.

Also könnten die gezeigten Befunde in von Ausbildungskandidaten durchgeführten Kinderinterviews deutlicher auftreten als in von fertigen Analytikern routinemäßig durchgeführten Interviews bei Erwachsenen. Das ist denkbar. An der grundsätzlichen Bedeutung der Befunde würde es nichts ändern.

Man könnte schließlich annehmen, ich hätte sozusagen gleich zweimal «sechs Richtige gezogen». Das läßt sich nicht ausschließen. Aber auch damit wäre das Problem nicht vom Tisch. Der Zufall hätte nur einen Befund, der nach Theorie und Erfahrung zu erwarten war – daß der Untersucher über eine unbewußte Kommunikation mit dem Untersuchten die Untersuchungsergebnisse mitbeeinflußt –, verstärkt.

Als *Freud* über «Eine Schwierigkeit der Psychoanalyse» und «Die Widerstände gegen die Psychoanalyse» sprach, erklärte er, «daß die psychoanalytische Auffassung vom Verhältnis des bewußten Ichs zum übermächtigen Unbewußten» – «daß das Ich nicht der Herr sei in seinem eigenen Haus» – «eine schwere Kränkung der menschlichen Eigenliebe bedeute». «Kein Wunder daher, daß das Ich der Psychoanalyse nicht seine Gunst zuwendet und ihr hartnäckig den Glauben verweigert» (1917a; 1925e). Die Kränkung, denke ich, wäre zu verwinden. Eigentlich ist das Ganze aber unheimlich. Wir sind weniger gekränkt als betroffen von der Wirklichkeit und Wirksamkeit unbewußter Prozesse.

# Die Wiederentdeckung des Leibes?

Ich habe hinter den Titel ein Fragezeichen gesetzt: Die Wiederentdeckung des Leibes?

Das Fragezeichen bedeutet verschiedenes: Ich frage, ob es nur um eine Wiederentdeckung geht oder – verborgener – auch um etwas anderes; auf einen einfachen Nenner gebracht: um eine bessere Nutzung. Die Frage ist dann für mich keine Frage mehr, sondern eine Behauptung: ja, es geht wesentlich auch um die Nutzung. Der Leib wird Mittel zum Zweck. Er soll der Befriedigung dienen. Befriedigung in einem Sinn, der über die einfache Sinnenfreude, über das unmittelbare Genießen der Körperlichkeit hinausgeht: Befriedigung im Sinne der Abwehr von Unlust; Befriedigung zum Ausgleich einer sonst bestehenden oder entstehenden Leere; Befriedigung, um Zeit zu strukturieren, das heißt, um Zeit auszufüllen; einen Schritt weiter: um eine in und hinter der Leere lauernde Angst zu überdecken. Befriedigung, um die Angst – wie mir mal ein Patient gesagt hat – «totzufikken». Die Leere und die Angst sind mit Beziehungslosigkeit verbunden und mit einem verzweifelten Gefühl, nichts wert zu sein, von den anderen abgelehnt zu werden. Befriedigung als Bestätigung; schließlich: als Mittel, sich überhaupt wahrzunehmen. Manche fühlen sich so gut wie tot.

Da ich nicht ganz ohne die im Buch «Haben oder Sein» von Erich Fromm (1976) vorgetragenen Überlegungen auskomme, will ich eine Definition aus dem Klappentext jenes Werkes geben: «Die These dieses wichtigen Buches ist, daß zwei Arten der Existenz um die Seele der Menschen streiten: der Modus des Habens, der sich auf materiellen Besitz konzentriert, auf Gewinnsucht, Macht, Aggression und der (damit) Gier, Neid und Gewalt verursacht; und der Modus des Seins, der sich auf Liebe gründet, auf die Lust, zu teilen, und sich in wesentlicher, nicht verschwenderischer, sondern schöpferischer Tätigkeit ausdrückt ... Seine Hoffnung setzt (Fromm) darauf, daß viele Züge des Seinsmodus fortleben und (daß) die Menschen zunehmend der Leere ihres aufs Haben gerichteten Lebens gewahr werden und eine Welt ersehnen, die sie für kaum erreichbar halten, eine Welt der Liebe und Teilnahme», so daß der Seinsmodus den Habenmodus immer mehr ersetzt.

Ich werde auf in mancher Hinsicht ähnliche Gedankengänge und Überlegungen, wie sie seiner Zeit Erich Neumann vorgetragen hat, später noch zurückkommen, besonders auf den Aspekt der Nutzung oder der Verfügbarkeit, der ja deutlich im Zusammenhang mit dem des Habens steht.

Ich möchte vorher auf die Entwicklung des Problems um die Wiederentdeckung des Leibes eingehen. Es ist ja ein uraltes, kulturhistorisch-anthropologisch eminent wichtiges Problem, auf das ich als Analytiker nur kursorisch eingehen kann; und dilettantisch, so gut es mir eben zugänglich ist. Aber ich muß schon darauf eingehen, um bestimmte Voraussetzungen verständlich zu machen. Ich rede bei allem als Analytiker, der freilich auch Therapeut ist. Ich stelle aber hier einen analytischen und fragenden Ansatz ganz in den Vordergrund, habe eben deshalb das Fragezeichen gesetzt.

Fromm spricht von der Hoffnung, ich mehr von der Skepsis, vom Zweifel – nicht davon, wie wir heilen könnten, sondern davon, woran wir kranken, nicht von möglichen Wegen, sondern von möglichen Sackgassen. Ich werde auch – vom Schluß abgesehen – kaum Schilder aufstellen, die hinausweisen aus der kritischen Situation, sondern den Zweifel möglichst so stehenlassen, damit er sein Gewicht, vielleicht auch seine Würde behält. Ich möchte ihn ungern gleich wieder überdecken.

«Was hülfe es dem Menschen, wenn er die ganze Welt gewönne und nähme doch Schaden an seiner Seele?!» «Welt» steht hier wohl mit für Leib, Fleisch, Sinnlichkeit, Begierde, Befriedigung, Ausweichen vor Frustration; für alles, was der Seele gegenübersteht. Ich stelle mit diesem Wort ein drittes Fragezeichen an den Anfang.

| | |
|---|---|
| Das erste: | Wiederentdeckung oder bessere Nutzung? |
| Das zweite: | Skepsis gegenüber der «schönen» Hoffnung. |
| Das dritte: | Was hülfe es dem Menschen, wenn er den Leib wiederentdeckte und nähme doch Schaden an seiner Seele!? |

Ich setze ein anderes Wort dagegen (ich verdanke es einem Gespräch mit Joachim Illies): Caro cardo salutis, das heißt, das Fleisch, «caro ista»: dieser sinnliche Leib, ist der Angelpunkt des Heils.

In der Gegenüberstellung beider Worte liegt ein wesentlicher Teil unseres Problems.

Das Problem beginnt damit, daß wir vom Baum der Erkenntnis gegessen haben. Erkennen bedeutet zunächst, nicht mehr unbewußt, spontan leben, sondern Leben bewußt wahrnehmen. Dann: das Wahrgenommene reflektieren, wieder vor sich hinstellen, genauer betrachten und untersuchen, überlegen, wozu man es benutzen kann, wie man es verändern kann, was man daraus machen kann; aber auch: das Leben, und – wenn es um Selbstwahrnehmung geht – sich selbst bewerten, beurteilen: Sie sahen, daß sie nackt waren, und sie schämten sich (nun) sehr. Und sie erfuhren, was gut und böse ist. Sie erfuhren es an der Leiblichkeit, an der Scham, die sich auf das Geschlecht, die Geschlechtsteile bezieht. Sie bedeckten die Scham mit einem Feigenblatt. Erkennen heißt dann aber auch (das ist ein Doppelsinn, wie er uns häufig begegnet), das Feigenblatt wieder ablösen. Und er erkannte sein Weib. Er schlief mit ihm. Aber er muß anders mit ihm geschlafen haben als vorher: unter Beteiligung eines Bewußtseins. Und seither suchen und erleben wir im «Schlafen» die Wiederauflösung des Bewußtseins. Nur: es geht nicht immer so, wie wir wohl möchten.

Erkennen ist ein ungemein einschneidender Vorgang, der den Fluß des Lebens unterbricht und unwiderruflich verändert. Es wird eine Reihe von Gegensätzen konstelliert zwischen Natur und Geist, zwischen Körper und Seele, zwischen bewußt und unbewußt, zwischen Scham haben und frei von Scham sein können – also Scham und Unschuld –, zwischen Bindung und Freiheit.

Das Schwierige ist, die Gegensätze auseinanderzuhalten; das Verwirrende: daß wir immer Teil von beidem sind und beides zugleich und doch jedes, unvereinbar, für sich allein. Wir bleiben auch mit dem Erkennen – dem Erkennen im weiteren Sinne – Natur, sind ihr aber zugleich gegenübergestellt, entfremdet, wie Hegel gesagt hat.

Der Versuch der Wiederentdeckung des Leibes ist ein Versuch, die Entfremdung, die ich nun gegenüber dem Einssein betone, wieder aufzuheben. Sie läßt sich aber nicht wieder aufheben, es sei denn im Rausch, in der Ekstase, im Schlaf, die unser bewußtes Ich vorübergehend in den Hintergrund treten lassen. Es handelt sich nämlich, wie von alters her bekannt – von den Ausnahmen abgesehen –, um eine Unmöglichkeit: die negative Folge des Erkennens, die Entfremdung, untere Beibehaltung der positiven Erkenntnismöglichkeit und des bewußten Ich, auf die wir nicht verzichten wollen, rückgängig zu machen. Es ist geschehen und bleibt bestehen. Selbst wenn wir auf das Erkennen und das bewußte Ich verzichten wollten, wir könnten es nicht. Es liegt nicht in unserer Macht.

Heinrich von Kleist hat das Problem in seinem Aufsatz «Über das Marionettentheater» bezogen auf den Verlust der Unmittelbarkeit, der Grazie und Anmut, aber auch der instinktiven Reaktionssicherheit an den Überlegungen über die Puppe und den Bären in klassischer Form dargestellt. «... Mißgriffe», sagt er, «sind unvermeidlich, seitdem wir von dem Baum der Erkenntnis gegessen haben.» Er hat eine vage Hoffnung, die wohl darin liegt, die Erkenntnis durch eine höhere Erkenntnis zu ersetzen. Er entwirft damit statt des Weges zurück, der nicht möglich ist – das Paradies ist verschlossen – einen Weg nach vorn: Er läßt die Erkenntnis durch eine Unendlichkeit hindurchgehen wie eine kreisförmige Linie, die nach einem Durchgang durch das Unendliche wieder auf ihren Anfang trifft: «... so findet sich auch, wenn die Erkenntnis gleichsam durch ein Unendliches gegangen ist, die Grazie wieder ein; so, daß sie, zu gleicher Zeit, in demjenigen menschlichen Körper(bau) am reinsten erscheint, der entweder gar keins oder ein unendliches Bewußtsein hat.» «... Mithin», so fragt er, «müßten wir wieder von dem Baum der Erkenntnis essen (die höhere Erkenntnis gewinnen), um in den Stand der Unschuld zurückzufallen?» «Allerdings», antwortet er sich selbst, «das ist das letzte Kapitel von der Geschichte der Welt», das heißt, es würde den Menschen als Menschen aufheben. Denn «das letzte Kapitel der Welt» bezeichnet den Untergang der Welt im Sinne unserer Menschenwelt und den Übergang in eine andere.

Ich sollte damit eigentlich schließen: Das Problem ist unlösbar und damit basta!

Wir können es aber noch einmal anders herum versuchen: Kleists «unendliches Bewußtsein» dürfte dem Wesen nach wieder Natur, aber zugleich «Gott» – Gott und Natur in einem sein. Wenn wir es Gott nennen, wird die Unmöglichkeit des Unterfangens auch von daher deutlich: Wir sind nicht Natur, und wir sind auch nicht Gott und können es nicht sein. Und: wir werden nach der Natur ja nicht auch noch Gott ins Handwerk pfuschen wollen und etwa die verheißene Auferstehung des Fleisches – das ist «die Wiederentdeckung des Leibes» (?) – noch vor dem Jüngsten Tag bewerkstelligen wollen.
Aber alle wollen es: Jung, Reich, Fromm. Jung will es mit dem Prinzip der Individuation, dem Mysterium coniunctionis, der Vereinigung der Gegensätze. Reich will es mit der Freisetzung oder Wiedereinsetzung des genitalen Charakters, der unverkennbar den «ganzen Menschen», den «homo totus» im Sinne des archetypischen Bildes, meint, zumal da Reich sich hier (1978) ausdrücklich auf Christus bezieht. Und Fromm will es mit der Synthese von Haben und Sein in einer neuen Gesellschaft.
Gewiß, sie wollen es mehr oder weniger auch nicht. Sie wollen nur auf dem Weg dahin möglichst weit gehen und beschreiben das Ziel, damit wir uns immerhin auf den Weg machen. Aber Weg und Ziel sind schwer auseinanderzuhalten. Die genannten Drei (und andere) werden tatsächlich sehr häufig so verstanden und interpretiert, als beinhalte der Entwurf – der Weg z.B. zur «Stadt des Seins» (Fromm, 1976, p. 200)– dann doch das mögliche Erreichen des Ziels.
Wir können übrigens gar nicht anders, als offen oder insgeheim – und wenn auch nur unbewußt – der Versuchung erliegen, uns mit dem Ziel so zu identifizieren, als müßte es doch erreichbar sein. Und in gewissem Sinne haben wir sogar recht (aber es hilft uns nichts): das Ziel ist gar nicht so weit entfernt. Es liegt unmittelbar in uns. Es entspricht nämlich – ob es die «Stadt des Seins» bei Fromm oder die «goldene Stadt» bei Jung ist – einem in uns allen bereitliegenden ungemein faszinierenden archetypischen Bild, dem Symbol der Vereinigung der Gegensätze, das den Sündenfall, die mit dem Essen vom Baum der Erkenntnis eingetretene Spaltung, wieder aufhebt. Wir können dann diesbezüglich nicht einmal das Bild haben wollen oder nicht haben wollen. Es ist da, zugleich allerdings unerreichbar, und muß auch unerreichbar

sein. Das Ich, unser bißchen Ich, muß die Spannung zwischen sich und dem Bild aushalten, ohne in es zurückzufallen. Es würde sonst aufgeschluckt. Wir können nur erkennen, daß wir das Bild und die zugehörige Tendenz zur Wiedervereinigung in uns tragen und uns dann sorgfältig davon unterscheiden. Das Bild wäre nämlich wieder auch «Gott» (auch wenn es hier als «Stadt» gezeichnet ist). Reich hatte nicht so unrecht, wenn er es auf Christus bezog. Er wird nur besonders leicht so verstanden, als habe er es konkret gemeint. Es ist aber ein Symbol. Jung nennt es «das Selbst».

Wir können die «Unmöglichkeit» (s.o.) nun noch einmal anders formulieren: Unser Ich ist mit dem Erkennen konstituiert. Es ist damit aus der Natur und aus Gott (aus dem Paradies) herausgefallen. Es kann, vom «Schlafen» abgesehen, nicht zurückfallen (weder rückwärts noch vorwärts), ohne sich selbst aufzugeben und vernichtet zu werden.

Der Fehlschluß, dem viele erliegen, wenn sie nach einer «höheren Erkenntnis» oder nach einer «Wiedervereinigung mit der Natur» streben, liegt darin, daß sie meinen, es könne doch immerhin eine relative Annäherung geben, sozusagen wenigstens ein bißchen mehr Natur oder ein bißchen mehr Gott. Es bestehen aber nach der einen wie nach der anderen Seite hin absolute Grenzen. Gott oder nicht Gott. Tertium non datur. Ein Drittes gibt es nicht.

Die Entfremdung, die durch das Essen vom Baum der Erkenntnis eingetreten ist, ist in der Neuzeit wohl eher noch größer geworden. Es scheint nämlich so, als hätten wir inzwischen ein zweites Mal vom Baum der Erkenntnis gegessen, aber nicht im Kleistschen Sinne, sondern im ursprünglichen und damit nachhaltiger und verwirrender.

*Joachim Fernau* hat eine Art Geschichte der Leiblichkeit oder Sinnlichkeit in seinem Buch «Und sie schämeten sich nicht» aufgezeichnet. Wenn man das Buch liest, findet man, daß die Leiblichkeit bis um 1500 und noch in den beiden folgenden Jahrhunderten im Grunde ganz gut gediehen ist. Es hat immer wieder große Schwierigkeiten gegeben, und insbesondere die Inquisition, die es auf den (sexuellen) Verkehr mit dem Teufel abgesehen hatte, hat schrecklich gewütet: sie haben noch zwischen 1627 und 1629 in zwei Jahren allein in Würzburg 200

Menschen wegen Hexerei hingerichtet (p. 91). Das waren in der Woche zwei! Aber es scheint einer uns heute kaum mehr vorstellbaren Unbefangenheit und Sinnenfreudigkeit wenig Abbruch getan zu haben. Unsere Saunen sind offenbar nichts gegenüber den früheren Badestuben, und man ging auch mit schönster Selbstverständlichkeit «noch mal eben auf einen Sprung» ins Frauenhaus, und anscheinend nicht aus Verklemmung, sondern einfach, weil es Spaß machte.

Um 1500 brach die Syphilis über Europa herein. Die Badestuben und die Frauenhäuser schlossen. Aber das Leben und das Lieben gingen weiter.

Ein wirklicher Einbruch scheint sich erst über das Rokoko angebahnt und über die Französische Revolution, die Aufklärung und das Biedermeier bis hin in die sogenannte Gründerzeit vollzogen zu haben.

Aber schon 1880 erschien in Paris der Roman «Nana» von Emile Zola, ein nicht eben zurückhaltendes Buch neben anderer sich freimütig äußernder Literatur, und die goldenen Zwanziger Jahre, die hier durch die Dreißiger und den Zweiten Weltkrieg abgebrochen wurden, sind schon gar nicht mehr prüde gewesen. Aber in ihrer Beziehung zur Leiblichkeit wohl eher hektisch als glücklich.

Es wäre übrigens falsch, zu meinen, der Leib wäre in der Zwischenzeit einfach verschwunden gewesen. Das prüde Viktorianische z. B. läßt sich unschwer als kollektive Zwangsneurose beschreiben, in der zwar der Leib als böse, sündig und gefährlich erscheint, aber in eben dieser Erscheinungsform dauernd präsent, analytisch ausgedrückt: stark libidinös besetzt ist.

Es scheint sich aber trotz Zola, trotz der Zwanziger Jahre und der Flut von Leiblichkeit, die wir in der letzten Zeit erleben, etwas grundlegend geändert zu haben: Wir haben keine Inquisition mehr, und es ziehen keine Flagellanten durch das Land. Wir besitzen die Antibabypille, und die Abtreibung ist von Staats wegen weitgehend freigegeben. Aber die frühere, noch relative Unbefangenheit scheint auf eine tiefgehende Weise gestört worden zu sein. Wie gäbe es sonst neben dem «Zeigt-den-Körper»-Boom den Psycho-Boom?!

Jedermann weiß: die Aufklärung war es, und der Narzißmus ist es, und die mit der Aufklärung einsetzende Technisierung, in der

unser Intellekt immer neue Triumphe über die Natur feiert, Überfluß schafft, für Kommunikation sorgt und Beziehung zerstört.
Wobei wir der Aufklärung nicht zu undankbar sein sollten. Mitten im Odenwald in einem Flecken, in Beerfelden, steht der besterhaltene dreischläfrige Galgen Deutschlands. Ein dreischläfriger Galgen hat drei (ungefähr 6 m hohe Sandstein-)Säulen, auf die oben ein Balkendreieck aufgelegt ist; drei Balken, an jedem zwei Haken: also ist er meiner Meinung nach eigentlich sechsschläfrig. Man sieht, wie groß der Bedarf war. Davor ist aus Steinplatten ein kleines Kreuz liegend in die Erde eingelassen, auf dem die armen Sünder standen, wenn sie die Sterbesakramente empfingen. Man machte es ja ordentlich. Zuletzt wurde dort 1804 eine Zigeunerin gehenkt, wegen Diebstahls: 1 Huhn und 2 Laib Brot.
Vielleicht konnten die Leute im Mittelalter nur so unbefangen sein, weil es so finster war. Wir sollten der Aufklärung wirklich nicht ganz undankbar sein: es nicht vergessen über den Schwierigkeiten, in die wir später geraten sind, und denen wir nun so hilflos gegenüberstehen.
«Zurück zur Natur» hat schon Rousseau gleich zu Anfang gemahnt. Der Satz hat auch nie seine Aktualität verloren, aber er hat die Entwicklung nicht aufgehalten. Mir ist in dem Zusammenhang immer ein Rilke-Vers eindrücklich in Erinnerung geblieben: «... und die findigen Tiere, die merken es wohl, daß wir nicht sicher zuhaus sind hier in der gedeuteten Welt.»
Was machen wir denn falsch, oder was können wir noch mehr berücksichtigen in unseren Versuchen, den Leib wiederzufinden, wenn wir schon – in letzter Konsequenz – nicht «Leib-Sein» können?
Ich greife auf den Anfang zurück: auf die Unmöglichkeit, die negative Folge des Erkennens, die Entfremdung (oder den Verlust der Spontaneität) wieder aufzuheben, indem wir gleichzeitig die positive Erkenntnismöglichkeit und das bewußte Ich beibehalten, auf die wir nicht verzichten wollen und nicht verzichten können. Da wir auch zu der «Stadt des Seins» nicht gelangen werden, meine ich, wir könnten es nur mit der Gegenwart versuchen, und da wir die Entfremdung nicht aufheben können, sie nur ernsthaft als gegeben hinnehmen und sie in unseren

Methoden – auf welcher sorgfältigen Art von Erkennen sie auch immer beruhen mögen – beachten.

Für die Analyse heißt das wohl, daß wir anerkennen, in einem begrenzten Raum mit begrenzten Mitteln zu arbeiten und daß wir unserem Erkennen kein so grenzenloses Vertrauen hinsichtlich seiner Richtigkeit und seiner heilsamen Wirkungen entgegenbringen sollten, wie wir es gerne tun.

Mit den nicht-analytischen Methoden habe ich keine nennenswerten unmittelbaren Erfahrungen. Was ich von meinen Analysanden höre, die häufig mit nicht-analytischen Methoden in Berührung kommen, läßt mich manchmal neidisch werden, manchmal ganz beruhigt sein in meinem Analytiker-Stuhl, aber gelegentlich auch Bedenken haben. Die Bedenken beziehen sich wesentlich auf eine stellenweise «gemacht» wirkende Unbefangenheit, mit der festhaftende kollektive Wertungen und Grenzen, die eine wirklich freie Körperlichkeit auch heute nicht ohne weiteres zulassen, übersprungen werden (von der prinzipiellen Unmöglichkeit einmal ganz abgesehen). *Gemachte* Kommunikation kann dann das Defizit an Beziehungsfähigkeit doch nicht aufheben. Besonders Schizoide, die eine sogenannte sekundäre Anpassung lernen, «lernen» dann nur noch mehr, werden aber eigentlich nur «fremder». Ich kenne ganze Wohngemeinschaften, die so etwas geübt haben. – Gelegentlich klingt auch durch, daß die angebotene Bewußtseinserweiterung eher der verdeckten Triebbefriedigung dient. Aber das geht in Analysen auch so.

Ideal wäre gewiß die allumfassende Methode. Sie läßt sich vom Denken her konstruieren, aber der Therapeut kann sie nicht realisieren. Ich bleibe da lieber bei meinem Leisten.

Eingehen will ich noch auf eine Besonderheit, die sich ebenfalls direkt auf unser Thema bezieht: In unsere bewußten Lösungsversuche hinein setzt sich verdeckt weiterhin Unbewußtes durch. Zu diesem Unbewußten gehören eigenartigerweise oder auch typischerweise sogenannte ich-synthone Haltungen und Tendenzen, mit denen wir gewohnheitsmäßig, aber unreflektiert und ohne es zu wissen – also zumindest in diesem Sinne unbewußt – an die Lösungen unserer Probleme herangehen. Damit sind nicht die vorgegebenen und gelernten Methoden gemeint und auch nicht unbewußte Motivationen, wie wir sie für den Therapeuten ge-

meinhin bei der Untersuchung der sogenannten Gegenübertragung besprechen, also z. B. die eigenen Wünsche nach Geborgenheit – oder allgemeiner – nach Herstellung einer heilen Welt, Bereicherungstendenzen oder verdeckt Aggressives und Sexuelles, obwohl das alles mit einfließen mag.
Gemeint ist etwas, was wir zunächst aus der Jungschen Typologie kennen: Jung unterscheidet vier Funktionen, mit denen wir erleben und arbeiten: Denken, Fühlen, Empfinden, Intuieren. Sie sind beim einzelnen – meist ohne daß er es weiß – ganz unterschiedlich entwickelt. Jeder von uns arbeitet nicht gleichmäßig mit allen, sondern bevorzugt bestimmte Funktionen. Wenn es nun darum geht, eine sogenannte minderwertige, gestörte, zurückgebliebene Funktion oder überhaupt etwas Zurückgebliebenes zu entwickeln, greifen wir unfehlbar auf unsere bevorzugten Funktionen zurück und versuchen, das Minderentwickelte mit dem besser Entwickelten, aber auch im Sinne des besser Entwickelten zu «organisieren». Das heißt, wir *denken* z. B., wie wir oder ein Patient besser fühlen könnten. Wir teilen das Fühlen dann in Kategorien ein: in gutes und böses Fühlen, in warmes oder kaltes Fühlen, meinen damit aber im Grunde vom Denken her richtiges, z. B. realitätsbezogenes Fühlen oder falsches Fühlen. Wir haben eine Denkschule für Fühlen eingerichtet, werden aber seinem eigentlichen Wesen damit nicht gerecht (vgl. v. Franz, p. 22 f).
Es gibt nun nach Erich Neumann (1953) zwei wesentlich verschiedene Bewußtseinsstrukturen, mit denen wir wie mit den Funktionen, aber noch unbewußter arbeiten und auf die man das gezeigte Modell im Prinzip übertragen kann. Es sind entwicklungsgeschichtlich gebildete Formen: eine frühere, die noch aus einem matriarchalen Bereich stammt, und eine spätere, in der patriarchale Strukturen des Erlebens und Auffassens vorherrschen. Sie beziehen sich jeweils auf beide Geschlechter, sind also – das muß ausdrücklich betont werden – *nicht* geschlechtsspezifisch, obwohl dem einen Geschlecht die eine, dem anderen die zweite Form mehr entgegenkommen mag. Ich nenne sie nur für diesen Aufsatz – um zu vermeiden, daß sie doch geschlechtsspezifisch verstanden werden – nicht matriarchal oder patriarchal (wie Neumann es tut), sondern das frühere (matriarchale) Land-Bewußtsein und das spätere (patriarchale) Stadt-Bewußtsein.

Natürlich sind auch damit Mißverständnisse möglich. Aber mir ist nichts Besseres eingefallen.
Heute herrscht bei beiden Geschlechtern in der Regel das Stadt-Bewußtsein vor. Aber es ist nur die Regel, die viele Ausnahmen hat, und die die verschiedensten Mischungsverhältnisse zuläßt. – Ich beschreibe für beide Bewußtseinsformen nur einen typischen Ausschnitt:
Das Land-Bewußtsein ist auf einen phasenhaften Ablauf in der Natur orientiert und lebt in diese eingepaßt. Gewiß ist die Frau, die die Periode kennt und den Ablauf einer Schwangerschaft, von der eigenen Biologie her stärker auf solche Phasen bezogen. Aber auch der Mann, der in der Natur und mit der Natur auf dem Lande oder auf See lebt – und so lebten bis in die Neuzeit hinein viele Männer –, kann zutiefst damit verbunden sein. Das Land-Bewußtsein weiß um die rechte Zeit und geht mit ihr.
Das Stadt-Bewußtsein versucht nicht, sich in den Ablauf der Natur einzupassen, sondern sich von ihm unabhängig zu machen, ihn zu beherrschen. Und wir haben damit – vielleicht – die Welt erobert. Es geht diesem Bewußtsein nicht darum, zur rechten Zeit, sondern *jederzeit* reagieren zu können, nicht um Einfühlen, sondern um Distanz und Abstraktion, nicht um Empfänglichkeit, sondern um Verfügbarkeit. Daß jemand kann, wann er will, wie er will und so oft er will, das ist ein typisches Ideal aus dem Stadt-Bewußtsein.
Auf das Thema von der Wiederentdeckung des Leibes bezogen liegt wohl ohne weiteres auf der Hand, daß das Stadt-Bewußtsein noch deutlicher vom Baum der Erkenntnis gegessen hat als das Land-Bewußtsein, und daß es besonders in der Neuzeit zu einer Betonung des Stadt-Bewußtseins gekommen ist. Das Beunruhigende dabei ist, daß wohl tatsächlich von Männern wie von Frauen in hohem Maße versucht wird, das Leibliche vom Stadt-Bewußtsein her zu «organisieren» und frei verfügbar zu machen.
Die Spaltung zwischen dem Ich und dem Leib, die uns so zu schaffen macht, wird intensiv behandelt, aber kann auf diesem Wege nicht gebessert, sondern eigentlich nur verstärkt werden. Wir brauchen nicht «mehr von demselben», wie Watzlawick sagen würde, sondern weniger von demselben oder mehr von dem anderen.

Männern ist das schwer beizubringen. Sie wollen oder müssen nun mal allzeit bereit sein. Alles muß immer verfügbar sein. Es ergibt sich etwas Widersinniges: daß wir mit Hilfe der Technik ein nie dagewesenes Maß an Kunstfertigkeit und Freiheit gewonnen haben, es aber bezogen auf den Leib (und unsere arme Seele, die Psyche) nicht «nutzen» können, weil nun einmal der Leib in diesem Sinne nicht unbeschränkt «nutzbar» ist und auch die Seele nicht mitspielt. Uns fällt aber nichts Besseres ein, als immer neue Techniken, auch Psycho-Techniken, zu erfinden und zu versuchen, um «die Sache» doch endlich «machbar» zu machen. Aber sie wird nicht «machbarer», auch nicht z. B. durch die Techniken des einfachen Lebens.

Vielleicht können die Frauen helfen, weil sie eventuell doch noch einen besseren Zugang zum «Land-Bewußtsein» haben als die Männer. Aber manchmal scheint es so, als wollten auch sie nur endlich über ihren eigenen Leib bestimmen, als sollte er zwar nicht mehr für die Männer, aber doch für sie selbst verfügbar sein, wann und wie sie wollen. Und sie könnten die Chance, die vielleicht in einer doch noch vorhandenen größeren Bezogenheit auf den matriarchalen Raum liegt, verpassen. Wir werden es sehen.

Die Wiederentdeckung des Leibes wird nicht möglich sein, vielleicht aber eine gewisse Wiederbelebung des matriarchalen (Land-)Bewußtseins, das noch in uns allen vorhanden ist. Kein «neuer Mensch» (und wenn die Phantasie davon noch so faszinierend wäre), eher ein bißchen weniger davon und dafür mehr von einem genetisch früheren Bewußtsein. Bewußtsein allerdings schon!

DIE SCHULE DER INDIVIDUATION

Persönliche Faktoren wie unsere «persönliche Gleichung» oder die sogenannte Gegenübertragung beeinflussen nicht nur unsere analytische Arbeit mit Analysanden, sondern ebenso das, was wir über die Analyse schreiben. Die Gegenübertragung bezieht sich dann auf die Leser, an die unsere Aussage gerichtet ist. Es kann also auch für das Verständnis einer analytisch-wissenschaftlichen Arbeit nützlich sein, möglichst viel über das sonst unbekannte subjektive Erleben und den persönlichen Hintergrund des Autors zu wissen. Entsprechend müßten wir, wenn wir eine analytische Arbeit schreiben, an den Anfang eine Selbst-Analyse setzen. Das könnte aber leicht zu weit führen, entgleisen, peinlich werden oder auch nur langweilig. Also erwähne ich nur einen mir wichtig erscheinenden Einzelpunkt:
Es ist gelegentlich gesagt worden, was ich da schriebe, ginge ins Religiöse, und dazu will ich ergänzen: Als Knirps soll ich gemeint und gern gesagt haben, ich sei in Bethlehem geboren (es war aber Bethel). – In meiner Analyse hat dann ein Bild von Christus an einem gebrochenen Kreuz eine Rolle gespielt. Später tauchte ein Bild von einem Jungen auf, der ein leuchtendes Gefäß sorgsam durch die Nacht trug.
Jung (JS 53) hat einmal über Freud und dessen Nachfolger geschrieben: «Bekanntlich sind im Geiste des Schöpfers neuer Anschauungen die Dinge weit flüssiger oder biegsamer als im Geiste der Nachfolger, denen die lebendige Gestaltungskraft fehlt und die diesen Mangel stets durch dogmatische Treue ersetzen.» – Soweit über die Freudianer.
An Treue dürfte es auch uns Jungianern nicht mangeln. Nicht, daß wir im Dogma erstarrt wären. Eine reichhaltige Literatur zeigt die Weiterentwicklung der Analytischen Psychologie im Rahmen der eigenen Schule und in einer fruchtbaren Auseinandersetzung mit anderen analytischen Schulen oder psychotherapeutischen Richtungen und der Welt und dem Leben ringsum. Aber die offizielle Lehre hält sich, wie meist, auch bei uns eher konservativ.
Ich will hier auf Schwierigkeiten eingehen, wie sie sich aus tradierten Grundhaltungen und Grundauffassungen unserer Schule ergeben. Die Schwierigkeiten sind im Prinzip bekannt. Da sie trotzdem weiterbestehen, kann man weiter über sie nachdenken. Sie werden dadurch, für den Fall, daß wir sie noch

brauchen, auch nicht gleich verschwinden. – Der Einschub «für den Fall, daß wir sie noch brauchen», entspricht einer Auffassung, nach der unsere Schwierigkeiten unter anderem wie neurotische Symptome angesehen werden können. Neurotische Symptome sind aber Lösungsversuche (JS 47) von Problemen, wenn auch mehr oder weniger mißglückte Lösungsversuche. Solche Lösungsversuche haben ihren Sinn und werden gebraucht, solange uns nicht bessere zur Verfügung stehen.

Ich stelle in den Mittelpunkt das Wort Individuation und sage, daß die Idee von der Individuation auf eine Utopie hinausläuft, aber auf eine wirksame Utopie, auf die wir nicht verzichten können und mögen. Schwierigkeiten entstehen überall da, wo die Idee konkretistisch mißverstanden wird, das heißt da, wo offen oder insgeheim der Anspruch besteht, sie zu verwirklichen. Es geht aber wie mit vielen großen Ideen – ich nenne als Beispiele die christliche und die marxistische –: Sie lassen sich so, wie sie gemeint sind, nicht in die Wirklichkeit umsetzen. Alle Vernünftigen wissen es, alle Gläubigen leugnen es; und meistens sind auch die Vernünftigen im Grunde ihres Herzens Gläubige geblieben. Die Macht des Ergriffenseins ist zu groß.

Mein Thema heißt nicht einfach Individuation, sondern «Die Schule der Individuation». Der Begriff Schule soll sich allgemein auf die Schulrichtung, die wir vertreten, und die Gruppe, der wir damit angehören, beziehen. Es soll betont aber auch um die Schule als Ausbildungsinstitution gehen. Ich werde also speziell auf Probleme der Ausbildungssituation und der Ausbildungskandidaten hinweisen.

Die Schule der Individuation ist, vereinfacht gesagt, von der Methode her eine Schule der Amplifikation und, damit verbunden, eine Schule des archetypischen Denkens. Archetypisches Denken und Amplifikation sind wesentliche Mittel, mit denen Jungianer arbeiten. Das archetypische Denken ist dabei nicht nur ein Mittel, ein Werkzeug, dessen wir uns bedienen, sondern auch eine uns eigene Anschauungs- und Auffassungsweise (nach der die Dinge in einer bestimmten Art angeordnet, und zwar einander zugeordnet sind). Werkzeug ist dieses Denken dann nur im Sinne eines «Organs der Seele», also eines Teils von uns. Soweit es Teil von uns ist, erleben wir die mit ihm verbundene Auffassungsweise nicht als Besonderheit, sondern als Selbstverständlichkeit und haben entsprechende Schwierigkeiten, uns distanziert mit ihr auseinanderzusetzen.

Das archetypische Denken gilt vielen Jungianern als das eigentlich richtige Denken. Es ist bekanntlich kein kaltes, sachliches, abstrahierendes, diskriminierendes, diakritisches (Spitz), technisches Denken (solches Denken gilt manchen eher als verpönt), sondern ein «warmes», auf die Dinge bezogenes, mit den Dingen lebendes, ein «ganzheitlich erfassendes», anschauliches Denken (Dieckmann 1960).

Es ist ein Analogie-Denken. Alles Ähnliche wird als zusammengehörig, als miteinander verwandt verstanden. Ebenso wird alles, was nach Raum oder Zeit aufeinander bezogen ist, was also nebeneinander liegt oder einander gegenübersteht oder zugleich (synchron) geschieht oder in bestimmten Abfolgen nacheinander erscheint, als *sinnvoll* aufeinander bezogen angesehen. Es ist ein assoziatives Denken und hinsichtlich der sinnvollen Bezogenheit ein animistisch-magisches Denken.

Für den analytischen Bereich ist spätestens seit *Freuds* Traumdeutung (1900a) und *Jungs* Assoziationsstudien (JS 19) klar, daß solche Denkformen oder Auffassungsweisen für weite Bereiche des Psychischen und viele Abläufe im Psychischen, besonders im Unbewußten, typisch sind. Es gelingt mit diesem Denken in hervorragendem Maße, bestimmte Inhalte oder Zusammenhänge zu erfassen und bestimmte psychische Abläufe nachzuvollziehen.

Die mit Hilfe dieses Denkens entwickelte Methode der Amplifikation bezieht bestimmte Bilder und Abläufe, die beim einzelnen erscheinen, auf ähnliche Bilder und Abläufe, die wir aus dem Kollektiv kennen, besonders aus Religionen, Kulten, Mythen, Märchen usw. Die aus dem Kollektiv bekannten und beim einzelnen auftauchenden Bilder oder Gestaltungen werden ihrerseits als symbolischer Ausdruck kollektiven Wissens oder kollektiver Weisheit oder als Niederschlag uralter kollektiver Erfahrung usw. (vgl. z.B. JS 65 pp. 430, 438) aufgefaßt und interpretiert. Der einzelne wird also als Träger oder Teilhaber kollektiven Wissens angesehen. Er partizipiert mit ihm vornehmlich über sein Unbewußtes, vor allem über Träume und Phantasien, in denen die (im Prinzip) uralten, archetypischen Bilder auftauchen.

Zum Verständnis der Methode ist zu ergänzen, daß wir (auch außerhalb der Analyse) häufig ein Ganzes, das wir als Ganzes noch nicht wahrnehmen können, schon an einem bereits wahrnehmbar gewordenen Teil erkennen können. Wir hören eine Tonfolge und erkennen die Melodie. Wir sehen einen Bildausschnitt und erkennen das Bild. Wir sehen z. B. eine Tiara und wissen: Es geht um den Papst (oder um altpersische Könige).
Kollektiv gestaltet ist auch die Sprache. Wir verstehen das Wort-Bild, das der einzelne benutzt, dann so, als «wisse» er unbewußt, in welchen näheren oder weiteren sprachgeschichtlichen Zusammenhang (z. B. Mutter – mater – Materie) das Wort gehört, und als beziehe er sich auch auf diesen Zusammenhang, wenn er das Wort benutzt. Daß er den Zusammenhang nur unbewußt, aber nicht bewußt kennen soll, macht nichts. Wir erklären ihm den Zusammenhang. Das ist die Kunst der Amplifikation.
Eine Schwierigkeit ergibt sich daraus, daß es so schwer ist, nicht von der Kunst begeistert zu sein, und daß man Begeisterte kaum davon abhalten kann, die Kunst auch unkritisch zu üben. Es «reimt sich so schön», z. B.: Alkohol = Spiritus = Geist. Alkoholiker brauchen Alkohol, also Geist, sind also geistlos. Das sind Vereinfachungen. Der Amplifikateur wird, wenn er auf sie verfällt, bei sonst großer Gelehrsamkeit zum Simplifikateur. Er sieht undifferenziert Ähnliches als Gleiches und Beieinanderliegendes als Zusammengehöriges und verzichtet zugunsten des archetypischen Denkens auf diakritisches. Er nimmt eine sinnvolle Bezogenheit auch da an, wo man doch besser zunächst an eine Zufallsbekanntschaft dächte. Er geht ziemlich ungeniert davon aus, daß er die «wahre Bedeutung» unbewußter Zusammenhänge und daraus auftauchender Bildausschnitte kennt und daß er diese Kenntnis mit dem Unbewußten des Analysanden teilt (s.a.o.: «macht nichts»). Vor allem: Das Schicksal des einzelnen verschwindet ihm hinter dem typisierenden, kollektiven Bild. So sehr Frau X. auch von Persephone oder einem Detail, das an Persephone erinnert, träumt oder Frau Y. von Athene: Frau X. ist nicht Persephone und Frau Y. nicht Athene (wie ich nicht der Junge mit dem Gral *bin*). Richtig ist: Frau X. und Frau Y. haben neben anderen Problemen wahrscheinlich ein Problem oder Probleme, die in den Geschichten von Persephone oder Athene in einer bestimmten Weise, aber keiner alleingülti-

gen und keiner modernen, dargestellt sind. Wenn wir die positiven Möglichkeiten der Amplifikation nicht nutzen, entgeht uns Typisches, das eine allgemeine Zuordnung ermöglicht. Wenn wir uns aber zu sehr darauf festlegen, verdecken wir Individuelles, und es wird gegebenenfalls durch die Betonung *eines* Bildes die Sicht auf alle anderen Bilder verstellt. Wenn es das Unglück will, wird das eine Bild immerhin so beeindruckend, daß Analytiker und Analysand daran «kleben» bleiben. Die Beschäftigung mit dem Bild wird zur Abwehr. Es kommt dann nicht zu einer Ablösung von dem Bild oder zu einer besseren Einordnung des Bildes, sondern zu einer verstärkten Identifikation mit dem Bild. Aber Frau Y. ist nun mal keine griechische Göttin, sondern bestenfalls ein Athena-Verschnitt. Wenn sie uns hinter der griechischen Göttin verschwände, würde die Analyse nicht zu einer Selbstwerdung, sondern zu einer Verfremdung führen. Die Amplifikation hätte mit der Betonung kollektiver Bilder gerade das Gegenteil von dem bewirkt, was als Individuation im einfachsten und allgemeinsten Wortsinn gemeint sein kann, nämlich laut Duden: die «Entwicklung der Einzelseele im Unterschied zur Kollektivseele».

Das archetypische Denken hat übrigens mit dem, was Jung typologisch als Denken im Sinne der Denkfunktion beschreibt, wenig zu tun. Es geht beim archetypischen Denken wohl um eine Vorform oder Frühform des typologisch beschriebenen Denkens, die noch sehr mit Empfinden und besonders (?) mit Intuieren (ganzheitlich Erfassen) gekoppelt ist.

Nach ihrer Selbsteinschätzung halten sich Jungianer meist nicht für Denker, sondern vorzugsweise für Intuitive, besonders für introvertierte Intuitive. Falls sie es tatsächlich sind, ist nach Jungs Beschreibung dieses Typs für die Schule eine Besonderheit zu beachten: Der introvertierte Intuitive macht, wie *Jung* sagt, «sich und sein Leben symbolisch, angepaßt zwar an den inneren und ewigen Sinn des Geschehens, unangepaßt aber an die gegenwärtige tatsächliche Wirklichkeit. Damit beraubt er sich auch der Wirksamkeit auf diese, denn er bleibt unverständlich. Seine Sprache ist nicht die, die allgemein gesprochen wird, sondern eine zu subjektive. Seinen Argumenten fehlt die überzeugende Ratio. Er kann nur bekennen oder verkündigen. Er ist die Stimme des Predigers in der Wüste» (JS 65, p. 438).

Er muß also, wenn er lehren will, die Stimme des Predigers in der Wüste in eine allgemein verständliche Sprache übersetzen. Sonst bleibt er wirklich unverständlich. Und er muß über die Unterschiede zwischen Lehren und Verkündigen nachdenken, damit die Lehre nicht zu kurz kommt und er sich nicht zu einseitig auf Glaubenssätze bezieht, wie wir sie neben Lehrsätzen haben, z.B.: Was Gott tut – das Unbewußte tut – das ist wohlgetan! Und: Den Seinen gibt's der Herr im Schlafe, das heißt: im Traume. Beides klingt gut und wäre auch gut, wenn der Herr den Seinen nicht ab und an im Schlafe z.B. auch eine Psychose mitgäbe. Unerschrockene Jungianer lehren zwar für solche Fälle, daß sich erst an ihnen der Sinn der Krankheit so recht erweise. Aber mir ist nicht wohl dabei. – Wenn es der Herr besonders gut meint, gibt er die Individuation. Aber die richtige (s.u.) erst in der zweiten Lebenshälfte.

Unter Individuation verstehen wir nach Jungs Definition unter anderem den «Vorgang der Bildung und Besonderung von Einzelwesen, speziell die Entwicklung des psychologischen Individuums als eines vom Allgemeinen, von der Kollektivpsychologie unterschiedenen Wesens» (JS 65, p. 477). Auf die Bildung und Besonderung von Einzelwesen sind unsere Ausbildungskandidaten vorbereitet. Nicht vorbereitet sind sie darauf, daß zugleich etwas Gegenläufiges mit ihnen geschieht; und sie würden es, wenn sie es vorher wüßten und verstehen könnten, wahrscheinlich auch so nicht wollen: Sie erwerben nämlich eine partiell neue Identität, die zugleich eine Gruppenidentität ist. Sie werden Jungianer. Wieder setzt sich, wie mit negativen Folgen der Amplifikation, eine Tendenz zur Kollektivierung durch. – Die Ausbildungskandidaten erhalten beiläufig auch einen neuen Elternteil oder neue Eltern: den oder die Lehranalytiker, von denen sich Introjekte bilden. Die Ausbildung, speziell die Lehranalyse, macht etwas bewußt, aber es entstehen auch neue, unbewußte «Ein-Bildungen», die das fernere Leben nachhaltig beeinflussen. Es geht gar nicht ohne solche Ein-Bildungen, es sei denn, wir blieben von der Analyse unberührt. Aber das wäre, als wollten wir ins Wasser gehen, ohne naß zu werden.

Der Gruppengeist ist blind. Er verlangt gebieterisch die Individuation, auch wenn wir wissen oder behaupten: Es gibt sie nicht, jedenfalls nicht im Sinne des Erreichens eines bestimmten Zustandes, den man als «individuiert» bezeichnen könnte, und der, wie wir sagen müssen, weit höher als auf die «Bildung und Besonderung von Einzelwesen» zielt.

*M.-L. von Franz* hat sich gelegentlich (s.o.p. 189) mit dem Erreichbaren in der Individuation auseinandergesetzt. Sie sprach von einem Heraustreten aus der Identifikation mit dem eigenen Bewußtsein und dem eigenen Unbewußten und einem Verweilen auf einer mittleren Ebene oder einem Versuch, darauf zu verweilen. Das sei allerdings nur der erste Schritt für eine weitere Persönlichkeitsentwicklung. Aber es sei schon ungeheuer schwierig, auch nur so weit zu gelangen. Es gebe nur sehr wenige Menschen, die das Stadium erreicht hätten, der Beschreibung nach z. B. Zen-Meister. – Das heißt aber unter anderem, daß die beschreibbaren Beispiele außerhalb des analytischen Bereichs liegen und extrem selten sind. Man sollte das beachten und ernstnehmen.

Der Anspruch, ein Individuierter werden oder sein zu müssen, der eventuell besonders betont von Extravertierten vertreten wird, wenn sie überkompensatorisch in die Introversion gehen (vgl. o.p. 190: sie behandeln Ideen als Fakten), ist damit nicht aus der Welt. Er scheint zu faszinierend und großartig zu sein, um je ganz aufgegeben werden zu können. Er bleibt bewußt oder unbewußt immer erhalten, so wie das zugrundeliegende Bild vom heilen, ganzen Menschen, vom Anthropos, immer erhalten bleibt und seine Anziehung und Wirkkraft nicht verliert. Es geht auch nicht darum, das Bild zu löschen, sondern darum, sich von ihm zu unterscheiden. Wenn wir die Notwendigkeit der Unterscheidung nicht mit aller Konsequenz beachten, verführt die Lehre von der Individuation zu dem, was sie um jeden Preis vermeiden will: zu einer Verwischung der Grenzen zwischen Ich und Selbst, zu einer Identifikation mit dem archetypischen Bild, zu einer Inflation. Die Leute tun dann so, als könnten sie Gott «schauen» und sogar noch verwalten. Moses, der sein Angesicht verhüllte, war da vorsichtiger, «denn er fürchtete sich, Gott anzuschauen» (2 Mos 3,6). Neurosenpsychologisch lassen sich Bild und Anspruch leicht einordnen. Sie gehören in den Bereich einer narzißtischen Phantasie. Die Idee von der Individuation erscheint dann als «gestalteter Narzißmus», wie ihn *Scharfenberg* beschrieben hat (vgl. Blomeyer 1975).

Man hat versucht, sozusagen ermäßigte Formen der Individuation zu beschreiben und als anzustrebendes Ziel einzusetzen. Plaut (1979) z. B. kam mit Londoner Ausbildungskandidaten «zu der Auffassung, daß es auch eine sehr viel alltäglichere Form der Individuation gibt, die sich z. B. bei bestimmten Menschen darin zeigt, daß sie als besonders abgerundet wirkende Persönlichkeiten (well rounded personalities) erscheinen ... (Man kann) erfahren, daß man sich nach der Begegnung mit einem solchen Menschen mit der Welt besser verbunden fühlt ... (Als Besonderheit wurde bemerkt, daß diese Menschen) oft in nahem Kontakt mit den Elementen und dem Wechsel der Jahreszeiten lebten, sei es z. B. als Bauern, Gärtner, Jäger oder Matrosen». – Die narzißtische Phantasie erhält in dieser ermäßigten Form eine depressive Tönung: die Ermäßigung und das «heim zur Mutter Natur». Aber es bleibt eine Phantasie, und es bleibt der (unerfüllbare) Anspruch. Es wird auch mit dem «einfachen Leben» und dem «Zurück zur Natur» so nicht getan sein.
Es wird weiter versucht, die Individuation aus dem Besonderen ins Allgemeine zu bringen und nicht nur «ermäßigte Formen» zu finden, sondern überhaupt zu sagen: Individuation findet immer (in allen Lebensabschnitten) und überall (in allen Menschen) statt. Und wenn ein Patient ein paar Symptome verloren hat, hat er alsbald «wichtige Schritte zur Individuation» getan. Man kann das so sagen. Man kann auch alle Esel Pferde und alle Kamele Gazellen nennen. Aber man hat dabei mehr verloren als gewonnen, tut auch den Eseln und den Kamelen bei Lichte besehen damit keinen Gefallen. Es wird vergessen, daß es in der Individuation um etwas ganz Besonderes, Einmaliges, Ergreifendes, auch extrem Seltenes gehen sollte, das in den Bereich des Numinosen gehört. Und es wird vergessen, daß man ein Numinosum nicht «machen» kann. Das heißt, es wird gesagt, daß man es nicht machen kann, und dann arbeitet man darauf hin, es zu ermöglichen. Die Forderung bleibt. Und es bleibt eine geheime Hoffnung und Versicherung, es müsse doch gehn. Die Ermäßigungen und die Verallgemeinerung schützen unter anderem vor der endgültigen Feststellung, daß es nicht geht.
Für die Ausbildungskandidaten bleibt gegenüber der Forderung noch ein Ausweg, der aber den Anspruch nicht aufhebt, sondern nur einen nicht einlösbaren Wechsel prolongiert: Die richtige

Individuation soll erst in der zweiten Lebenshälfte stattfinden, und die soll mit etwa 35–40 Jahren beginnen. Die Ausbildungskandidaten sind aber, wenn sie in der Ausbildung stehen und zwischen 30 und 40 Jahren alt sind, in dieser zweiten Lebenshälfte noch nicht drin oder auch nachher noch nicht so recht drin. Sie befinden sich dann in einer eigenartigen Lage, die man sowohl als aussichtslos als auch als tröstlich bezeichnen kann. Aussichtslos oder fast aussichtslos, weil das zu Erreichende per definitionem («in der zweiten Lebenshälfte») nicht oder noch nicht so recht erreicht werden kann. Tröstlich aber, weil sie immer denken können: Vielleicht später!

Hier ergibt sich ein wichtiges Spezifikum unserer Ausbildung. Es liegt darin, daß für einen nennenswerten Teil der Ausbildungskandidaten ein Hauptteil der Lehre, eben die Lehre von der Individuation in der zweiten Lebenshälfte, während der Ausbildung für das Verständnis und die Auseinandersetzung aus eigenem Erleben nicht oder noch nicht hinreichend zugänglich ist. Und die Theorie allein befriedigt nicht. (Ähnlich unzugänglich bleibt für manche während der Ausbildung und zum Teil auch später das sogenannte Alterswerk Jungs).

Wenn sie schon die geforderte Individuation nicht haben können, versuchen die Ausbildungskandidaten, sich wenigstens auf den Weg dahin zu machen und erst einmal, wie gesagt wird, «den Schatten zu assimilieren», um danach die weiteren Stationen des Individuationsweges durchlaufen zu können. – Da gibt es wieder Mißverständnisse, die wir unserer bildkräftigen Sprache und ihrer Eindrücklichkeit in Verbindung mit einer gelegentlich fast kindlich-naiven Art, alles ganz konkret zu verstehen bzw. mißzuverstehen (vgl. oben: behandeln Ideen als Fakten), verdanken, aber auch einer Tendenz, lieber positiv-aufbauend als negativ-destruktiv zu formulieren.

Keiner assimiliert seinen Schatten. Es werden Teile bewußter, aber wahrscheinlich wird gegenläufig anderes um so sicherer verdeckt, oder, bildhaft: Im helleren Licht werden auch die Schatten schärfer. Oder: Für einen «Heiligen» sind im Kollektiv und ebenso intrapsychisch beim einzelnen noch allemal «zehn Sünder» nachgewachsen. Auch «die Stationen des Individuationsweges», die gibt es nicht. Es ist eine Legende, die auf ein schönes, altes Bild mit dem Titel «Der Weg nach innen» zurück-

geht und auf bildhafte Vorstellungen und schematische Darstellungen vom «schichtförmigen Aufbau der Persönlichkeit», die wieder ganz konkret genommen werden: Persona außen, Selbst innen; draußen am Waldrand im Schatten die Räuber, weiter innen Drache und Schatz und ganz innen, auf einem Berg, der Gral. Die Analysanden gehen dabei nach dem Reglement erst durch die Niederungen des persönlichen Unbewußten, durchmessen dann die Weiten des kollektiven, bearbeiten zuerst den Schatten, dann die Anima oder den Animus usw. usw.
Zu solchen schematisierenden Auffassungen und Beschreibungen ist zu sagen: Es gibt zweifellos Entwicklungen, archetypische Bildfolgen oder systematische Phantasien, in denen bestimmte Themen unbewußt oder halbbewußt, zum Teil unter Mithilfe des Analytikers, immer wieder aufgegriffen und in bestimmter Weise ausgeformt werden. Die Wege können dann in den Himmel oder in die Hölle führen und von meßbaren psychischen und körperlichen Veränderungen begleitet sein. Das heißt doch aber nicht, daß die sogenannten Bilder der Persönlichkeit – Persona, Ich, Schatten, Anima-Animus, Mana, Selbst – in Analysen auch nur einigermaßen regelhaft in lehrbuchmäßiger, schematischer Reihenfolge auftreten. Es spielen immer und von Anfang an alle mit. Die Mana-Persönlichkeit z.B., mit der Lehrer und Schüler so gern zaubern, ist im Prinzip nicht leichter oder schwerer zugänglich als ein gegengeschlechtliches Bild. Oder die Persona, die der Beschreibung nach «ganz außen liegt» und gleich zu Beginn der Analyse «bearbeitet» werden soll, mag zwar verhaltenskosmetischen Operationen zugänglich sein, bleibt aber von der Analyse oft weitgehend unberührt oder ändert sich erst nach und nach so, wie sich der ganze Mensch ändert. – Und der Wind weht, wie er will. Als ob uns das Selbst oder «Gott», wenn wir schon von ihm reden, näher oder ferner wären als die Frau unseres Nachbarn.
Ich bin gefragt worden, warum ich mit dem Thema gelegentlich ironisch umginge. Das sei doch unrecht und unpassend, werde nie dem Bemühen, das in den Aussagen und der Arbeit der Betreffenden liege, gerecht. Ich habe darüber nachgedacht und wollte dann zunächst versuchen, den ironischen Ton aus der Arbeit ganz herauszunehmen. Ich habe das gelassen. Erstens würde es wahrscheinlich nichts bringen oder wenigstens nichts

Erfreuliches bringen: Ich müßte Sorge haben, daß der ironische Ton sich dann heimlicher und noch unerfreulicher durchsetzte. Zweitens würde eine Frage per Verdrängung gelöst, die besser analytisch beantwortet werden sollte. Ein Teil der Ironie wird als Ausdruck einer Projektion zu verstehen sein: Ich bekämpfe in den anderen mein gebrochenes Verhältnis zum «lieben Gott». Ein anderer Teil darf auf schlechte Erfahrung zurückgeführt werden: Die, die naiv oder gläubig alles so konkret nehmen, mögen so liebenswert sein wie die Kinder, sind dann aber auch so fürchtenswert, nämlich in Glaubensfragen blind und intolerant. Ich glaube, ich habe irgendwie Angst vor ihnen. Und sie haben ihrerseits wohl auch Angst vor mir. Es haben ja von alters her die Ungläubigen die Gläubigen und die Gläubigen die Ketzer umgebracht, und etwas von dem darin liegenden Schrecklichen wird geweckt und schwingt mit, wenn ich sage, daß die Idee von der Individuation auf eine Utopie hinauslaufe, und wenn die anderen dagegenhalten, es müsse doch, wenigstens ein bißchen, gehn.
Hinsichtlich der «ermäßigten» Formen ist mitzubedenken, daß sich die Frage nach der Ganzheit nicht mit Halbheiten beantworten läßt. In der Lehre von der Individuation ist der Begriff der Wandlung untrennbar mit dem des Todes verknüpft: Tod und Wandlung. Es ist etwas Radikales. Der «ganze Mensch» ist nur zu haben, wenn auch der «ganze (naturhafte) Mensch» (vgl. JS 211, p. 548) geopfert wird. Ob man es symbolisch oder konkret verstehen will: Ich kann mich nicht «ein bißchen» ans Kreuz schlagen lassen und, wenn es wehtut, wieder heruntersteigen. Es geht nur alles oder nichts.
Natürlich kann man sagen, man müsse die Dinge nicht so streng nehmen. Was das Alles oder Nichts angehe, so gebe es doch unbestreitbar in positiv verlaufenden Behandlungen wie in Spontanverläufen immer wieder tatsächlich so etwas wie ein Reifen, Abrunden oder ein Angleichen von Gegensätzen. Und *das* meine man, wenn man «Individuation» sage. Das klingt einleuchtend. Es ist aber die Frage, warum man es dann nicht auch einfach Reifen, Abrunden oder Angleichen von Gegensätzen nennen kann und warum – vor allem – man dann nicht auf die dabei mitbenutzten schönen Formeln verzichten mag, angefangen von der «Assimilation des Schattens» (ein assimilierter Schatten ist kein Schatten mehr) bis hin zur «Gewahrwerdung des Selbst» (im

Jungschen Sinne gibt es nur Bilder vom Selbst, aber nicht «das Selbst selbst», das Selbst als faßbar Seiendes). Es ist auch zu bemerken, daß die Formeln nicht wahllos oder tendenzlos geprägt sind. Sie verschieben den Akzent alle in derselben Richtung zur konkreten Realisierung der Idee von der Individuation hin. Es wird dann zum Teil mit großer Überzeugung gesagt, es sei ja nicht wörtlich gemeint. So dumm könne doch überhaupt niemand sein, daß er so etwas wörtlich nehme. Es werde sich ja z. B. auch niemand selbst als individuiert bezeichnen. Man müsse das verstehen. – Und dann werden die Formeln weiterbenutzt.
Es geschieht wahrscheinlich etwas nicht genügend Reflektiertes, und es läuft auf zwei nicht miteinander in Einklang zu bringenden Ebenen ab. Auf der einen ist die Aussage wirklich nicht wörtlich gemeint, auf der anderen doch. Die zweite entspricht unbewußt vorgegebenen Positionen, die bewußt als überzeugend erlebt und noch durch Rationalisierungen verstärkt werden, aber logisch nicht haltbar sind. Wir alle kennen solche Positionen, z. B. die sogenannte minderwertige und die entgegengesetzte überwertige. Wir wissen, daß wir weder der beste noch der schlechteste aller Menschen sind, und daß es vollends unwahrscheinlich ist, daß wir, wenn wir gestern das eine gewesen wären, heute das andere sein könnten. Aber wir halten sehr zäh an solchen Positionen fest, und es lohnt auch nicht, uns ihnen gegenüber mit Logik und Statistik zu kommen. Das zählt nicht. – Wieder auf die Individuation direkt bezogen: Es wäre ja letztlich doch möglich, auch konkret möglich, daß sie einträte; und wenn es das Ende wäre, das die «Gewißheit» und die «Erfüllung» brächte, wie nach einer Schilderung von *A. Jaffé* (1980) für *Jung* mit einem Traum aus seinen letzten Tagen: Er erblickte einen großen runden Stein mit der Inschrift «Zum Zeichen Deiner Ganzheit und Einheit».
Es ist ein ergreifendes Bild, aber für den mittleren Analysanden und das Hier und Jetzt nicht erreichbarer als das von den Zen-Meistern. Es bleibt im Prinzip eine von den im Grunde unmöglichen Möglichkeiten, die wir zu erfassen suchen wie jenes «Glück», das (z. B. bei Dürer) auf einer Kugel schwebend dargestellt wird: Fast greifbar nahe und doch unerreichbar. Ein faszinierendes Symbol, ein lebendiges Symbol, ein wirksames Symbol, aber doch eine eigentlich unmögliche Möglichkeit.

*Jung* hat einmal erklärt: «Das Symbol wirkt suggestiv, überzeugend, und drückt zugleich den Inhalt der Überzeugung aus. Es wirkt überzeugend vermöge des Numens, das heißt der spezifischen Energie, die dem Archetypus eignet. Das Erlebnis des letzteren ist nicht nur eindrucksvoll, sondern geradezu ‹ergreifend›. Es erzeugt natürlicherweise Glauben» (JS 211, p. 296). Wie die oben erwähnten «Positionen» bezieht das Symbol seine Überzeugungskraft wahrscheinlich aus Anteilen, die aus genetisch frühen Schichten stammen, wie sie Spitz z. B. als das Coenästhetische gegenüber dem späteren Diakritischen beschrieben hat. – Für das Verständnis des Problems ergibt sich ein eigenartiger Widerspruch: Es scheint so zu sein, daß das coenästhetische Erleben einerseits vom diakritischen her gar nicht adäquat erfaßt werden kann, weil es sich um eine grundsätzlich andere Struktur handelt, daß es sich andrerseits aber nur über das Medium des Diakritischen ausdrücken läßt. Ein Bild kann dann vom coenästhetischen Anteil her den Akzent des unmittelbar Wahren haben, zugleich aber nach diakritischem Urteil falsch sein. Es muß dann nicht verworfen werden, sondern kann «wider alle Vernunft» den Akzent des Wahren und Gültigen behalten: Credo, quia absurdum; das heißt: ich glaube, obwohl oder sogar weil es widersinnig ist.
Hier sind noch Differenzierungen erforderlich: 1. Da das Coenästhetische vom Diakritischen her nicht adäquat erfaßt werden kann, sondern sozusagen ins Diakritische übersetzt werden muß, können wir nicht wirklich wissen, was coenästhetisches Erleben ist. Wir schließen darauf aufgrund von Beobachtungen. 2. Die «Positionen» und die Bilder, um die es hier geht, stammen aus einem breiten Bereich, den wir das Psychische nennen. Ein Teilbereich des Psychischen ist das Unbewußte, das seinerseits in seinen Grundschichten vom Coenästhetischen geprägt ist, aber durchaus auch aus dem Diakritischen stammende Anteile hat. In einer anderen Terminologie und mit zum Teil anderen Ansätzen hat sich bekanntlich schon *Freud* (1900a) ausführlich mit diesbezüglichen Fragen auseinandergesetzt, z. B., vom Primärvorgang und vom Sekundärvorgang gesprochen (Spitz, p. 152: «Das Verhältnis zwischen coenästhetischer und diakritischer Organisation erinnert an das Verhältnis zwischen Primär- und Sekundärvorgang»); und was bei Freud als «Zensur» erscheint, könnte mit

dem zu tun haben, was hier «Übersetzung» genannt wird. 3. Es sollte jedenfalls klar sein, daß die «Sprache des Unbewußten» oder die «Bildersprache der Seele» nicht allein und nicht direkt Ausdruck des Coenästhetischen sein kann, sondern nur mehr oder weniger vom Coenästhetischen beeinflußt ist. Sie ist Ausdruck aller Bereiche des Psychischen unter Einschluß verschiedener Anteile des Unbewußten und des Bewußten. 4. Als «wahr» kann *intra*psychisch zunächst *alles* erscheinen, was als vorhanden wahr-genommen wird. Erst das diakritische Urteil entscheidet über richtig oder falsch. Es setzt sich aber keineswegs immer durch, sondern erscheint stellenweise wirkungslos. 5. Das archetypische Bild bleibt unter anderem «vermöge ... der spezifischen Energie, die dem Archetypus eignet» (s.o.) im Zweifelsfalle auch gegen das diakritische Urteil erhalten und wirksam. Das genetisch früh Angelegte, das eventuell mit dem kollektiven Unbewußten sehr viel unmittelbarer verbunden ist und bleibt als Späteres, wird zusammen mit dem Bild, der Vorstellung (Freud: dem Wunsch) und der «spezifischen Energie» sogar als besonders dauerhaft und stark angesehen: «die coenästhetische Organisation funktioniert», wie Spitz betont, «das ganze Leben lang weiter ... in machtvoller Weise» (p. 64). Ähnlich hat *Freud* von der «Unsterblichkeit» der unbewußten Wünsche gesprochen und erklärt, daß sie «jederzeit bereit (sind), sich Ausdruck zu verschaffen ..., sich mit einer Regung aus dem Bewußten zu alliieren (und) ihre große Intensität auf deren geringere zu übertragen» (1900 a, p. 558).

Für den hier in Frage stehenden Zusammenhang will ich besonders hervorheben, daß die archetypischen Bilder, Ideen oder Phantasien auch da, wo sie keinen «Glauben erzeugen», im Sinne von lebendigen Symbolen wirksam und also auch «wirklich» sein können. Wenn sie nur «eindrucksvoll» genug sind, können sie unabhängig vom logisch bestimmten Realitätswert, aber auch unabhängig von Glauben oder Überzeugungen die innere Befindlichkeit und die Haltung eines Menschen entscheidend beeinflussen. Sie müssen nicht einmal «Lösungen» bieten. Es genügt, wenn sie gegenüber sonst schwer zu bewältigenden, z. B. schwer destruktiven Bildern oder Impulsen ein dann «not-wendiges» Gegengewicht bilden.

Am eindrücklichsten ist mir dazu ein Beispiel gewesen, über das ich früher (1976) schon einmal berichtet habe: Eine Patientin hatte in einer sehr schwierigen Situation von zwei Kampffischmännchen geträumt. Sie schwammen «in wunderbarer Harmonie» in einem Kreis umeinander, schwammen zu einem Weibchen, wieder zurück und wieder «in wunderbarer Harmonie umeinander». Die Patientin hatte zuhause ein Aquarium, und sie verstand sehr viel von den Fischen. Sie wußte genau: Kampffischmännchen schwimmen nie «in wunderbarer Harmonie umeinander». Das Bild widersprach direkt und für sie völlig eindeutig der ihr bekannten Wirklichkeit. Sie wußte, es war Unsinn. Es hat aber, vielleicht gerade deshalb, eine große Faszination auf sie ausgeübt. Es tauchte in größeren Abständen über einen längeren Zeitraum hinweg immer wieder einmal in ihr auf, und es gab ihr, wenn sie es dann anschaute – ich habe es nie interpretiert, sie nicht einmal besonders darauf hingewiesen –, «irgendwie» Ruhe und Kraft, mit einem sie sehr belastenden Erleben fertigzuwerden und sehr kritische Phasen ihrer Entwicklung durchzustehen. Es war gewiß nicht das Bild allein, das ihr geholfen hat, aber es war, soweit ich das beurteilen kann, sehr wesentlich dieses Bild. Ich erwähne das Beispiel, um möglichst deutlich zu machen, was ich meine, wenn ich eine unmögliche Möglichkeit ein wirksames Symbol nenne.

Ich will noch auf einen Aspekt des Problems eingehen, der in letzter Zeit eine besondere Akzentuierung erfahren hat. Ich nenne dazu zunächst ein paar Zahlen: Die Internationale Gesellschaft für Analytische Psychologie hatte 1958 150 Mitglieder. 20 Jahre später, 1978, waren es mehr als viermal so viel: 650, im September 1980 schon 787. Die Deutsche Gesellschaft für Analytische Psychologie wurde Anfang 1961 mit 19 Mitgliedern gegründet. Im Oktober 1979 waren es 169 (rund neunmal so viel), und es kamen noch einmal 136 Ausbildungskandidaten dazu (abgerundet auf 9 «fertige» Analytiker 7 Ausbildungskandidaten). (Die deutsche Dachgesellschaft für Analytiker verschiedener Schulrichtungen zählte 1979 rund 800 Mitglieder und an 20 Ausbildungsinstituten rund 1400 Ausbildungskandidaten).

Mitte der 60er Jahre wurde in der Bundesrepublik Deutschland die Psychotherapie allgemein als Krankenkassenleistung eingeführt. Die Bedingung für die Durchführung der Behandlung war und ist, daß vorher ein Antrag gestellt und von einem Gutachter befürwortet wird. 1969 wurden dazu rund 600 Psychotherapie-Anträge gestellt, 1979 waren es rund 18 000 (das sind rund 30mal soviel). 1979 waren über 2000 verschieden vorgebildete Psychotherapeuten (1333 Ärzte, 728 Nicht-Ärzte) in der Bundesrepublik im Rahmen der Kassenrichtlinien tätig, darüberhinaus eine schwer zu schätzende Zahl von sogenannten freipraktizierenden Ärzten, Psychologen und anderen Therapeuten zwar außerhalb dieser Richtlinien, aber sehr häufig gestützt und abhängig von anderen sozialen Institutionen im Rahmen einer die Psychotherapie einbeziehenden sozialen Gesetzgebung.

Zur Literatur: 1977 ist eine von Vincie und Rathbauer-Vincie erstellte Bibliographie der Literatur zur Analytischen Psychologie (ohne die Arbeiten Jungs) erschienen. Die ersten 1000 Titel sind für einen Zeitraum von rund 45 Jahren von 1910 bis Anfang 1955 registriert. In den nächsten 20 Jahren bis 1975 sind rund 3000 Titel dazugekommen, das heißt, es sind insgesamt rund 4000 Titel daraus geworden: 3687 Originalarbeiten und 344 Besprechungen von Arbeiten.

Die Zahlen spiegeln eine sehr in die Breite gehende Entwicklung der Psychotherapie zusammen mit einer starken Institutionalisierung im Rahmen des sogenannten Psycho-Booms, und sie zeigen, daß dieser Psycho-Boom auch vor den Jungianern nicht haltgemacht hat. Sie zeigen an sich eine erfreuliche Entwicklung: Mehr Analytiker, mehr analytische Behandlung, mehr Literatur, mehr Jung. Aber wer will das alles übersehen? Und wie wird sich die Quantität auf die Qualität auswirken?

Ich habe früher einmal eine Phantasie von einem Gral zu Zürich mit einer Artus-Runde auf analytisch gehabt. Das ist nicht abwegig und auch nicht originell. *Jung* (ETG 286) hat dahingehende Gedanken selbst geäußert, z. B. zu einem Traum, den er in Indien hatte: «Was tust du in Indien? Suche lieber für deinesgleichen das heilende Gefäß, den salvator mundi (Autor: den Gral), dessen ihr dringend bedürft.»

Die Phantasie vom salvator mundi zeigt, wie hoch unser Anspruch in der Idealformulierung tatsächlich zielt. Wenn man, wie man wohl darf, das Bild vom Gral und der Artus-Runde als ein konstituierendes Grundmotiv Jungs und damit auch der Analytischen Psychologie einsetzt und konsequent festhält, wird noch etwas anderes deutlich: Wie unmöglich es ist, die Idee, sagen wir, «zu verschulen». Es kann ein «Volksbuch vom Gral» geben, aber nie einen «Gral fürs Volk», etwa «zur Besichtigung geöffnet montags bis freitags von 15.00–18.00 Uhr, sonntags von 10.00–12.00». Das paßt nicht. Die Gralsrunde hat etwas ungemein Elitäres. Für 800 oder bald 1000 Mitglieder ist da kein Platz.

Vom Gral abgesehen läßt sich die Lehre Jungs in bestimmten Bereichen auch aus einem anderen Grund nicht verschulen: Zum Gral kann ein reiner Tor gelangen, aber nicht zu Jung: Ein bißchen über Anima und Animus zu reden, das läßt sich leicht erlernen; und für die Psychotherapie des Alltagslebens mag's reichen. Für den weiterführenden Jung, und das heißt wahrscheinlich: für den eigentlichen Jung, reicht es nicht. Um Jung wirklich folgen zu können, bedarf es nicht nur des «reinen Toren», sondern es wird ein solches Maß an Imaginationskraft, Bildung und Wissen vorausgesetzt und auf dem Weg verlangt, daß die meisten von uns – mich eingeschlossen – wohl irgendwann auf der Strecke bleiben.

Es wird gern gesagt, Jung sei auch in einer sich wandelnden Welt attraktiv geblieben oder sogar: gerade heute noch attraktiver geworden. Wenn ich nun vom Gral rede und von den hohen Anforderungen, die an Imaginationskraft, Bildung und Wissen gestellt werden, und noch einmal dazusage, daß «der eigentliche Jung» für viele von uns und damit auch für viele andere nicht oder nur sehr schwer zugänglich sei, ergibt sich ein Widerspruch: Wieso kann er dann attraktiv sein? Ich kann die Frage noch ergänzen und verstärken: Wieso kann er attraktiv sein, wenn z.B. heute viele Psychotherapeuten von einem starken sozialen Engagement geprägt sind, dem Jungs Forderung nach einer Sinnfindung für den einzelnen und einer «Besonderung von Einzelwesen» entgegensteht oder entgegenzustehen scheint. (Jung hat eindeutig betont, daß es in der Individuation sehr wohl auch um «eine bessere und völligere Erfüllung der kollektiven Bestimmungen des Menschen» gehe: JS 75, p. 191.) – Wie, vor allem, soll Jung attraktiv sein, wenn das opus im vas hermeticum sich kaum mit einer als Kassenleistung reglementierten Therapie vergleichen und schon gar nicht mit einer Gruppenanalyse, die m. E. neben der Einzelanalyse für die Ausbildung obligatorisch sein sollte, vereinbaren läßt?

Vielleicht ist die Analytische Psychologie zum Teil – ich betone: zum Teil – gerade deshalb so attraktiv geblieben oder geworden, *weil* sie sich mit den eben erwähnten Tendenzen einer sich wandelnden Welt nicht vereinbaren läßt und gegenläufigen Tendenzen entspricht. Daß wir dabei, wie es so schön heißt, «einer tiefen Sehnsucht nach dem Irrationalen in einer technisch-rationalen Welt» entgegenkommen, ist so oft gesagt worden, daß man es kaum mehr wiederholen mag. Wir müssen da aber mitbedenken, daß wir diesbezüglich mit Maharishi und allen möglichen und unmöglichen Sekten in Konkurrenz liegen und daß uns eventuell auch manche so attraktiv finden könnten, weil wir im Grunde für sie «so schön unverständlich» sind. Und wir müssen zur Vorsicht mahnen: Davon abgesehen, daß sie meist mehr von der Befriedigung als vom Opfer (s.o.) halten, müssen wir nach unserer eigenen analytischen Logik davon ausgehen, daß die, die uns besonders attraktiv finden, mit ihrer Sehnsucht ihre minderwertige Funktion auf uns projizieren.
Ich bin nach allem sowohl in der Schule als auch nach außen hin sehr für Zurückhaltung und trete am ehesten für eine Art «Psychotherapie des Alltagslebens» ein. Wie ich den Begriff oben benutzt und angeboten habe, mag das geringschätzig und abfällig geklungen haben. Wenn man den Gral sucht und die Psychotherapie des Alltagslebens findet, ist tatsächlich etwas «Abfälliges» damit verbunden. Es kommt aber auf den Standpunkt an, von dem her man es sieht. Wenn man nicht vom Gral, sondern von der anderen Seite her kommt, bietet so eine Psychotherapie auch und gerade in Jungscher Sicht etwas ungemein Wertvolles, Hilfreiches, Differenziertes, Belebendes und – soweit man das für die Behandlung von Kranken sagen darf – Reizvolles.
Daß ich dabei die Individuation nicht als ein Behandlungsziel einsetze, sondern als eine sorgfältig zu beachtende Idee im Sinne Jungs (JS 161), dürfte klar sein. Ich «vermittle» auch keinen Sinn oder eine «Sinnerfahrung». Sinnerfahrung ist Gotteserfahrung. Sinn ist ja in seiner «tieferen» Bedeutung nur soweit und in der Art vorstellbar, wie Gott vorstellbar ist. Gott ist unter anderem gerade durch den Sinn definiert. Es geht z.B. nach *Küng* um «einen möglichen Urgrund, Urhalt und Ursinn der Wirklichkeit, den wir Gott nennen» (p. 583f.). Gott *ist* theologisch gesehen «der allesumgreifende und allesdurchwaltende Sinn-Grund des

Weltprozesses» (p. 709). Die Frage nach dem Sinn ist psychologisch so ernstzunehmen wie die Idee von der Individuation, aber hinsichtlich der *Feststellung* des Sinnes nur theologisch zu beantworten. Was ja ein Ergriffensein des Psychologen nicht ausschließt.

Wenn er ein Frommer ist und die Frage nach Integration und Ganzheit ihn nicht ruhen läßt, kann er vielleicht noch eines bedenken, nämlich daß nach dem biblischen Mythos «der Herr» den Schatten über die Schlange offenbar zunächst selbst ins Spiel gebracht hat und später mit der Sintflut versucht hat, ihn wieder herauszunehmen, aber gesehen hat, daß es nicht mehr ging, «denn das Dichten des menschlichen Herzens ist böse von Jugend auf». Er hat dann, soweit ich es recht verstehe, eindeutig erklärt, er wolle die Sache, was das Irdische angeht, nun so belassen, wie sie ist: «Solange die Erde steht, soll nicht aufhören Saat und Ernte, Frost und Hitze, Sommer und Winter, Tag und Nacht» (1 Mose 8, 21 und 22). Die Phantasie von der Wiedervereinigung und Aufhebung der Gegensätze ist eine Paradiesphantasie. Das besagt nicht, daß wir der Auseinandersetzung mit den Gegensätzen enthoben wären, sondern nur, daß wir mit ihnen leben müssen.

Im Alltäglichen spreche ich nicht einmal gern von «Wandlungen». Das Wort ist mir zu groß. Es weckt zu leicht falsche Hoffnungen. Wenn es gut geht, kommt es in unseren Analysen – zum Teil nach schweren Erschütterungen und Lösungen von vorher lange Fixiertem – in einer annehmbaren Zahl von Fällen zu einer positiven Entwicklung, aber unter Beibehaltung der vorgegebenen Grundstrukturen mit ihren typologischen Akzentuierungen. Die damit verbundenen Probleme verschwinden nicht. Aber man kann vielleicht nachher besser mit ihnen umgehen als vorher.

Natürlich reicht es für unsere Arbeit nicht, «ein bißchen über Anima und Animus reden zu lernen». Es scheint jedoch so, als würden relativ viele Analytiker bei uns wie in anderen Schulen mit einem relativ geringen Maß an theoretischem Wissen auskommen. Man gewinnt manchmal den Eindruck, es gehe in der Ausbildung zwar auch um das Vermitteln einer Theorie, oft aber vielmehr darum, in vielen kleinen Schritten ein sorgfältiges Wahrnehmen und ein differenziertes Erleben von Psychischem

und ein ebenso sorgfältiges und differenziertes Umgehen mit Psychischem zu ermöglichen und einzuüben.
Jung betont dazu am Ende von «Psychologie und Alchemie», «... daß es sich um Gestaltungsvorgänge handelt, die nur im Erleben wirklich erfaßt, intellektuell aber nur bezeichnet werden können». Er fügt hinzu, daß die Alchemisten einerseits durchaus auf dem Studium ihrer Bücher insistierten, andererseits aber sagten: «Rumpite libros, ne corda vestra rumpantur», das heißt: Zerreißt eure Bücher, damit nicht eure Herzen zerrissen werden. Es ist, sagt Jung (JS 178), «wohl eher das Erlebnis, welches in die Nähe des Verstehens führt».
Ich habe anfangs von den Nachfolgern gesprochen, die den Mangel an lebendiger Gestaltungskraft durch dogmatische Treue ersetzen. Vielleicht geht ihnen die lebendige Gestaltungskraft auch durch zuviel Treue verloren. Sie wagen nicht mehr, «Untreues» zu denken. Sollten sie aber wohl, um sich selbst treu bleiben zu können: «... ne corda vestra rumpantur!»

# ANHANG

# Hinweise zu Literatur und Abkürzungen

Wenn von einem Autor nur *eine* Arbeit mit ein oder zwei Stellen zitiert ist oder ein Sammelhinweis auf mehrere Arbeiten eines Autors an einer Textstelle erfolgt, habe ich in den laufenden Text *keinen Literaturhinweis* eingefügt, sondern nur den Namen des Autors genannt. Die betreffende Quelle ergibt sich dann aus dem Literaturhinweis im Anhang. Seitenzahlen entweder im Text oder im Literaturverzeichnis.

Hinweise auf Arbeiten von *Freud* gebe ich nach der Bibliographie von *Ingeborg Meyer Palmedo (1975),* und zwar entweder

- mit einer unbezeichneten Jahreszahl (z. B. 1905d = Drei Abhandlungen ...) oder
- mit einem der Jahreszahl vorangestellten *F* (z. B. F 1905d).

Hinweise auf Arbeiten von *Jung* gebe ich nach dem «Verzeichnis der deutschen Schriften von C. G. Jung» bei *Jolande Jacobi (1959/1967:267–292)* unter Angabe der laufenden Nummer des Verzeichnisses mit einem vorangestellten *JS* (Jung, Schriften, z. B. JS 211 = Symbole der Wandlung).

*Weitere Abkürzungen:*

O Original der jeweiligen Arbeit
T Freud: Die Traumdeutung (1900a, 1901a; GW II/III)
J I–III Jones: Freud-Biographie Bd. I–III (1960, 1962a, 1962b)
ETG Jung: Erinnerung, Träume, Gedanken (JS 254)
BA Briefwechsel Freud-Abraham (F 1965a)
BF Briefe an Fließ (F 1950a/1975)
BFJ Briefwechsel Freud-Jung (Freud und Jung 1974)
BP Briefwechsel Freud-Pfister (F 1963a)
BS Briefsammlung Freud 1873–1939 (F 1960a)
Um ein Auffinden in verschiedenen Ausgaben zu ermöglichen, gebe ich zu den Briefen nicht Seitenzahlen, sondern die Daten der Briefe an.

*Für die Arbeit zum Gottmensch-Komplex:*

G Jones 1913/1970

*Für die Signorelli-Arbeit:*

I Freud, 1894a–1898b: GW I
IV Freud (1901b): Zur Psychopathologie des Alltagslebens, GW IV
VI Freud (1905c): Der Witz und seine Beziehung zum Unbewußten, GW VI

# Literaturverzeichnis


*Adler, A.* (1976): Eine Psychoanalyse. Ref. in Nunberg und Federn (1976) (s.u.): 131–133

*Bakan, D.* (1958): Sigmund Freud & the Jewish Mystical Tradition. Schocken Books, New York, Paperback edit. 1969

*Battegay, R. u. Trenkel, A.* (Hrsg.) (1976): Der Traum. Aus der Sicht verschiedener therapeutischer Schulen. Huber, Bern Stuttgart Wien

*Bennet, E.A.* (1963): C.G. Jung, Einblicke in Leben und Werk. Rascher, Zürich Stuttgart

*Berne, E.* (1967): Spiele der Erwachsenen. Rowohlt, Hamburg

– (1975): Was sagen Sie, nachdem Sie guten Tag gesagt haben? Kindler, München

*Blomeyer, R.* (1964): Die Signorelli-Analyse. Inst. f. Psychoth. Berlin. Unveröffentlicht

– (1969): Darstellung einer Schattenproblematik, ausgehend von Freuds Signorelli-Analyse. Ref. in Zschr. Analyt. Psychol. 1:45f, Berlin

– (1975): Identität, Identifizierung, Individuation. Analyt. Psychol. 6:260–276; p. 271

– (1976): Symbole: Einstellungen – Definitionen – Wirkungen. Analyt. Psychol. 7:1–19; pp. 10 f, 15 f

*Boss, M.* (1953): Der Traum und seine Auslegung. Huber, Bern Stuttgart

*Brandt. L. W.* (1977): Psychoanalyse versus psychoanalysis: traduttore, traditore. Psyche 31: 1045–1051, p. 1049

*Buck, J. N.* (1948): The H-T-P-technique. J. clin. Psychol. Monogr. suppl. 5

*Cremerius, J.* (Hrsg. u. Einleitung) (1971): Neurose und Genialität. Psychoanalytische Biographien. S. Fischer, Frankfurt a. M., pp. 7–25

*Dieckmann, H.* (1960): Die Differenz zwischen dem anschaulichen und dem abstrahierenden Denken in den Psychologien von C. G. Jung und Freud. Z. psycho-somat. Med. 6:287–292, 7:58–65

– (1967): Das Lieblingsmärchen der Kindheit und seine Beziehung zu Neurose und Persönlichkeitsstruktur. Prax. Kinderpsychol. Kinderpsychiatr. 6:202–208

– (1971): Die Konstellierung der Gegenübertragung beim Auftauchen archetypischer Träume. Untersuchungen und Ergebnisse. Zschr. Analyt. Psychol.: 3:11–27. Nachdr. in: Übertragung und Gegenübertragung, Gerstenberg, Hildesheim 1980

*Engelman, E.* (1977): Bergasse 19. Sigmund Freuds Wiener Domizil. Belser, Stgt. Zürich

*Erdheim, M.* (1981): Freuds Größenphantasien, sein Konzept des Unbewußten und die Wiener Décadence. Psyche 35:857–874, 1006–1033
*Evans, R. E.* (1967): Gespräche mit C.G. Jung. Rhein-Verlag, Zürich; p. 87
*Federn, P.* (1919): Zur Psychologie der Revolution: Die vaterlose Gesellschaft. Österr. Volkswirt 11
*Fernau, J.* (1958): Und sie schämeten sich nicht. F. A. Herbig, Berlin
*Flader, D. u. Grodzicki, W.-D.* (1978): Hypothesen zur Wirkungsweise der psychoanalytischen Grundregel. Psyche 32:545–594; p. 585
*Fordham, M.* (1948): Vom Seelenleben des Kindes. Rascher, Zürich; p. 196
– (1957): Notes on the Transference, in: New Developments in Analytical Psychology. Routledge & Kegan Paul, London; pp. 62 ff
– (1969): Theorie und Praxis der Kinderanalyse aus der Sicht der analytischen Psychologie C. G. Jungs, in: Biermann (Hrsg.): Handbuch der Kinderpsychotherapie I:168–185. Ernst Reinhardt, München Basel; p. 169 f
– (1971): Über die Entwicklung des Ichs in der Kindheit. Zschr. Analyt. Psychol. 2:207–230
*Franz, M.-L. von* (1980): Die inferiore Funktion, in: Franz, M. L. von und Hillman, J.: Zur Typologie C. G. Jungs. Schriftenreihe des C.G.Jung-Instituts Zürich. Bonz, Fellbach
*Freud, S.* (1884e): Über Coca. Zentbl. ges. Ther. 2:289 ff. Wien
– (1887d): Bemerkungen über Cocainsucht und Cocainfurcht. Wien. med. Wschr. 37:929
– (1894a): Die Abwehr-Neuropsychosen. GW I:57–74
– (1895d): Studien über Hysterie. GW I:75–312
– (1895b): Über die Berechtigung, von der Neurasthenie einen bestimmten Symptomenkomplex als «Angstneurose» abzutrennen. GW I:313–342
– (1895f): Zur Kritik der «Angstneurose». GW I:355–376
– (1896b): Weitere Bemerkungen über die Abwehr-Neuropsychosen. GW I:377–404
– (1896c): Zur Ätiologie der Hysterie. GW I:423–459
– (1898a): Die Sexualität in der Ätiologie der Neurosen. GW I:489–516
– (1898b): Zum psychischen Mechanismus der Vergeßlichkeit. Mschr. Psychiatr. Neurol. 4:436–443, GW I:517–527, SE 3:286–297
– (1900a): Die Traumdeutung. Deuticke, Leipzig Wien. GW II/III:1–642
– (1901a): Über den Traum. GW II/III:643–700
– (1901b): Zur Psychopathologie des Alltagslebens. Mschr. Psychiatr. Neurol. 10:1–32, 95–143, GW IV, SE 6

– (1905c): Der Witz und seine Beziehung zum Unbewußten. GW VI
– (1905d): Drei Abhandlungen zur Sexualtheorie. GW V:27–145
– (1905e): Bruchstück einer Hysterie-Analyse. GW V:161–286; pp. 238, 241
– (1906a): Meine Ansichten über die Rolle der Sexualität in der Ätiologie der Neurosen. GW V:147–159; p. 153
– (1910d): Die zukünftigen Chancen der psychoanalytischen Therapie. GW VIII:103–115; p. 108
– (1912–13): Totem und Tabu. GW IX
– (1913c): Zur Einleitung der Behandlung. GW VIII:453–478; p. 468f
– (1913d): Märchenstoffe in Träumen. GW X:2–9; p. 9
– (1914d): Zur Geschichte der psychoanalytischen Bewegung. GW X:43–113
– (1915a): Bemerkungen über die Übertragungsliebe. GW X:305–321; p. 313
– (1917a): Eine Schwierigkeit der Psychoanalyse. GW XII:1–12; p. 11
– (1918b): Aus der Geschichte einer infantilen Neurose. GW XII:27–157; p. 58
– (1919h): Das Unheimliche. GW XII:227–268; p. 249
– (1923d): Eine Teufelsneurose im siebzehnten Jahrhundert. GW XIII:315–353; p. 353
– (1923f): Josef Popper-Lynkeus und die Theorie des Traumes. GW XIII:354–359; p. 359
– (1925d): Selbstdarstellung. GW XIV:31–96; Abb. nach p. 58
– (1925e): Die Widerstände gegen die Psychoanalyse. GW XIV:97–110; p. 109
– (1925h): Die Verneinung. GW XIV:9–15; p. 12 f
– (1926e): Die Frage der Laienanalyse. GW XIV:208–296; p. 242
– (1927c): Die Zukunft einer Illusion. GW XIV:323–380; p. 338 f
– (1930a): Das Unbehagen in der Kultur. GW XIV:419–506; p. 506
– (1930e): Ansprache im Frankfurter Goethe-Haus. GW XIV:547–550; p. 550
– (1931b): Über die weibliche Sexualität. GW XIV:515–537; p. 518
– (1933a): Neue Folge der Vorlesungen zur Einführung in die Psychoanalyse. GW XV
– (1936a): Brief an Romain Rolland: «Eine Erinnerungsstörung auf der Akropolis» GW XVI:250–257; p. 256 f
– (1939a): Der Mann Moses und die monotheistische Religion. GW XVI:101–246
– (1940e): Die Ich-Spaltung im Abwehrvorgang. GW XVII:57–62; p. 62
– (1950a): Aus den Anfängen der Psychoanalyse. Briefe an Wilhelm Fließ 1887–1902. Korrigierter Nachdruck der Paperbackausgabe. S. Fischer, Frankfurt a. M. 1975

– (1960a): Briefe 1873–1939. Hrsg. E.L. Freud. S. Fischer, Frankfurt a. M.
– (1963a): Sigmund Freud / Oskar Pfister. Briefe 1909–1939. Hrsg. E. L. Freud und H. Meng. S. Fischer, Frankfurt a. M.
– (1965a): Sigmund Freud / Karl Abraham. Briefe 1907–1926. Hrsg. H. C. Abraham und E. L. Freud. S. Fischer, Frankfurt a. M.
– (1966b): Einleitung zu S. Freud und W.C.Bullitt: Thomas Woodrow Wilson, in Neurose und Genialität. Hrsg. J. Cremerius. S. Fischer, Frankfurt a. M. 1971; p. 30
*Freud, S. u. Bullitt, W.C.* (1967): Thomas Woodrow Wilson. A Psychological Study. Houghton Mifflin Boston, The Riverside Press Cambridge
*Freud, S. u. Jung, C.G.* (1974): Briefwechsel. Hrsg. W. McGuire und W. Sauerländer. S. Fischer, Frankfurt a. M.
*Fromm, E.* (1961): Sigmund Freuds Sendung. Weltperspektiven Bd. 9. Ullstein, Frankfurt a.M. Berlin; p. 151
– (1965): Das Christusdogma und andere Essays. Szczesny, München; pp. 121 ff
– (1976): Haben oder Sein. Deutsche Verlags-Anstalt, Stuttgart
*Furrer, W. L.* (1970): Neue Wege zum Unbewußten. Huber, Bern; p. 102
*Glover, E.* (1950): Freud or Jung. Allen & Unwin, London; p. 14
*Gräser, L.* (1959) Familie in Tieren. München
*Grinstein, A.* (1968): On Sigmund Freud's Dreams. Wayne State Univ. Press, Detroit
*Guggenbühl-Craig, A.* (1971): Macht als Gefahr beim Helfer, Psychologische Praxis 45. S. Karger. Basel München; p. 85
*Heiss, R.* (1966): Die Deutung der Handschrift. 3. Aufl., Hamburg; p. 22
*Hunger, H.* (1974): Lexikon der griechischen und römischen Mythologie; 6. Aufl. rororo Handbuch 6178, Rowohlt, Hamburg; p. 229
*Jacobi, J.* (1959): Die Psychologie von C. G. Jung. 5. Aufl., Rascher, Zürich Stgt. 1967, Walter, Olten 1971
*Jaffé, A.* (1968): Aus Leben und Werkstatt von C. G. Jung. Rascher, Zürich; pp. 87 ff
– (1980): Der Tod in der Sicht von C. G. Jung, in: Jaffé et al.: Im Umkreis des Todes. Daimon, Zürich; p. 27
*Janov, A.* (1973): Der Urschrei. S. Fischer, Frankfurt a. M.
*Jones, E.* (1913): Der Gottmensch-Komplex. In: Zur Psychoanalyse der christlichen Religion. Hrsg. A. Mitscherlich. Suhrkamp, Frankfurt a. M. 1970
– (1960): Das Leben und Werk von Sigmund Freud, Bd. I. Huber, Bern und Stuttgart

– – (1953A): Amerikanische Ausgabe. 18. Nachdr. Bas. Books, New York 1963
– – (1953E): Englische Ausgabe, New Edition 1954, Nachdr. 1956, Hogarth London
– (1962a): Das Leben und Werk von Sigmund Freud. Bd. II, Huber, Bern Stuttgart
– (1962b): Das Leben und Werk von Sigmund Freud. Bd. III. Huber, Bern und Stuttgart
*Jung, C.G.* (1/1902): Zur Psychologie und Pathologie sogenannter okkulter Phänomene. GW (Walter, Olten) 1:1–98
– (2/1902): Ein Fall von hysterischem Stupor bei einer Untersuchungsgefangenen. GW 1:146–167
– (19/1906): Diagnostische Assoziationsstudien. GW 2:12–511
– (46/1912): Wandlungen und Symbole der Libido. Jahrb. Psychoanalyt. Psychopathol. Forschungen, Bd. 3 und 4. (Später s. Nr. 211)
– (47/1912): Neue Bahnen der Psychologie. GW 7:267–291, p. 289
– (53/1913): Versuch einer Darstellung der psychoanalytischen Theorie. GW 4:107–255, p. 193
– (65/1921): Psychologische Typen. GW 6
– (75/1928): Die Beziehungen zwischen dem Ich und dem Unbewußten. GW 7:130–264
– (79.2/1928): Allgemeine Gesichtspunkte zur Psychologie des Traumes. GW 8:269–318
– (84/1929): Der Gegensatz Freud und Jung. GW 4:383–393, pp. 385 ff
– (87/1929): Die Probleme der modernen Psychotherapie. GW 16:57–81, pp. 76 ff
– (113/1933): Geleitwort des Herausgebers. GW 10:581–582
– (118/1934): Zur gegenwärtigen Lage der Psychotherapie. GW 10:181–199
– (119/1934): Zeitgenössisches. GW 10:583–593
– (132/1935): Grundsätzliches zur praktischen Psychotherapie. GW 16:1–20
– (161/1940): Psychologie und Religion. GW 11:1–117, p. 3
– (172/1943): Über die Psychologie des Unbewußten. GW 7:1–130; p. 60
– (178/1944): Psychologie und Alchemie. GW 12, p. 549 f
– (183/1945): Vom Wesen der Träume. GW 8:319–338
– (191/1946): Die Psychologie der Übertragung. GW 16:173–345
– (210/1951): Aion. GW 9/II
– (211/1952): Symbole der Wandlung. GW 5
– (213/1952): Antwort auf Hiob. GW 11:384–506, p. 502 f
– (216.7/1952): Theoretische Überlegungen zum Wesen des Psychischen. GW 8:185–267; pp. 233 ff, 242 ff

– (254/1961): Erinnerungen, Träume, Gedanken von C.G. Jung. Aufgezeichnet u. hrsg. von A. Jaffé. Rascher, Zürich und Stuttgart 1962, Walter, Olten 1971

*Kafka, F.* (1977): Sämtliche Erzählungen. 318.–347. Tsd. Fischer-Taschenbuch, Frankfurt a. M., p. 138 f

*Kemper, W.* (1953/54): Die Gegenübertragung. Psyche 7:593–626

– (1969): Übertragung und Gegenübertragung als funktionale Einheit. Jahrbuch Psychoanalyse 6:35–68, Huber, Bern

*Klein, M.* (1962): Das Seelenleben des Kleinkindes und andere Beiträge zur Psychoanalyse. Klett Stuttgart, und rororo studium 6

*Kleist, H. von:* Über das Marionettentheater. Reclam Universal-Bibl. Nr. 7670

*Koch, K.* (1972): Der Baumtest. 6. Aufl., Bern

*Kohut, H.* (1969): Die psychoanalytische Behandlung narzißtischer Bewußtseinsstörungen. Psyche 23:321–348

*Küng, H.* (1978): Existiert Gott? Piper, München

*Kugler, F. und Menzel, A. von* (1840): Geschichte Friedrichs des Großen. J.J. Weber Leipzig. Nachdruck bei E. A. Seemann, Köln (undat.)

*Krüll, M.* (1979): Freud und sein Vater. C.H. Beck, München

*Lacan, J.* (1956): Introduction au commentaire de Jean Hyppolite sur la Verneinung. Séminaire de Technique Freudienne du 10 Février 1954. La Psychanalyse 1:18–28, p. 27; Schriften III, Walter, Olten 1980

– (1978a): Die Seminare. Buch I (1953–54): Freuds technische Schriften. Walter, Olten 1978

– (1978b): Die Seminare. Buch XI (1964): Die vier Grundbegriffe der Psychoanalyse. Walter, Olten 1978

– et al. (1957): La Psychanalyse et son Enseignement. Bull. de la Soc. franc. de Philosophie, 23 Février 1957, XLIX:65–101, pp. 75, 91 f, 98 f

*Laforgue, R.* (1955): Persönliche Erinnerungen an Freud. In E. Speer (Hrsg.): Vorträge der 5. Lindauer Psychotherapiewoche 1954:42–56, p. 49

*Lipps, T.* (1883): Die Grundtatsachen des Seelenlebens. Cohen, Bonn

– (1898): Komik und Humor. Leopold Voss, Hamburg Leipzig

*Meyer, R.M.* (1900): Titel unbekannt, «Zeit»

*Meyer-Palmedo, I.* (1975): Sigmund Freud-Konkordanz und -Gesamtbibliographie. S. Fischer, Frankfurt a. M.

*Mitscherlich, A.* (1968): Auf dem Weg zur vaterlosen Gesellschaft. Piper, München

*Moser, T.* (1976): Gottesvergiftung. Suhrkamp, Frankfurt a. M.

*Neumann, E.* (1949): Ursprungsgeschichte des Bewußtseins. Rascher, Zürich; Walter, Olten 1971

– (1953): Zur Psychologie des Weiblichen. Rascher, Zürich; Walter, Olten 1971
– (1963): Das Kind. Struktur und Dynamik der werdenden Persönlichkeit. Rhein-Verlag, Zürich
*Nunberg, H. u. Federn,* E. (Hrsg.) (1976): Protokolle der Wiener Psychoanalytischen Vereinigung. Bd. I 1906–1908. S. Fischer, Frankfurt a. M., pp. 131–138
– (1977): Protokolle der Wiener Psychoanalytischen Vereinigung. Bd. II 1908–1910. S. Fischer, Frankfurt a. M., pp. 175–182
*Plaut, A.* (1970): What do you actually do? Journ. Analyt. Psychol. 15:13–22
– (1979): Individuation. Ein Grundkonzept der Psychotherapie. Analyt. Psychol. 10:173–189; p. 181
*Pongracz, M. und Santer, J.* (1963): Das Königreich der Träume. 4000 Jahre moderne Traumdeutung. Zsolnay, Wien-Hamburg
*Racker, H.* (1978): Übertragung und Gegenübertragung. Ernst Reinhardt, München Basel
*Rank, O.* (1977): Zur Psychologie des Lügens. Ref. in Nunberg und Federn (1977) (s.o.):175–181
*Reich, W.* (1933): Charakteranalyse. Fischer-Taschenb. Bd. 6250, Frankfurt a. M. 1974
– (1978): Christusmord. Walter, Olten; pp. 81, 181
*Roazen, P.* (1971): The Legend of Freud. The Virginia Quarterly Review 47:33–45
– (1973): Brudertier. Sigmund Freud und Viktor Tausk. Hoffmann u. Campe, Hamburg, p. 60
– (1976): Sigmund Freud und sein Kreis. Gustav Lübbe, Bergisch Gladbach, pp. 406 ff
*Rosen, V.H.* (1969): Sign Phenomena and their Relationship to Unconscious Meaning. Intern. Journ. of Psycho-Analysis 50:197–207
*Scharfenberg, J.* (1973): Narzißmus, Identität und Religion. Psyche 27:949–966
*Schlegel, L.* (1979): Die Transaktionale Analyse nach Eric Berne und seinen Schülern. In: Grundriß der Tiefenpsychologie, Bd. V. Francke, München, UTB 870 pp. 108–123
*Schubert, G.H.* (1814): Die Symbolik des Traumes. Kunz, Bamberg
*Schultz-Hencke, H.* (1949): Lehrbuch der Traumanalyse. Thieme, Stuttgart
*Schur, M.* (1973): Sigmund Freud, Leben und Sterben. Suhrkamp, Frankfurt a. M.
*Seidmann, P.* (1975): Die herakleiische Versuchung der Psychotherapie. Analyt. Psychol. 6:556–568

*Sophokles* (1973): König Ödipus. Hrsg. u. übertragen von W. Schadewaldt. Taschenbuch Nr. 15. Insel-Verlag, Frankfurt a. M.
– (1975): König Oidipus. Übersetzung und Nachwort von E. Buschor. Universal-Bibl. No. 630. Reclam, Stuttgart
*Spitz, R.A.* (1967): Vom Säugling zum Kleinkind. Klett, Stuttgart
*Swales, P.J.* (1982a): Freud, Minna Bernays, and the Conquest of Rome. New American Review, Vol. I, No. 2
*– (1982b): Freud, Minna Bernays, and the Imitation of Christ. Lecture (unpubl.) delivered at the New School for Social Research,* New York, May 20, 1982
*Vincie, J.F. und Rathbauer-Vincie, M.* (1977): C.G. Jung and analytical psychology. A comprehensive bibliography. Garland, New York
*Vogel, H. und Vogel, I.* (1977): Projektive Verfahren und ihre Anwendung. In: Die Psychologie des 20. Jahrhunderts, 5:383–465. Kindler, Zürich, p. 461
*Watzlawick, P.,* Weakland J. H., Fisch, R. (1974): Lösungen. Huber, Bern
*Wilden, A.G.* (1966): Freud, Signorelli and Lacan: The Repression of the Signifier. American Imago 23:332–366
*Wittels, F.* (1924): Sigmund Freud, der Mann, die Lehre, die Schule. E.P. Tal, Leipzig-Wien-Zürich, p. 9 f

# Publikations- und Quellennachweise

Beiträge des Bandes:

*Freud und Jung: Prophetenstreit:* unter dem Titel «Über weniger beachtete Motive in der Auseinandersetzung zwischen Freud und Jung»: Analyt. Psychol. 2:105–122, 1971
*Der Gottmensch-Komplex bei Freud und seine Darstellung bei Jones:* Analyt. Psychol. 4:248–270, 1973
*Ödipus, Freud und die Antiautoritären:* Analyt. Psychol. 8:41–51, 1977
*Wertungen unter Analytikern:* Teil der Arbeit «Zur Theorie und Praxis typologischer Zuordnungen. Wertungen unter Analytikern»: Analyt. Psychol. 10:103–127, 1977
*Träume deuten:* Psycho 3:476–478, 1977
*Aktualkonflikt und frühkindlicher Konflikt:* Analyt. Psychol. 8:183–188, 1977
*Übertragung und Gegenübertragung in der Kindertherapie:* unter dem Titel «Übertragung und Gegenübertragung in der Kindertherapie unter

Gesichtspunkten der Analytischen Psychologie»: Analyt. Psychol. 3:207–218, 1972; später in: Biermann, G. (Hrsg.): Handbuch der Kinderpsychotherapie, Ergänzungsband pp. 334–343, Reinhardt, München-Basel 1976, und in: Dieckmann, H. (Hrsg.): Übertragung und Gegenübertragung in der Analytischen Psychologie, pp. 177–188, Gerstenberg, Hildesheim 1980
*Kinderzeichnungen im Erstinterview in ihrer unbewußten Bezogenheit auf den Untersucher:* Analyt. Psychol. 9:213–232, 1978
*Die Wiederentdeckung des Leibes?:* unter dem Titel «Die Wiederentdekkung des Leibes und die Psychotherapie» in: Pflüger, P.-M. (Hrsg.): Die Wiederentdeckung des Leibes, pp. 9–22, Bonz, Fellbach 1981

Freud, Zum psychischen Mechanismus der Vergeßlichkeit:

Auszug aus dem gleichnamigen Beitrag in: Sigm. Freud, Gesammelte Werke, Bd. 1, Studien über Hysterie, Frühe Schriften zur Neurosenlehre, S. Fischer Verlag GmbH, Frankfurt am Main (© 1952 Imago Publishing Co. Ltd., London) p. 520–526

Bildnachweise:

*Abb. 1–6, 9, 11–15:* Signorellifresken in Orvieto; Kunstkarten G. Caroli, Orvieto
*Abb. 7:* aus: Sigmund Freud. Sein Leben in Bildern und Texten, hrsg. v. E. Freud, L. Freud, I. Grubrich-Simitis, Suhrkamp, Frankfurt 1976, Abb. 50, p. 88
*Abb. 8:* a.a.O. Abb. 49, p. 87
*Abb. 10:* Orvieto-Prospekt. Poligrafico Alterocca, Terni
*Abb. 16:* Holzschnitt von A. v. Menzel, aus: E. Kiesling: Menzels Illustrationen zu Kuglers Geschichte Friedrichs des Großen, 2. Bd., Mendelsohn, Leipzig 1906
*Die Unterschriften Freuds:* Sigfreud: Unterschrift Inskription (1876?), aus: J. und R. Gicklhorn, Sigmund Freuds akademische Laufbahn, Urban & Schwarzenberg, Wien-Innsbruck 1960, Ausschnitt aus Abb. 1 nach p. 144 – DrSigmfreud: Unterschrift Promotion 1881, Quelle wie Abb. 7, a.a.O., Ausschnitt aus Abb. 54, p. 91